群体传播

理论、方法和实践

罗雪 著

中国发展出版社
CHINA DEVELOPMENT PRESS

图书在版编目（CIP）数据

群体传播：理论、方法和实践 / 罗雪著. —北京：中国发展出版社，2021.12

ISBN 978-7-5177-1179-7

Ⅰ. ①群… Ⅱ. ①罗… Ⅲ. ①网络传播—研究 Ⅳ. ①G206.2

中国版本图书馆CIP数据核字（2021）第279080号

书　　名： 群体传播：理论、方法和实践
著作责任者： 罗　雪
出 版 发 行： 中国发展出版社
联 系 地 址： 北京经济技术开发区荣华中路22号亦城财富中心1号楼8层（100176）
标 准 书 号： ISBN 978-7-5177-1179-7
经　销　者： 各地新华书店
印　刷　者： 北京市密东印刷有限公司
开　　本： 710mm × 1000mm　1/16
印　　张： 17.25
字　　数： 277千字
版　　次： 2021年12月第1版
印　　次： 2021年12月第1次印刷
定　　价： 79.00元

联 系 电 话： （010）68990630　68990692
购 书 热 线： （010）68990682　68990686
网 络 订 购： http://zgfzcbs. tmall. com
网 购 电 话： （010）88333349　68990639
本 社 网 址： http://www.develpress. com
电 子 邮 件： 330165361@qq.com

序 言

现代社会正处于一个开放系统时代。所谓开放系统，是指与环境进行硬资源和软资源交换的系统。其中，硬资源通常具有具体的物质形态，例如社会个体，而软资源一般不具有具体的物质形态，例如信息等。从系统视角研究群体传播，意味着将群体看作开放系统，即边界动态变化的体系，群体成员可以进入或退出群体，且群体内外信息流动自由。人类生活处处需要群体交往，群体交往是构成人类正常活动的基本要素，也是人类走向社会生活的重要通道。现实生活中常见的群体可以是兴趣俱乐部、关系紧密的社区以及组织决策群体。信息技术发展带来了媒体环境的巨大改变，不断涌现的各类新媒体平台及互联网工具为社会成员之间的互动提供了连通渠道。互联网创造出崭新的生活空间，在一定程度上实现了“重新部落化”，参与网络群体交往日益成为主要的社会生活方式。

与自然群体相比，网络群体聚集在互联网空间中，群体成员传播信息符号进行意义上的互动并积累话语影响力，从而形成复杂的群体关系。在虚拟交往中，群体成员的认知在互动中逐渐趋同，共享的群体意识也逐步产生，成员间形成的关系网络影响着未来的互动。同时，网络群体成员的社会与个体特征呈现出更为复杂的多样性，该种多样性在促使传播过程更具创造性和适应性的同时，也成为导致群体凝聚力缓慢发展的因素之一。

群体传播是个体参与社会生活的基础性环节。虽然该领域早期的研究大多探讨自然群体的传播现象，但是其采用系统视角对传播演化的非线性模式所进行的阐述，以及对于群体传播的结构、功能和符号聚合等方面的理论研究对于探索网络群体传播具有重要借鉴意义。因此，本书从该领域的理论起源和发展脉络出发，梳理了传播过程、结构和效能相关的理论，探讨适用于研究群体话语与关系的量化与质化方法，并选择代表性案例展开分析，为群体传播领域理论创新和实践提供参考性的理论框架和实践路径。

中国传媒大学教授　博士生导师

2020 年 11 月

前　言

随着高速移动互联时代的到来，高度媒介化的社会形态日益显现：虚拟与现实高度耦合、个体在网络重聚、群体开启虚拟生存。被激活的个体在群体中增强了感知和互动能力，而由个体聚合而成的群体构建着社会的信息生产和传播网络。当前语境下的网络群体传播相较于现实生活中的群体传播活动，具有跨时空、符号化和多元化等新特征。但是，就传播的规律与机制来说，虚拟和现实状态下的群体具有相通之处。为了厘清群体传播的研究脉络和思路，并为新媒体环境中的相关研究提供借鉴，本书将分别从过程、结构与效能维度入手，探讨个体如何通过传播实践的相互作用构成群体并实现群体效能。

本书共分为四个部分。第一个部分为绪论，其两个章节依次对群体传播系统理论视角的起源和发展进行阐述。第一章主要阐述，群体作为社会实体往往被类比为复杂自适应系统，环境变化使得群体进入复杂状态，调整目标、行为和结构以适应环境。第二章聚焦系统视角下群体传播领域的结构、发展、功能以及符号聚合四类理论，说明群体结构和个体特征与传播过程和效能的关系。

第二部分为理论篇，其三个章节分别对群体传播的过程、结构和效能的理论模型进行梳理。第三章对群体传播过程的研究既关注成员差异性和文化多样性对互动实践的影响，也强调宏观层面传播过程的阶段发展特征与辩证发展模式。第四章聚焦在群体传播结构与成员行为的互相作用中，群体规则、成员角色以及权力构成的形成机制。第五章探讨群体传播实践与效能，对言语与非言语交往的类型与功能进行阐述，并厘清传播实践所造成的正负面群体效能。

第三部分为方法篇，其三个章节主要就群体传播领域的数据采集和分析方法进行阐释。其中，第六章主要以社交平台的数据采集为例说明群体传播领域的网络数据采集技术和系统设计。第七章介绍了群体传播中内容分析的两种主要方法，即语义网络分析和主题模型，前者刻画话语结构，后者提炼话语主题。第八章阐述群体传播关系的量化与质化分析方法，其中量化网络分析方法包括网络结构特征以及节点角色分析，而质化方法说明了民族志研究的框架和步骤。

第四部分为案例篇，其两个章节将前面阐述的理论和方法运用到研究现实传播场景中，以分析网络群体的关系网络与传播效能，其中案例一着重分析知识类群体如何形成群体共识，而案例二则聚焦社交媒体中的传播网络。

目　录

绪　论

理论篇

方法篇

实践篇

绪　论

第一章
群体传播理论基础

20世纪上半叶，生物、物理和社会领域的知识增长走向聚合，使得系统理论视角进入群体传播的研究视野。现代系统科学领域的推动者贝塔兰菲认为系统理论是一种“新的自然哲学”，期望该框架引导各领域知识的一体化发展。

他指出现代的技术和社会已变得十分复杂，以至于传统的方式已无法进行科学的研究，“系统”的概念需要在一切知识领域中运用来处理复杂性问题。一般系统论就是为处理复杂性问题准备的理论工具。达克勒对机械体、有机体等各种系统进行类比，并将其应用于知识范式的引用以及社会群体的解释。摩根将系统视为可建构的[①]，他认为系统理论的核心假设是，传播行为是可观察的对象，群体成员之间的交流使他们成为社会系统。该假设的重要性在于，它建立了从系统视角研究群体的理论基础，同时提出需将传播作为研究群体的必要参考框架。

20世纪30年代，群体相关研究主要集中于心理学和社会学领域。其中，库尔特·卢因提出的群体动力学模型，该模型构建的理论基础来源于系统科学，并高度继承了其主要观点，具体包括：系统由相互连接的个体构成，而一个元素属性变化能够可预测地改变与其他元素

① Morgan，G.（1986）. Images of organization，NewburyPark，CA：Sage.

的属性之间的关系。该种系统视角表明了在复杂进程中进行微观分析的价值[①]，即特定变量是如何与群体系统中其他变量相关联的，其分析框架在理论基础上和实践上都具有启发性。该项研究为 20 世纪 50 年代开始的群体传播研究奠定了重要基础。

第一节　系统视角下的理论起源

系统理论的演化包括了多种系统模型，主要包括有机系统、机械系统、平衡系统、开放系统、复杂系统等。对于机械系统，将其与人类社会活动进行类比的研究可以追溯到 17 世纪，该类研究通常被归属到社会物理学或社会力学[②]的范畴。机械系统视角的早期社会领域研究由于较为生硬地参照能量转换、惯性运动以及平衡力场等概念，导致其在实践中可信度降低。例如，机械系统模型假设均衡性是通过某种社会能量或惯性杠杆实现的，施加在各个部分之间的力可以归因于操作上的接近性或功能性。20 世纪 50 年代，社会学理论家帕森斯在与贝尔的合作中，提出了群体作为社会系统的研究思路。

社会学家赫伯特·斯宾塞的研究提出了将社会群体类比为有机体系隐喻[③]，因为其观点后续研究通过引入有机系统理论，逐步明确社会群体系统的基本观点包括：社会实体之间相互关联，并借助其实体的

---

① Wilson，E. O.（1998）. Consilience：The unity of knowledge. New York：Alfred A. Knopf.

② Buckley，W.（1967）. Sociology and modern systems theory. Englewood Cliffs，NJ：Prentice Hall.

③ 威廉·詹姆斯，著田平译：《心理学原理》，中国城市出版社2010年版，第 34 页。

相互依赖进行整合；社会或群体可类比于有机系统，其组成部分的存在是为了满足相互需要；部分的变化会影响整个系统，因此，部分的损坏或增长会导致整个系统发生相应变化。例如，群体领袖的变更过程说明，当群体失去领导者，群体系统会发生变化，成员承担新的角色，并重新定义规范。但是，该种系统隐喻由于未能证明整体与局部存在的相互依存关系而缺乏外在信度。

经济学家帕累托的研究对结构—功能主义社会系统理论做出的贡献在于其提出的相互依赖和系统均衡等构成平衡系统模型的重要概念。在引入平衡系统视角的社会研究中，社会或群体被认为是各种元素在平衡状态下的集合，是相互联系和依赖的一种功能，信仰、价值观和规范的形成和传播都是群体成员相互作用的结果。群体作为平衡系统的类比是群体传播领域许多研究议题的理论基础，例如凝聚力、共识、决策、领导力以及效能等。然而，群体平衡系统的相关研究最明显的缺陷是，系统的结构、组成部分及其间的关系被假定为直接的系统活动或功能。也就是说，该理论由于不考虑系统的结构的演变，无法解释社会行为是如何在内部或外部被激发的。

为了弥补上述不足，维纳在其研究《控制论系统概述》中，提出将反馈作为核心结构，即通过系统学习主动地改变系统内部结构和外部环境。根据罗森布鲁斯等的观点，反馈是一种有目的的行为，它可以是正向的，也可以是负向的[①]：正反馈反映了系统输出包含与原始输入相似的属性，这些属性作为新的输入重新输入系统；负反馈是指当系统监测到输出和目标之间的差异时，会形成新的输入，这些新的负

---

① Rosenblueth, A., Wiener, N. , & Bigclow, J. (1943). Behavior, Purposc, and Telcology. Philosophy of Science, 10, 18-24.

反馈会触发系统性能的变化，从而使系统偏离参考点目标，产生负反馈。尽管反馈是一个机械原理，但该概念已经证明了它在解释系统在改变自己和适应外部环境方面的效用[①]。此外，规范是系统达到自适应的关键因素，在不同类型的系统活动中，稳态系统根据规范传递和调整信息，系统通过收集和分析信息进行改变以适应环境。在将自适应作为群体传播的核心概念，意味着把反馈作为系统演化的核心构建，即识别积极和消极反馈以及系统成员的经验判断。[②]

随着维纳的《控制论——关于在动物和机器中控制和通讯的科学》和香农的“信息论”的进展，开放系统理论也逐渐成熟。1945 年，贝塔朗菲出版了《关于一般系统论》，将开放系统作为系统得到一般情形，全面考虑了开放系统的输入、输出和状态等基本因素，科学地解释了系统中整体和部分、结构和功能以及系统和环境等关键要素的相互作用。同时，信息学家魏沃尔在其论文《科学与复杂性》中文中区分了简单性和复杂性，并把复杂性划分为有组织和无组织两类。其中，哈肯（Haken）所言，“组织可以被分为两类，一类是他组织，依靠的是外部指令，另一类是自组织，依靠的是系统内部某种共识性规则，进而能够各司其职，有条不紊”[③]。复杂性研究的高潮始于 20 世纪 70 年代提出的自组织理论，其中包括普利高津提出的耗散结构理论、哈肯构建的协同学、艾根发表的超循环论。这三种理论都对复杂性科学的研究都起到了巨大的推进作用。普里高津的耗散理论就指出物理世界也有很多自组织的现象[④]。他与

---

① 保罗·西利亚斯：《复杂性与后现代主义》，上海科技教育出版社2006年版，第6页。

② Cherry，C.（1966）. On human communication：A review，a survey，and a criticism（2nd ed.）. Cambridge，MA：MIT Press.

③ H.哈肯著，徐锡申译：《协同学》，北京原子能出版社1984年版，第152页。

④ 科里斯·普利高津著，陈奎宁，罗久里译：《探索复杂性》，成都四川教育出版社1986年版，第50页。

哈肯断言复杂性是物质世界自组织的产物，并坚持以自组织为基本概念阐释复杂性的本质。哈肯在其著作中以把复杂系统作为研究对象，把复杂性研究的要点归结为对复杂系统空间的、时间的或功能的结构变化，提供了以统一框架处理复杂系统的理论基础。这一阶段的研究主要是从自然科学领域简单系统中复杂性产生的动力学机理进行探讨。由于所研究的系统个体是数量巨大、无意识的物质元素，其间的关系比较简单，可以用动力学方程进行描述。

复杂系统理论的高峰时期是在 20 世纪 80 年代以 3 位诺贝尔奖获得者盖尔曼、阿罗和安德森提出的复杂自适应过程（CAS），该理论系统性地研究由有主动性的个体组成的复杂系统[①]。密西根大学的霍兰教授在其对复杂自适应过程的论述中，说明系统整体的复杂行为是各组成主体在相互作用中涌现出来的，该种行为将微观行为和宏观表现联系了起来。在微观层面，主体能够在与环境及其他主体的交互作用中不断学习，根据学习到的经验改变自身的结构和行为方式以便更好地在客观环境中生存，这即是它的适应性。在宏观层面，在主体与环境的交互作用中，整个系统表现出复杂的演变和进化过程。

第二节　群体传播作为系统过程

系统理论是一种感知和思考的方式，而不是一种具体的“如何做”的理论。该理论为社会群体的研究提供了强大且完整的框架，其中特

① 米歇尔·沃尔德洛普著，陈玲译：《复杂》，北京三联书店1997年版，第87页。

别重要的概念包括系统的结构和目标、反馈与自适应。所谓群体的实体性，是指群体是由众多个体之间通过形成一种包容感和认同感而形成的[①]。在系统视角中，群体的完整性是个体相互关联所形成的边界，成员之间的关系网络作为系统的基础设施，被视为系统的拓扑图[②]。此外，目标导向系统是群体传播研究中常见的概念，用于说明系统过程和目标之间的相互作用。群体目标是用来描述和预测其成员交流意义的参考依据，在群体目标的导向下，群体成员与规范互动，并被期待遵守符合群体规范。目标导向的反馈是复杂自适应过程的一个独特属性。在自适应过程中，与接收反馈相关的信息处理过程影响了系统目标，系统通过选择一个动作轨迹作出反应。经典的群体系统模型将反馈看作群体交往的重要过程[③]，该过程包括两种主要形式：成员可以发散思维并产生和分析想法，或集中思维即缩小信息范围和做出判断。

1．作为开放系统过程的群体传播

在群体中，成员交流作为语言或非语言形式的复杂性象征性行为，是将群体凝聚在一起的黏合剂。在将开放系统理论应用于分析群体传播时，其关键概念是搭建传播过程的阐释框架的基础，这些关键概念

---

① Campbell，D. T.（1958）. Common fate，similarity，and other indices of the status of aggregates of persons as social entities. Behavioral Science，3，14–25.

② Rapoport，A.，&Horvath，W. J.（1968）. Thoughts on organization thcory. In W. Buckley（Ed.），Modern systems r–esearch for the behavioral scientist：A sourcebook（pp. 71–75）. Chicago：Aldine.

③ Scheidel，T. M.（1986）. Divergent and convergent thinking in group decision–making. In R. Y. Hirokawa&M. S. Poole（Eds.），Communication and group decision–making（pp. 114–146）. Beverly Hills，CA：Sage.

包括整体性、协同性、依存性、开放性、转化性、反馈性、无序性和等结果性等。在群体中，整体性指成员们一起工作的结果与一个人独立工作的结果不同。整体性的结果被称为协同作用。当群体“集思广益”时，其结果通常比简单地将单个想法叠加更有效。群体交流常常激发新想法产生：一个成员提出一个想法，另一个成员进行回应，第三个成员将这两个想法结合在一起，并在其基础上构建新的想法，并刺激第一个成员对此再做出回应。这一过程继续下去，产生的新想法是他们互动的结果。群体协同作用的基础是其成员之间的依存性。如果成员相互依赖并分担群体责任，群体就会从共享的想法中获益。开放性是指系统的能量输入活动，它需要“维持自身的动态稳定”[①]。群体的生存依赖于其对环境的开放性，通过检查输入信息和物质的相关性和完备性，以适应群体运作的环境。所谓系统的转化性，指群体系统将来自环境的信息和物质进行处理并转化为新的形式。换句话说，群体通过各种成员互动过程将输入转化为输出，因此，群体的开放性或者可渗透性是必需的，而群体协同作用是处理过程发生的前提。当群体面临的问题越复杂，其所进行的输入、转化和输出迭代次数就越多。反馈性是群体交流得以进行的关键因素。群体需要关注环境中得到的反馈及其方向和形式：积极反馈鼓励群体成员的创造力，表明对多样性思想、观点和意见的赞同；消极反馈鼓励减少差异，其作用在于纠正交流方向以帮助群体完成目标。无论积极反馈还是消极反馈，建设性的反馈有助于防止无序性。所谓无序性，指生命系统趋向停滞和混乱。如果没有新输入信息与物质的刺激，系统常常会停滞不前。但是，

① Laszlo，E.（1996）.The systems view of the world：A holistic vision for our time. Cresskill，NJ：Hampton.

过多的输入也会导致混乱，过滤输入有助于保持系统输入和输出的平衡。群体通过反馈来控制其输入、转化和输出过程：当群体受到了过度刺激并且偏离了预期目标时，它会使用消极反馈进行阻止，例如，成员都在说话，群体就无法实现目标，这时，需要领袖维持秩序；如果群体的消极反馈过多地限制新想法的出现，也会导致停滞和无序性。等结果性是系统可以通过不同的路径到达同一目的地。也就是说，群体如何运作以取得成功，没有必然的路径。

2. 作为复杂系统过程的群体传播

（1）复杂群体系统的关键概念

群体除了具有开放系统的基本特质，它们也具有作为复杂系统的重要特征，运用这些特征阐释正在发生的群体传播过程，有利于全面把握群体的演化规律。在群体传播过程中，群体成员进行所二阶或量子变化和双循环学习，并参与构造群体演化中的初始敏感条件、奇异吸引子、状态空间、分歧点和不可逆性[①]。

开放和变革是群体传播过程的本质。群体通过交流、学习、决策、解决问题或一起行动来改变自己，该种改变有两种类型：第一种称为一阶变化，指群体讨论内容或主题的变化，此类变化可能涉及从一个问题转移到另一个问题，或从决策的一个阶段转移到下一个阶段，因此，这些变化相对简单，不需要改变群体成员本身或其交流方式；第

① Fuhriman，A.，Burlingame，G.M.（1994）. Measuring small group process. Small Group Research，25（4），502-519.

二种变化是二阶或量子变化指群体互动本身的改变，例如，如果群体形成礼貌、理性和非敌对交流的规范，然而一名成员在某个话题上突然变得愤怒，声称该群体没有解决潜在的问题，如果群体利用这次冲突作为反思群体过程并建立新的互动模式，那么群体传播本身经历了转型。在群体变革中，成员的学习模式可划分为两种：单循环学习是学习做某事的特定过程；双循环学习理解了这些流程背后的深层机制，将直观的、常识性的“理解”与更坚实的基于信息的知识相结合，使学习者能够创造新的流程。双循环学习对群体传播过程至关重要，群体的成员在交流中理解流程背后的机制，才能在新的群体环境中重塑流程的细节。

初始敏感体条件是群体系统自组织演化的起点，以此为基础产生非线性的涌现现象。在复杂群体系统中，初始条件的微小变化会在后续事件中产生非常大的影响。群体的初始敏感条件对群体传播的影响是巨大的：第一，成员之间第一印象很重要；第二，在不同的群体中相同的行为可能会导致不同的认知。在群体传播过程中，声誉、外表和个人风格等第一印象设立了一个基线，在此基础上构建后续交互。此外，个人特征和群体关系以及时间和环境，决定了成员的话语将被如何理解。作为影响群体演化的另一个关键特征，吸引子可以被描述为状态空间中的特定区域，它在概念上定义了群体在状态空间内的演化范围。换句话说，在状态空间内，群体被“吸引”到一个特定区域，该空间是由吸引子定义的。吸引子有不同的特征，主要包括点、周期性和奇异三种类型。首先，点吸引子描述了处于静止状态的群体，即成员间缺乏或只有较少的互动，成员没有特定的角色行为，群体规范在群体交往中可能不会表现出任何演化。其次，周期性吸引子指使得群体表示一种有规律和可预测的行为模式的特定状态区域。例如，理性决策模型所规定的决策阶段的重复进展，即是群体行为进入周期性吸引子的影响范围。最后，群体不断演化，虽然不会以确切的方式重复，但随着群体交流呈现出可识别的模式，例如主题、隐喻等，这些模式的复杂影响因素被统称为奇异吸引子。该概念对群体传播的重要性在于它将吸引子定位在群体及其过程中，而不是在成员风格、冲突等个体来源中。对吸引子来源的定位揭示了交流模式的复杂性和群体及其成员观察、反思和影响群体传播过程的有效性。

状态空间描述系统接收并转化信息和物质时，受敏感于初始条件和奇异吸引子的影响随着时间而产生变化。群体演变的四个常见阶段包括：形成、冲突、规范和执行的循环。状态空间描述了系统所有可能行为的特征，该概念将线性阶段转化为不断迭代的、螺旋式递进、可以拉伸和折叠的连续空间。也就是说，在群体演化的状态空间中，群体成员在相互了解后，冲突会经常出现并可能获得更深入的理解，然后形成交流规范，但是在执行阶段，深入的理解可能会刺激更多冲突产生，甚至导致子群体联盟的形成。随着冲突的解决和新的冲突的出现，群体是在新的子群体基础上建立的，因此，该群体不会再回到最初阶段。群体演变过程中会出现一些临界点，即群体交流上的分歧点。当群体所有成员参与对分歧点进行协商时，就会产生有效的群体过程。所谓不可逆性，即群体传播过程，包括状态空间和分歧点，是发生在时间线上的，因此是不可逆的。成员冲突可能会导致群体流程发生变化，但我们不能真正重新开始或从头再来。

群体系统在陷入混沌之前，其动态性、复杂性行为和适应性行为的多样性增加时，这时，复杂性产生。群体在稳定的环境中运行，其成员的行为遵循原有结构（如规范、仪式等），该种规则有利于维持低水平的焦虑。但是缺乏焦虑会阻碍成员的双循环学习，即创新性过程[①]。同样，在高度不稳定的群体中，权力分散、行为无序，成员毫无顾忌地表达意见，容易导致冲突行为，成员的学习取决于机会。在极端状态之间存在一个边缘区域，非线性反馈系统需在不稳定的边缘运行，才能促进学习和创新发生。当群体脱离混沌状态建立新秩序或处于复杂状态时，创新力和适应环境的潜力就会增强，同时成员参与了变革过程，也发展了新的心理模式。

（2）复杂群体系统的自组织

自组织理论主要研究系统发展的秩序。当系统在经历了干扰后自发地发展出新的结构特征和秩序时，即系统的自组织过程。系统的自组织过程以负反馈和正反馈循环为特征，其中负反馈抑制某些行为而正反馈鼓励另一些行为。当群体系统在远离平衡的状态下运行时，非线性演化占主导地位。线性演化意味着输入变量经过系统转化后的输出变量是可预测的。在非线性演化中，由于系统内部的相互依赖和影响，系统的初始状态的微小变化可能导致巨大的结果差异。在演化过程中如果发生扰动，可能会使系统远离平衡并显示出比群体在平衡点或接近平衡点时更多样的行为，即当系统试图应对扰动时，动态性或者行为多样性的增加，这时复杂性就产生了。处于非平衡状态的系统行为多样性增加，该种状态被标记为混沌。当系统渡过混沌期，成员的随机行为会逐渐呈现出可识别的模式，从而出现新的秩序和平衡。

---

① Stacey, R. D.（1996）. Complexity and creativity in organizations. San Francisco：Berrett-Koehler.

当系统的演化轨迹受到多种扰动的影响，从而产生多个分叉点，表明系统的行为状态将越来越复杂，回到稳定状态变得更加困难。系统有时会被吸引子“吸入”混沌状态，即构成系统的元素的动态性增加的状态，旧系统的结构让位于新结构和新的运作方式，系统本身发生了变革。上述自组织过程，可以概括为就是在密集的相互联系的非平衡系统中生成规则的非线性反馈操作[①]。

在将自组织理论应用于群体时，群体系统从以平衡状态发展到以新秩序状态的过程为：群体初始时处于平衡状态，当遇到干扰或扰动，分叉发生即群体改变了其原来的路径，但是该路径可能会被其他的分叉所取代，即分叉级联，从而导致群体元素之间的复杂关系。也就是说，当群体处于远离平衡的状态时，扰动影响无法预测，一些影响会被抑制，而另一些则会被放大。当成员之间的关系越紧密，扰动就越有可能导致雪崩式的变化，从而影响整个群体。随着复杂性的增加，群体进入了混沌的领域，群体内各种角色可能出现错乱，直到新的秩序建立，群体进入平衡状态。

（3）复杂群体系统的自适应

当系统经历扰动时，可能不会直接将系统推动到混沌状态，但是系统临界性概念指出，当系统达到临界状态，扰动就会使其陷入混沌。根据复杂适应性系统的理论，复杂的系统会表现出适应性行为以保持一种运转状态，防止自身陷入混沌。因此，在秩序和混沌状态空间的边缘，系统会表现出复杂的适应性行为。系统的自适应行为是系统根

---

① Macintosh，R.&Maclean，D.（1999）. Conditioned emergence：a dissipative structures approach to transformation，Strategic Management，Volume 20，Issue 4，Pages297-316.

据其获取、处理和响应反馈的能力做出反应，这种行为的发生要求该类系统具有开放性。所谓开放性，指的是系统边界的可渗透性，即系统与环境交往的能力。在相对封闭的系统中，与外界环境的有限交往导致系统在组织上的无序性，这类系统缺乏与它们所接收到的信息兼容的响应子系统。所谓群体迷思，即群体成员不加批判地行动导致群体效能缺失，这种解释与封闭系统缺乏自适应性的看法相一致。自适应过程具有足够的开放性，可以保证与环境进行建设性的交换，该系统特性与群体分散思维和趋同思维[①]的观点具有相似之处。

在自适应过程中，形态停滞指的是系统与环境的相互作用，环境刺激系统重复一个动作过程或沿着一个特定的目标路径继续前进。当系统追求某个特定目标时，它会受到目标的约束并防止自身偏离过去或当前的经验。该状态与自我平衡的系统功能相似说明，环境信息作为刺激启动或维持一项活动的负反馈过程，与控制论的静止状态一致。例如，群体依赖于产生可预测结果的指示信息，当这些信息来自内部生成的行动路线，则群体更有可能接收该活动路径[②]。

自适应过程的特点是能够进行负熵创新或重组系统活动以适应环境变化。正反馈的功能是刺激偏离现有目标路径的学习和成长来创造，即通过成员行为的改变使系统结构的演变成为可能，其结果是负熵创新。与之相比，负反馈通过加强行为过程的连续性与加强群体规范和程序来产生稳定性。正反馈过程被称为结构的细化，因

---

① Scheidel, T. M.（1986）. Divergent and convergent thinking in group decision-making. In R. Y. Hirokawa&M. S. Poole（Eds.）, Communication and group decision-making（pp. 114-146）. Beverly Hills, CA: Sage.

② Guzzo, R. A.（1986）. Group decision making and group effectiveness in organizations. In P. S. Goodman&Associates（Eds.）, Designing effective work groups （pp. 34-71）. San Francisco: Jossey-Bass.

为自组织系统的基础结构具有创新机制，使其与活动顺序或发生频率的变化保持一致。在开放系统中，系统由于其反馈过程和结构灵活性而有能力对环境变化作出响应，使其与环境同化或者通过改变它与环境的关系来建立更好的自我控制[①]。因此，所谓形态发生，指的是一个系统通过与环境的相互作用来调整其目标、行为过程和结构的能力。

（4）群体传播过程中的自适应

群体传播研究中自适应过程的应用主要围绕两个方面的问题：将群体传播视为一个系统的过程；在系统理论中找到适用于分析群体传播过程的框架。目前的研究大多采用传播流程的视角在概念上明确系统和传播过程之间的关系。休斯将交往看作传播过程的最小单元，并提出了传播过程的三个典型的假设：行为的时空结构，即连续性；基于信息文本的成员间相互依赖性和相互作用关系的意义构建，即共时性；通过对重建意义所需符号的模式化使用来验证意义，即功能性[②]。也就是说，他把传播活动看作系统过程，将成员交往构成的传播网络等变量看作系统基础结构的一部分[③]，并认为该过程体现了群体成员相互作用的模式，从而解释群体系统的动力。

一些群体传播研究对群体传播结构进行了分类。例如，古兰等将

---

① Ellis, D. G., Werbel, W. S., &Fisher, B. A. (1978). Toward a systemic organization of groups. Small Group Behavior, 9, 451–469.

② Hawes, L. C. (1973). Elements of a model of communication process. Quarterly Journal of Speech, 59, 11–29.

③ Hewes, D. E. (1996). Small group communication maynot influence decision making: An amplification of socio-egocentric theory. In R. Y. Hirokawa&M. S. Poole (Eds.), Communication and group decision making (2nd ed., pp. 179–212). Thousand Oaks, CA: Sage.

传播结构划分为分布式和顺序式[①]，其中分布结构是囊括可识别内容类别的信息秩序，例如问题分析、请求信息、同意和不同意等，而顺序结构表示观察到的消息秩序，例如问题后面是观点，而也可以是事实陈述。第三种结构形式是时间结构，即传播行为和行为序列在时间上的分布[②]，正如在构建群体发展理论中使用的阶段性周期的界定一样。最后一种传播结构是网络连接结构。因此，四种主要传播结构服务于群体协调和整合：分布的、顺序的、时间的和连接的。信息处理模型认为系统组成部分的行动联合自由和系统整体的行动机会相互约束[③]。群体领导是一个将熵转化为负熵的降温过程，有效的群体领导能满足群体信息处理需求的行为，而这些需求是其他团队成员无法自己提供的。因此，群体成员并不是凭借其特征、技能或风格来进行彼此区分，而是通过他们在群体内外的传播行为多样性来区分的。根据模型的放大性原则，群体领袖能力是不均衡的，会产生不同数量的负熵，并且产生负熵的群体领袖都受到了与自身能力同等的约束。此外，群体异质性指的是成员拥有不同技能，从而开展多样化且效果显著的信息处理活动。总体上，群体系统是通过群体成员的相互作用中的行动选择的数量和相对强度发生变革。

系统通过约束成员属性和反馈来实现控制，其中成员属性包括能力或偏好等，而反馈根据必要性或适应性提供信息以改变系统内外部状态。将群体视为系统的研究尤其强调反馈对于群体任务和任务流程

---

① Gouran D. S., &Baird, J. E. , Jr. (1972). An analysis of distributional. and sequential structure in problem-solving and informal group discussions. Speech Monographs, 39, 16-22.

② Mabry, E. A., &Barnes, R. E. (1980). The dynamics of smnall group communication. Englewood Cliffs, NJ: Prentice-Hall.

③ Ashby, W. R. (1956). An ihtroduction to cybernetics. London: Chapman and Hall.

的重要性[①]，任务对群体来说既是构成的又是规范的，群体任务提供了一个参考框架[②]，即任务陈述中说明成员应该或不应该采取什么行动以及行动过程中成员应该遵守什么规范[③]。任务反馈来自外部或内部，其中外部反馈侧重于确认群体层级，有可能导致群体重新定义目标和预期或改变规范和流程，而内部反馈侧重于系统与成员对任务或流程的预期是否相符，该种反馈有可能导致成员对任务的态度和优先级改变。分散或连续的消息结构和反馈之间的相互作用提供了一种程序化流程，该流程为动态系统提供了可预测性和稳定性。

反馈过程是系统学习和激励的一个必不可少的部分。自适应系统模型的开放性使其具备接收环境输入的能力，该模型侧重于阐释群体系统如何获得新的信息和活动模式，而熵的解析是信息获取的基础。当信息传播过程的结果刺激结构细化过程的产生，系统成员之间实现经验或信息的共享，从而增强成员驱动力。自适应过程将激励定位于一种系统与环境相互依赖关系，即群体环境的变化激发群体对信息的获取并刺激了群体学习和行动，使系统对负熵做出应对，从而进行信息搜索、重设目标和重组关系[④]。群体变革相关的传播研究通常基于群

---

① Haslett，B.，&Ogilvie，J. R.（1992）. Feedback processes in task groups. In R. S. Cathcart&L. A. Samovar（Eds.），Small group communication：A reader（6th ed.，pp. 342–356）. Dubuque，IA：William C. Brown.

② Poole，M. S.（1985）. Task and interaction sequences：A theory of coherence in group decision-making interaction. In R. L. Street&J. N. Cappella（Eds.），Sequence and pattern in communicative bebavior（pp. 206–224）. London：Edward Arnold.

③ Jarboe，S.（1996）. Procedures for enhancing group decision making. In R. Y. Hirokawa&M. S. Poole（Eds.），Communication and group decision making（2nd ed.，pp. 345–383）. Thousand Oaks，CA：Sage.

④ Salazar，A. J.（1996）. Ambiguity and communication effects on small group dcision-making performance. Human Communication Research，23，155–192.

体发展理论，例如在控制论中关于群体反馈效果的测量①。此外，平衡系统模型对于理解群体变革也具有指导意义，该类模型的特征是自我平衡的稳态过程，其中群体的变革是在其结构约束下进行的，即成员之间的协同以及成员与信息的接触和对规范的熟练程度，会影响群体交往的质量进而决定其变革②。

---

① Hewes, D. E.（1996）. Small group communication maynot influence decision making: An amplification of socio-egocentric theory. In R. Y. Hirokawa&M. S. Poole（Eds.）, Communication and group decision making（2nd ed., pp. 179–212）. Thousand Oaks, CA: Sage.

② Hirokawa, R. Y, Erbert, L., &Hurst, A.（1996）. Communication and group decision-making effectiveness. In R. Y. Hirokawa&M. S. Poole（Eds.）, Communication and group decision making（2nd ed., pp. 269–300）. Thousand Oaks, CA: Sage.

第二章
群体传播的理论发展脉络

贝尔斯于1950年出版的《相互作用过程分析：群体研究的方法》是群体传播领域中关于群体社会系统的重要研究，其中提出的群体相互作用过程分析方法与动态的、平衡的社会系统理论是同构的。20世纪90年代，鲍曼拓展了符号聚合理论在群体传播中的应用，指出真正的群体成员是指参与构建关于自己和群体实践的共同意义的成员，并在其研究中论证了符号聚合机制使得群体成员形成共识，该机制是群体作为社会系统的基本属性[①]。

第一节　群体互动与功能：系统化研究兴起

20世纪下半叶，随着对群体人际交往现象兴趣的增强，研究者开始进行群体传播相关的学术研究。著名社会学家贝尔斯提出了一种

---

① Bormann，E. G.（1996）. Symbolic convergence theory andcommunication in group decision making. In R. Y.

Hirokawa&M. S. Poole（Eds.），Communication andgroup decision making（2nd ed.，pp. 81–113）. ThousandOaks，CA：Sage.

对群体传播中出现的口头及非口头交往的任务和关系型传播内容进行编码的方法，即互动过程分析（IPA）[①]。该项研究认为，群体传播表现出类系统的规律性，特别是在群体发展及成员互动方面。通过对互动过程分析的扩展，巴勒斯提出更加详尽的方法即群体多层次观察系统（SYMLOG），以识别和理解群体之间的关系。该方法对后续的群体研究具有较为持续的影响力。此外，该时期雷蒙德·卡特尔提出一种综合性的过程理论即“群体性格”，该理论囊括了影响各种群体成员交流方式的性格属性。“群体性格”和卡特尔提出“协同作用”概念相关，该概念指完成一项任务所投入的群体能量，其理论意义在于将群体进程的社会维度纳入考虑范畴。伊万·史坦纳在其模型中也阐释了类似的概念，即假设群体的实际效能是其潜在效能与实践损失之差。因此，卡特尔与史坦纳的研究都强调了群体关系的重要性[②]。

当时，研究者对群体成员的个体特征及其影响也产生了兴趣。例如，谢德尔等[③]关注自尊、归属感和成就感等群体成员的个性需求特征以及这些特征是如何影响了群体交往行为。厄特巴克和富瑟琳汉姆更深入地探讨动机的作用，该因素影响了群体成员的传播实践，如意见、共识和判断的质量[④]。特纳将“群体思维”的概念引入群体传播的研究，表达群体成员相互合作的思维模式[⑤]。随后，贾尼斯将该概念具体化为

① Bales，R. F.（1970）. Interaction process analysis：A method for the study of small groups. Cambridge，MA：Addison-Wesley.

② Steiner，I. D.（1972）. Group process and productivity. New York：Academic Press.
Steiner，I. D.（1974）. Task-performing groups. Morristown，NJ：General Learning Press.

③ Scheidel，T. M.，Crowell，L.，& Shepherd，J. R.（1958）. Personality and discussion behavior：A study of possible relationships. Speech Monographs，25，261-267.

④ Utterback，W. E.，& Fotheringham，W. C.（1958）. Experimental studies of motivated group discussion. Speech Monographs，25，268-277.

⑤ 张广利，孙静：“群体极化的特征、根源即过程机制分析”，《华东理工大学学报》（社会科学版）2013 年第1 期，第10-15页。

描述对特定常见群体传播现象，即由于群体凝聚力和领袖偏好使得群体成员较少对批判性思维的应用[①]。总体上，群体传播的研究议题集中于探究阻碍和促进群体成员参与的因素，并认为群体中的事件不是孤立发生而是具有规律性的，该规律可以通过研究得以阐明。上述观点与卢因的系统视角一致，两者都认为群体传播与社会科学其他领域一样是可以进行系统化研究的。

20 世纪 60 年代，群体传播研究开始关注群体功能，即成员的能力和行为（包括传播行为）及其对任务的满意度是如何与群体效能相关联的，该领域功能视角的进展是对早期研究的延续。该时期的功能研究代表了该领域存在线性的研究视角，即与任务相关的传播是沿着明确路径从起点（例如对问题的描述）到目的地（例如采用某种解决方案）进行的。该视角认为完成群体任务最有效的方式，是按照杜威提出的反思性思维方法[②]的顺序进行，即问题的定义、问题的分析、提出可能的解决方案，并且提出那些倾向于表现出杜威式思维模式的群体成员，不仅能帮助群体在任务交流中取得更优的结果，也能提高自己在群体中的地位和发挥更大的影响力。群体功能的研究为 20 世纪七八十年代群体发展观的形成奠定了基础。

除了群体功能，部分研究者也聚焦于群体互动状态，特别是群体互动的展开方式和成员之间的交流类型。该种视角与卢因的观点一致，即高质量的决策仅仅是群体“话语空间”中的特定区域，而关注互动如何促进群体成员的话语实践向这些区域的移动是理解群体成败的关

---

① Janis, I. L., (1972). Victims of groupthink: A psychological study of foreign-policy decisions and fiascoes. Boston: Houghton Mifflin.

② Dewey, J. (1910). How we think. Boston: D. C. Heath.

键。在该类研究中，谢德尔和克罗威尔试图确定群体中互动顺序的可预测性和冗余性，发现群体传播并不像功能研究中所认为的以线性方式展开。贝尔斯和贝克证明了在任务型群体传播中，交往本质上是非线性的，并且具有系统性的特性。一些研究者开始深入思考群体互动是如何发展和演变的，以及如何凭借群体互动定义群体成员之间的关系。伯格在其研究中对以任务型群体的交往主题进行了描述性分析，结论中指出群体可以形成的其特有的文化①。古兰根据群体成员意见倾向将群体划分为一致性和非一致性群体②，并指出成员表现一致性倾向的程度受到交流主题的影响。总体上，该时期群体传播研究大多关注群体成员之间的传播行为如何影响成员关系，特别是言语行为与群体效能之间的关系，即群体话语如何反映先前互动带来的影响并塑造随后的互动特征以及成员如何通过话语来实践群体任务。

第二节 群体传播过程：系统化研究发展

20世纪七八十年代，研究者开始全面扩展群体传播领域的研究，例如信息特征如何影响群体一致性、群体一致性的偏差和压力如何影响交往行为、成员如何通过交流适应新的文化，以及如何区别不同类型的群体领袖。尽管研究的问题和背景是多样的，但大多是以系统视

---

① Berg, D. M. (1967). A descriptive analysis of the distribution and duration of themes discussed by small task oriented groups. Speech Monographs, 34, 172–175.

② Gouran, D. S. (1969). Variables related to consensus in group discussions of questions of policy. Speech Monographs, 36, 387–391.

角分析群体特质、成员互动与群体效能的相关性。欧文·贾尼斯探讨群体成员交流方式、领导力、凝聚力等群体特征、参与者扮演的各种角色，以及外部约束对群体决策的影响[①]。在基础理论建设方面，古兰提出了一种元理论视角[②]，展现了群体互动的语境、传播行为以及群体效能之间的联系，该视角有助于为功能视角下的群体过程研究提供理论基础。费舍尔等建立了一个群体交往序列的基础模型，即交往系统模型[③]，该模型有助于解释群体传播，特别是任务导向群体的可预测效能水平。20世纪80年代，研究者们对群体传播研究兴趣日益浓厚，研究成果的数量超过了前几十年的总量。克拉根等指出该时期的研究大多关注群体是如何运作的，例如在自然和实验室群体环境中影响群体效能的传播变量和过程[④]。此外，研究者们还研究了许多不同的议题，包括偏差与一致、冲突[⑤]、决策分析、选择转移[⑥]、共识、领导力、传播程序、质量圈层[⑦]和争论等。例如，奥尔德等研究群体领袖和任务相关的传播行为与群体成员满意度的关系，而斯皮尔曼等则关注群体传播如何促成领袖的出现。类似地，塞博尔德等描述决策群体中的争论是

---

① Janis, I. L. (1972). Victims of groupthink: A psychological study of foreign-policy decisions and fiascoes. Boston: Houghron Miffiin.

② Gouran, D. S. (1973b). Group communication: Perspectives and priorities for future research. Quarterly Journal of Speech, 59, 22-29.

③ Fisher, B. A., &Hawes, L. C. (1971). An interact system 模型: Generating a grounded theory of small groups. Quarterly Journal of Speech, 57, 444-453.

④ Cragan, J. F, &Wright, D. W. (1990). Small group communication of the 1980s: A synthesis and critique of the field. Communication Studies, 41, 212-236.

⑤ Wall, V. D., &Nolan, L. L. (1987). Small group conflict: A look at equity, satisfaction, and styles of conflict management. Small Group Behavior, 18, 188-211.

⑥ Boster, F. J., &Hale, J. L. (1989). Response scale ambiguity as a moderator of choice shift. Communication Research, 16, 532-551.

⑦ Stohl, C., &Jennings, K. (1988). Volunteerism and voice in quality circles. Western Journal of Speech Communication, 52, 238-251.

如何发展起来的。此外，部分研究者在功能、发展、结构和符号聚合视角下通过提出新的编码方案来促进群体交往效能测量。

同时，与前述四种理论持相悖观点的社会中心理论也出现在20世纪80年代。关于群体决策的社会中心模型[①]由休斯提出，他在演技中批判了传统群体传播研究中所采用的分析互动的传统方法，并质疑主流群体传播研究中关于影响力的假设。例如，群体成员在特定时刻所说的话是相对独立的，不是完全由先前的评论决定的，以及群体在有互动和没有互动的情况下做出的决定不同。简单来说，社会中心理论的假设是：群体参与者的身份决定其所说的话是否产生影响，因此群体成员的话语都是虚无的，而话语的功能就是调节说话的顺序。社会中心模型根据群体成员的倾向预测群体决策，预测的不确定性构成了交往行为影响效能的依据。霍夫曼等的研究给出了更直接的证据，该研究在比较群体价值模型和价值分布模型时发现，传播确实对群体决策结果产生影响，并且这种结果不能通过群体成员的偏好分布进行解释[②]。

正如前文叙述，功能理论和发展理论视角的群体传播研究起源于20世纪六七十年代的研究，主要关注群体特征、传播过程及其效能。到了20世纪90年代后期，功能理论、结构理论、符号聚合理论和发展理论已日趋完善。与功能理论相关的研究倾向于解释交往过程是如何影响群体取得的结果，特别是决策的质量和问题解决的有效性。与

---

① Hewes，D. E.（1986）. A socio-egocentric model of group decision-making. In R. Y. Hirokawa &M. S. Poole（Eds.），Communication and group decision-making（pp.265-291）. Beverly Hills，CA：Sage.

② Hoffman，L. R.，&Kleinman，G. B.（1994）. Individual and group in group problem solving：The valence Model redressed. Human Communication Research，21，36-59.

之相比，研究发展理论的研究者们更感兴趣的是，随着时间的推移，群体互动是如何展开和形成的。结构理论最初是由著名的社会领域研究者吉登斯[1]提出，在群体传播领域研究者将其引入来研究群体间的交流时，该理论视角重点考虑塑造群体和被群体互动模式塑造的内部因素，即规则和资源，并将其归类为群体互动的生成机制。最后，符号聚合理论反映了群体成员的意义建构过程，该过程起源于群体层面，并在组织、制度和社会层面产生影响。

该时期涌现了大量来源于各种理论视角的丰富成果。其中，卡拉的研究确定了决定有效和无效决策组绩效差异的传播因素[2]，极大地推动了功能理论。随后，古兰等更详细地阐述了功能理论的基本特征，即在传播有助于满足任务要求的情况下，群体更有可能做出适当、高质量和有效的决策[3]，然而该阐述是对杜威反思性思维模式的发展。20世纪80年代，当功能理论应用于自然群体案例研究，对于解决群体决策的失败具有相当大的实用价值，例如挑战者号航天飞机灾难的案例研究等。发展理论的产生实际上是对早期群体互动发展阶段研究的延续，当时该理论的一个主要假设是，群体传播以某种可识别的线性方式展开。后来，普尔在一系列比较线性和多序列模型的研究中，对这一假设提出了质疑：群体互动以多种方式进行，并且多种序列模式更准确地反映了群体互动的现实。结构理论应用于研究群体传播，提供

① Giddens, A. (1979). Central problems in social theory: Action, structure, and contradiction in social analysis. London: Macmillan.

② Hirokawa, R. Y. (1980). A comparative analysis of communication patterns within effective and ineffective decision-making groups. Communication Monographs, 47, 312-321.

③ Gouran, D. S. (1988). Group decision making: An approach to integrative research. In C. H. Tardy (Ed.), A handbook for the study of human communication: Methods and instruments for observing, measuring, and assessing communication processes (pp.247-267). Norwood, NJ: Ablex.

了一种进化的互动观，其中潜在的“结构”定义为群体成员可利用的规则和资源，该种结构影响群体成员的传播行为。普尔等将“结构化”描述为“通过成员对规则和资源的使用，产生和复制系统的过程”①，其中“系统”是“社会实体追求各种实践，从而形成可观察的关系模式”。大体上，20 世纪 80 年代结构理论的主要贡献在于阐明了群体间的互动是如何受到规则和资源的约束的，这些规则和资源有助于成员传播行为独特性和相似性的形成，包括他们如何交换消息以协调行动。最后，符号聚合理论是产生于 20 世纪六七十年代鲍曼及他的学生在明尼苏达大学所做的研究，该理论在 20 世纪 80 年代中期得到了更为正式的阐述②，并成为该时期部分自然群体案例研究的基础。该理论认为群体成员倾向于通过“幻想主题”机制把自己和他人投射到想象的情景中；嵌入的主题和评论会进一步引出相关评论或修辞并激活一个交流过程；在此过程中，成员开始构建恶棍和英雄任务；群体传播场景为群体身份、价值观、信仰和仪式的形成奠定了基础。例如，古兰将符号聚合理论与群体成员的推论过程相关联③。上述回顾的四种理论都受到了系统视角的影响。在功能理论中，研究者区分服务于特定功能的行为与不产生作用的行为，而发展理论认为交往活动是可以预测。在符号聚合理论中，沿着不同特定界限的幻想会产生不同的影响。结构

① Poole，M. S.（1981）. Decision development in small groups I：A comparison of two models. Communication Monographs，48，1–24.

② Bormann，E. G.（1996）. Symbolic convergence theory and communication in group decision making. In R. Y. Hirokawa& M. S. Poole （Eds.），Communication and group decision making （2nd ed.，pp. 81–113）. Thousand Oaks，CA：Sage.

③ Gouran，D. S.（1986）. Inferential errors，interaction，and group decision–making. In R. Y Hirokawa &M. S. Poole （Eds.），Communication and group decision–making （pp.93–111）. Beverly Hills，CA：Sage.

理论的关键优势在于更仔细地阐释了“底层结构”驱动群体“系统”生成的机制①。

第三节　群体传播与环境：系统化研究成熟

20 世纪 90 年代，关于任务型群体传播的研究数量减少，这种焦点的转移是由于社会变革、技术进步等环境因素推动下多样化社会群体的兴起导致的。当时，研究者提出理性模型在解释群体决策时的适当性问题②，该模型倾向于将在群体交流中发展起来的模型称为“理性选择”模型。这种对群体传播中“理性选择”的批判与诺贝尔奖获得者赫伯特·西蒙③对完全理性选择的质疑一致。该时期，功能理论和结构理论在研究中受到越来越多的关注，从这两种视角开展的群体传播研究展示出较强的理论基础④。发展理论除了关注发展阶段，还成为一

---

① Gouran, D. S. (1983). Communicative influences on inferential judgments in decision-making groups: A descriptive analysis. In D. Zarefsky, M. O. Sillars, & J. Rhodes (Eds.), Communication in transition: Proceedings of the Third Summer Conference on Argumentation (pp.667-684). Annandale, VA: Speech Communication Association.

② Beach, L. R. (1997). The psychology of decision making: People in organizations. Thousand Oaks, CA: Sage.

Canary, D. J., Brossmann, J. E., Brossmann, B. G., &Weger, H., Jr. (1995). Toward a theory of minimally rational argument: Analyses of episode-specific effects of argument structures. Communication Monographs, 62, 182-212.

Zey, M. (Ed.). (1992). Decision making: Alternatives to rational choice 模型s. Newbury Park, CA: Sage.

③ 何大安：“行为理性主体及其决策的理论分析”，《中国工业经济》，2013年第7期。

④ Salazar, A. J., Hirokawa, R. Y., Propp, K. M., Julian, K. M., &Leathami, G. B. (1994). In search of true causes: Examination of the effect of group potential and group interaction on decision performance. Human Communication Research, 20, 529-559.

系列与群体交往模式有关的理论和模型的总称。舍尔霍恩等[①]指出，信息传播是社会群体最常参与的交往行为，而普尔等将此种模型归纳为阶段、关键事件、连续和社会构建等类别。

20 世纪 90 年代群体传播领域还出现了诚信群体理论视角，该视角由帕特南等[②]提出，这种观点将群体置于更大的组织、结构、社会环境中，并考虑多重角色和角色边界（即刚性和流动性）以及边界和组成成员的变化对成员行为的影响。帕特南研究等所阐述的内容，是基于对群体与它们所处的环境相互依赖关系的认识。这种视角推动了既有群体传播理论的发展：研究功能理论的研究者承认外部对群体过程造成影响，而结构理论也将作用于群体成员决策的外部约束考虑在内。该时期，与诚信群体理论视角同时出现的是自然主义范式。林肯遵循自然主义范式的研究对在群体传播占主导地位的实证主义传统（如变量分析研究和无历史群体的实验室研究）发起挑战，然后从自然主义的角度，沿着多个维度进行了深入研究[③]：研究背景、本体论和认识论、群体类型、研究焦点（例如，创造和维系群体认同、新成员社会化、提供社会支持、发展高质量的人际关系）、方法程序（采用定性的研究方法，如参与观察和深入访谈开展以现象学为导向的案例研究）以及研究人员和自然群体成员的关系等。这一范式为 20 世纪 90 年代的后续研究奠定了基础。由于学术界对实验室方法的持续批评，该时期自

---

① Scheerhorn，D.，Geist，P.，&Teboul，JC. B.（1994）. Beyond decision making in decision-making groups：Implications for the study of group communication. In L. R. Frey（Ed.），Group communication in context：Studies of natural groups（pp.247-262）. Hillsdale，NJ：Lawrence Erlbaum.

② Putnam，L. L.，&Srohl，C.（1990）. Bona fide groups：A reconceptualization of groups in context. Communications Studies，41，248-265.

③ Lincoln，Y. S.，&Guba，E. G.（1985）. Naturalistic inquiry. Beverly Hills，CA：Sage.

然群体的案例研究数量增多，涵盖了在社区群体中使用议会程序以及医疗团队中角色定义和协调问题造成的交流困难等大量关于社会自然群体的研究成果。这些研究都具有浓厚的民族志色彩，群体传播研究者的研究与社会学和心理学领域建立紧密联系。例如，贝尔德[①]、西蒙诺夫等[②]在有关性别和群体进程的研究中借鉴了心理学的研究成果。

20世纪八九十年代群体传播领域研究者对功能、发展、结构、符号聚合和社会中心理论的持续关注，保证了21世纪研究进展的合理性和连续性。其中，社会中心理论所提出的关于交流是否会产生影响的问题在该时期得到了较多关注。帕维特将群体影响划分为：没有影响、偏好显示的影响、信息的影响、偏好以及信息的影响，以及互动的影响[③]。这一时期较受关注的研究方向是互联网技术对群体过程和结果的影响。研究者们一直在研究各种技术对群体效能的潜在影响，鉴于各类网络社会和平台的迅速发展，这类议题将成为群体传播研究的重要方向。

此外，另一个兴起的研究议题是群体传播的长期影响，影响的对象不仅包括群体内成员，还包括群体外个体。由于先前的群体经历会影响成员，因此确定前因对群体过程的影响也很重要。前因变量，指的是成员的交往倾向[④]、对任务的兴趣、对交流主题的表态，以及成员

---

① Baird, J. E., Jr.（1976）. Sex differences in group communication: A review of relevant research. Quarterly Journal of Speech, 62, 179–192.

② Shimanoff, S. B., &Jenkins, M. M.（1996）. Leadership and gender: Challenging assumptions and recognizing resources. In R. S. Cathcart, L. A. Samovar, &L. D. Henman（Eds.）, Small group communication: Theory practice（7th ed., pp. 327–344）. Madison, WI: Brown &Benchmark.

③ Pavitt, C.（1993a）. Does communication matter in social influence during small group discussion? Five positions. Communication Studies, 44, 216–227.

④ Keyton, J., &Frey, L. R.（in press）. The effects of predispositions on group communication. In L. R. Frey（Ed.）, New directions in group communication. Thousand Oaks, CA: Sage.

所属群体过去成功和失败的交流经验等。就长期的交往效果而言，这些前因会影响团队成员的认知，从而影响他们在交流过程中的内容和方式。值得注意的是，群体成员的文化背景是特别重要的前因变量。随着全球化进程的日益深入，群体成员的文化构成将会越来越多样化，因此，群体传播研究需要关注文化差异是如何影响群体互动和结果的。例如，霍夫斯特德从四个维度，即个人主义与集体主义、男性与女性化、权力距离和不确定性回避、讨论文化群体之间行为模式的差异[①]。

---

① 李文娟："霍夫斯泰德文化维度与跨文化研究"，《社会科学》，2009年第12期，第126–129页。

理论篇

第三章
群体成员与传播过程

第一节　成员特征和社会化过程

1. 成员交流与性格特征

群体成员的交流特征和性格特征对群体产生重要影响。了解成员的交流特征和性格特征，不仅有助于理解成员的交流方式、偏好，而且有助于理解凝聚力、共识和满意度等正面氛围的产生过程。

（1）交流特征

通常情况下，情境会影响个体的交流行为，同时交流特征在人们为何交流和如何交流中也起着重要作用。交流特征是指个体在信息发送和接收行为上的一致性和差异性[①]。性格特征是指个体的心理构成，包括态度、价值观、信念、经验和行为。交流特征不同于性格特征的

---

① Infante，D. A.，& Rancer，A. S.（1996）. Argumentativeness and verbal aggressiveness：A review of recent theory and research. In B. R. Burleson （Ed.），Communication yearbook （Vol. 19，pp. 319–351）. Thousand Oaks，CA：Sage.

地方就在于，交流特征专指人们如何使用语言和非语言信息来激发接收者的想法[①]。从某种意义上说，交流特征可以看作性格特征的分支。群体成员交流特征主要包括四个方面：交流风格、交流焦虑、好争善辩和言语进攻。

交流风格描述了个体使用语言和非语言传播行为，以符合自身期望的方式向对方传递信息[②]。根据诺顿的研究，个人的交流风格包括 10 种交流属性的任意组合：友好、印象、轻松、好辩、专注、严谨、生动、戏剧化、开放和支配[③]。一般来说，个体会同时拥有多种交流属性[④]，组成交流者的风格。所谓交流焦虑，是指"个体与他人实际或预期的交流所带来的恐惧或焦虑程度"[⑤]。一般来说，根据焦虑的来源和程度进行分类，交流焦虑有四种类型 ：特征型、情境型、受众型和环境型[⑥]。特征型交流焦虑是指在各种情境下相对持久的忧虑程度。高度特征型交流焦虑的人对所有情况下的交流都感到焦虑。轻度特征型交流焦虑的人在大多数情况下会感觉自如。与前述两种程度的焦虑相比，中度特征型交流焦虑的人往往在日常处理交流焦虑时更加灵活。情境

---

① Infante，D. A.，Rancer，A. S.，& Womack，D. E.（2003）. Building communication theory（4th ed.）. Prospect Heights，IL：Waveland Press.

② Norton，R. W.（1986）. Communicator style in teaching：Giving good form to content. In J. M. Civikly （Ed.），New directions–for teaching and learning，no. 26：Communicating in college classrooms（pp. 33–40）. San Francisco：Jossey–Bass.

③ Norton，R W.（1983）. Communicator style：Theory，applications，and measures. Beverly Hills，CA：Sage.

④ Norton，R W.（1983）. Communicator style：Theory，applications，and measures. Beverly Hills，CA：Sage.

⑤ McCroskey，J. C.（1977）. Oral communication apprehension：A summary of recent theory and research. Human Communication Research，4，78–96.

⑥ McCroskey，J. C.（1984）. The communication apprehension perspective. In J. A. Daly & J. C. McCroskey（Eds.），Avoiding communication：Shyness，reticence，and communication apprehension（pp. 13–38）. Beverly Hills，CA：Sage.

型焦虑是一种与特定情境相关联的焦虑类型，如群体交流、人际交流、公开演讲等。受众型焦虑与特定的受众群体相关。最后，当个体在特定的情况下与特定的人或群体交流时，他会产生环境型焦虑。

善辩程度指个体在有争议的问题上捍卫自己的立场的同时反驳其他个体不同立场的能力[①]。根据该定义，善辩程度高的个体有更多关于争议性话题的积极想法，并与其他个体理性地讨论而不是进行人身攻击。善辩程度高的人经常会更多地参与互动，让人感觉他们比争辩程度低的人更可信[②]。与属于建设性交流特征的好辩程度不同，言语攻击特征被归类于破坏性交流。攻击倾向，指个体为了造成心理伤害而进行人身攻击的倾向[③]。言语侵略性往往源于挫败感，有言语攻击倾向的个体常常不知道如何进行建设性的探讨[④]。

（2）性格特征

与交流特征类似，影响群体成员交流的性格特征主要包括权术主义、自我监控和自尊三种。一般来说，个体常常拥有多种性格特征[⑤]。首先，权术主义性格特征指的是个人操纵局势来影响和控制局势以达

---

① Infante，D. A，& Rancer，A. S. （1982）. A conceptualization and measure of argumentativeness. Journal of Personality Assessment，46，72–80.

② Onyekwere，E. O.，Rubin，R. B，& Infante，D. A. （1991）. Interpersonal perception and communication satisfaction as a function of argumentativeness and ego–involvement. Communication Quarterly，39，35–47.

③ Infante，D. A.，& Wigley，C. J.，III. （1986）. Verbal aggressiveness：An interpersonal 模型 and measure. Communication Monographs，53，61–69.

④ Infante，D. A. （1988）. Arguing constructively. Prospect Heights，IL：Waveland Press.

⑤ Davies，M. F. （1994）. Personality and social characteristics. In A. P. Hare，H. H. Blumberg，M. F. Davies，& M. V. Kent （Eds.），Small group research：A handbook （pp. 41–78）. Norwood，NJ：Ablex.

到自己目的的能力[①]。一般来说，高度权术主义者会将互动视为社交竞争，他们在思想上是中立的，在人际交往上很少涉及感情，为了利益不惜背信弃义。其次，自我监控是指个体对特定场合下社交需求的关注程度，其目的在于使自己的言语和非言语行为更加得体和有效[②]。自我监控能力强的人会密切关注他人反馈，并且控制自己在社交过程中的表现，从而适时调整行为对提高社交效率大有裨益[③]。与之相比，轻度自我监控的个体社交表现得更具一致性，容易获取信任和维持关系[④]。最后，自尊是指个体对整体自身价值的认同感。自尊心强的人会自我感觉良好并称赞自己，而自尊心弱的人则不会。同时，个体对自我的感知通常是基于与他人的社会交往和对话[⑤]，因此与自尊心弱的人相比自尊心强的人在交流中更自信。

（3）群体交往及成员特征

个体的交流与性格特质，对成员在群体中的行为和态度的影响包括以下五个方面。首先，焦虑程度高的群体成员之间的互动较少，并且焦虑的群体成员为避免表达分歧，有可能发表无关紧要的评论。由于该类

---

① 赵君，廖建桥："马基雅维利主义研究综述"《华东经济管理》，2013年第27卷第4期，第145–148页。

② Snyder，M.（1987）. Public appearances，private realities：The psychology of self-monitoring. New York：W. H. Freeman.

③ Daly，J. A.（2002）. Personality and interpersonal communication. In M. L. Knapp & J. A. Daly（Eds.），Handbook of interpersonal communication（3rd ed，pp. 133–180）. Thousand Oaks，CA：Sage.

④ Self-monitors achieve status by helping others and knowing who helps whom. Journal of Personality and Social Psychology，91，1123–1137.

⑤ Glauser，M. J.（1984）. Self-esteem and communication tendencies：An analysis of four self-esteem/verbal dominance personality types. Psychological Record，34，115–131.

群体成员较少参加群体交流，导致群体凝聚力较差①。高度焦虑的成员在社交和任务方面的表现次于轻度焦虑的成员，因此被选为群体领袖的可能性较小②。其次，善辩的群体成员更有可能被选为群体领袖③，其自身也对自己的群体体验更满意，因而群体凝聚力更强。自省的善辩者不避免冲突、展示领导能力、善于提出想法以及享受群体任务。与之相比，攻击倾向强的成员集体意识更差，凝聚力水平更低。再次，群体成员的权术主义水平影响群体互动④。尽管高度权术主义者经常参与群体互动，但他们带来的分歧比轻度权术主义者多。高度权术主义者通常交流能力很强，能胜任多项群体职能，如提问、建议和指导等，然而高度权术主义者总是把自己的利益凌驾于群体利益之上。自我监控能力强的人更有可能成为群体领袖⑤，因为该类成员往往展现出符合群体期望并能有效完成群体任务的形象。最后，自尊心弱的群体成员更容易受到其他成员的影响。在群体传播中，自尊心较弱的成员常常顺从于其他成员的意见以避免造成负面形象，这种态度解释了为什么自尊心弱的成员对群体体验的满意度普遍低于自尊心强的成员⑥。

---

① 刘敬孝，杨晓莹，连铃丽："国外群体凝聚力研究评介"，《外国经济与管理》，2006年第3期，第47–53页。

② Limon，M. S，& LaFrance，B. H.（2005）. Communication traits and leader emergence：Examining the impact of argumentativeness，communication apprehension，and verbal aggressiveness in work groups. Southern Communication Journal，70，123–133.

③ Limon，M. S，& LaFrance，B. H.（2005）. Communication traits and leader emergence：Examining the impact of argumentativeness，communication apprehension，and verbal aggressiveness in work groups. Southern Communication Journal，70，123–133.

④ Bochner，A. P.，& Bochner，B.（1972）. A multivariate investigation of Machiavellianism and task structure in four-man groups. Speech Monographs，39，277–285.

⑤ Ellis，R. J，& Cronshaw，S. F.（1992）. Self-monitoring and leadership emergence：A test of moderator effects. Small Group Research，23，113–131.

⑥ Crocker，J.，& Schwartz，I.（1985）. Prejudice and ingroup favoritism in a minimal intergroup situation：Effects of self-esteem. Personality and Social Psychology Bulletin，11，379–386.

2. 群体交往与结果

（1）群体交往的动机

群体成员需要通过恰当的人际交往构建关系，而个体加入群体的原因主要包括以下两个方面，即特定群体的吸引力以及人际交往需求。根据吸引力理论，个体加入群体可以归因于以下四个方面。第一，个体可以享受群体带来的各种益处。假设个体在大学时打过保龄球而且表现出色，很可能会想加入球队或者球类俱乐部。第二，群体的目标可能会吸引个体。例如，某些人加入互助群体，因为群体可为需要援助的学生提供服务。第三，群体成员的身份可以激励个体加入。第四，个体因为与一个或多个成员的联系而加入群体。个体加入读书俱乐部，可能是因为其最好的朋友是成员，或者被某个群体成员吸引。所谓人际交往需求，指人际交流的动机是维持关系、满足人际需求[①]。相关的动机研究探讨了群体为什么互动、以何种方式互动、与谁互动以及互动的内容，并且简单地指出了与人交流的六种人际交往动机[②]。群体交往的好处之一就是可以满足一种或全部六种人际交往需求。出于愉悦、情感、包容和放松动机而交往的群体成员对群体体验的满意度和凝聚力更高，而出于控制动机而交往的成员则对群体体验的满意度较低[③]。

---

① Rubin, R. B., & Martin, M. M. (1998). Interpersonal communication motives. In J. C. McCroskey, J. A. Daly, M. M. Martin, & M. J. Beatty (Eds.), Communication personality: Trait perspectives (pp. 287–308). Cresskill, NJ: Hampton Press.

② Rubin, R. B., Perse, E. M., & Barbato, C. A. (1988). Conceptualization and measurement of interpersonal communication motives. Human Communication Research, 14, 602–628.

③ Anderson, C. M. & Martin, M. M. (1995). The effects of communication motives, interaction involvement, and loneliness on satisfaction: A model of small groups. Small Group Research, 26, 118–137.

此外，出于愉悦和情感动机而交往的成员会参与并回应其成员，而出于控制和逃避动机而交往的成员既不参与也不回应其成员[①]。出于愉悦和情感动机而交往的成员汇报其群体交往信息时更愉悦、更深情，而出于控制动机而交往的成员比其他群体成员互动更频繁[②]。

（2）群体交往

当新成员成为群体活动模式的一部分时，就会发生交往活动[③]。社会心理学家将交往定义为当群体成员关于谁做什么以及群体如何运作产生共享意义时[④]。上述定义较为强调个体的作用。社会心理学家默兰德将交往定义为群体与个体作为整体满足彼此需求和实现目标的互惠过程[⑤]。这种定义意味着个体积极参与交往过程[⑥]，而不是简单地调整和适应现有的群体文化。下面介绍研究中常用群体交往模型，该模型说明了交往过程和实践在群体中的作用。

群体交往模型

安德森等研究者通过五个阶段来说明传播如何影响交往过程，并

---

① Anderson，C. M. & Martin，M. M.（1995）. The effects of communication motives，interaction involvement，and loneliness on satisfaction：A Model of small groups. Small Group Research，26，118–137.

② Anderson，C. M.，& Martin，M. M.（2002）. Communication motives（state vs. trait?）and task group outcomes. Communication Research Reports，19，269–282.

③ Stryker，S.，& Stratham，A.（1985）. Symbolic interaction and role theory. In G. Lindzey & E. Aronson（Eds.），Handbook of social psychology：Theory and method（Vol. 1，pp. 311–378）. New York：Random House.

④ Mead，G. H.（1958）. The social psychology of George Herbert Mead（A. Strauss，Ed.）. Chicago：University of Chicago Press.

⑤ Moreland，R. L.，& Levine，J. M.（1982）. Socialization in small groups：Temporal changes in individual–group relations. In L. Berkowitz（Ed.），Advances in experimental social psychology（Vol. 15，pp. 137–192）. New York：Academic Press.

⑥ 胡春阳，周劲："经由微信的人际传播研究（一）"，《新闻大学》，2015年第6期，第50–60页。

引入了一种群体交往模型。阶段是指“在整个连续相互作用周期内的不同子周期”。阶段模型的假设是，每个阶段都具有不同的特征，某些特征跨越各个阶段，并且群体可能无限期地保持在一个阶段中。群体交往阶段模型阐释了群体成员如何在群体生命周期内形成交往活动。

第一个阶段是先行阶段。群体成员基于个体经验或他人分享的经验，表达了对群体工作的积极或消极的信念和态度。无论个体是进入现有的群体还是新群体，个体的信仰、态度、交流和人格特质都会影响这个群体的成员和文化。同样，如果群体持有外貌或身份等偏见会阻碍群体成员的交往。第二个阶段是预期阶段，在该阶段成员决定其对群体以及其他成员的期望。群体形成了对新群体成员的期望，新群体成员对群体也怀有先入为主的期望。研究表明，群体与个体的相互期望越接近，成功交往的可能性就越大，如果进入群体时期望不切实际或没有得到满足，则群体体验可能会带来压力[①]。第三个阶段是磨合阶段，个体通常与群体成员接触，开始明确群体目标和角色的过程。所谓群体目标，指的是人们希望通过加入群体并在群体中构建关系来实现的结果[②]。在这个阶段，成功进行交往的关键在于个体、群体、任务和关系等目标之间实现平衡。为了平衡不同目标之间的潜在冲突，群体成员通过共享、请求和接收信息进行交流。此外，成员还会讨论可接受的行为和实践，以帮助自身和群体平衡目标冲突。研究发现，如果群体能在各种目标之间达成可接受的平衡，则会加强对群体成员的承诺。此外，确立角色并引导成员定位其角色也是本阶段的

① Louis, M. R. (1980). Surprise and sense making: What newcomers experience in entering unfamiliar organizational settings. Administrative Science Quarterly, 25, 226–251.

② Gouran, D. S. (1994). The future of small group communication research: Revitalization or continued good health? Communication Studies, 45, 29–39.

关键活动，即在个体成员与群体之间对理想角色进行选择并调节角色行为。第四个阶段为认同阶段，在该阶段，新成员接受群体文化并开始认同群体及其成员。所谓群体文化，指群体成员使用其群体独有的交往行为来理解他们所做的事情[①]。有时候群体成员承袭了既定的文化，但也会尝试在群体交往过程中改变这种文化。默兰德认为群体文化的形成时间，会影响同化每个成员所需的时间[②]。通常，成员同化可称为建立“群体感”。在群体中，不断完成任务和建立关系可以让群体与个体在创建自身认同时进行交往。当成员看到自己的价值观和利益与群体一致时即表示同化完成。如果群体成员无法接受其他成员并试图改变群体方向时，成员的“感”体验中断，并可能被迫离开群体。第五个阶段是退出阶段。研究发现，群体结束或个体退出会影响群体成员的态度和行为[③]。当成员离开群体时可能会对群体产生积极或消极的影响，其中积极的影响是老成员自愿离开群体并进行经验的分享，而消极的影响包括成员离开前的抗议及该行为对其他成员的效应。

研究群体交往的主要阶段模型还包括贝尔等提出的定位、评估和控制三阶段模型，以及更复杂的模型，如多序列模型[④]，描述了决策群体社会化过程中交往行为的多重和递归变化；加博林的研究更全面地

---

① Swogger, G.（1981）. Human communication and group experiences. In J. E. Durkin（Ed.）, Living groups: Group psychotherapy and general system theory（pp. 63–78）. New York: Brunner/Mazel.

② Moreland, R. L.（1985）. Social categorization and the assimilation of “new” group members. Journal of Personality and Social Psychology, 48, 1173–1190.

③ Sinclair-James, L., & Stohl, C.（1997）. Group endings and new beginnings. In L. R. Frey & J. K. Barge（Eds.）, Managing group life: Communicating in decision-making groups（pp. 308–334）. Boston: Houghton Mifflin.

④ Poole, M. S., & Baldwin, C. L.（1996）. Developmental processes in group decision making. In R. Y. Hirokawa & M. S. Poole（Eds.）, Communication and group decision making（2nd ed., pp. 215–241）. Thousand Oaks, CA: Sage.

描述和检验了每个阶段的特征，以解释新成员的预期和交往经历在社会化过程中的影响[①]。此外，不确定性减少理论是作为人际交往领域的理论发展起来的[②]，但其常常被应用于群体交往研究。该理论主要解释成员如何交往，以减少对他们自身的行为、群体过程、群体关系和群体任务的不确定性。在描述不确定性减少理论时，关系发展的三个阶段包括：加入、确定和退出。查克巴特（Clatterbuck）[③]指出，在最初的交往中不确定性减少包括主动的交往行为和追溯归因，随后通过观察和交往，个体获得有助于减少对过去和当前行为不确定性的信息，并预测未来行为。线性模型为群体交往提供了一定的理论参考，但上述线性模型的共同问题在于，他们假设新成员将直接向同化发展，而事实上，成员的同化过程难以用简单的线性模型进行描述[④]。

（3）群体交往的结果

大多数群体交往研究关注的是任务、关系与结果的相互作用，并以此作为成功群体的衡量标准。群体结果描述了群体成员对协作完成目标的感受，成功的群体会从积极的交往结果中获益。群体交往会产生四种群体结果：凝聚力、共识、交流满意度和孤独感。第一种群体

---

① Jablin，F. M.（1985）. Task/work relationships：A life-span perspective. In M. L. Knapp & G. R. Miller（Eds.），Handbook of interpersonal communication（pp. 615-654）. Beverly Hills，CA：Sage.

② Berger，C. R.（1987）. Communicating under uncertainty. In M. E. Roloff & G. R. Miller（Eds.），Interpersonal processes：New directions in communication research（pp. 39-62）. Newbury Park，CA：Sage.

③ Clatterbuck，G. W.（1979）. Attributional confidence and uncertainty in initial interactions. Human Communication Research，5，147-157.

④ Hes，J. A.（1993）. Assimilating newcomers into an organization：A cultural perspective. Journal of Applied Communication Research，22，189-210.

结果是凝聚力。从成员的角度来说，凝聚力是成员期望留在群体中的意愿水平[①]。具体来说，凝聚力来源于群体任务和关系的融合，因此，衡量凝聚力的要素还包括群体成员之间的吸引力、成员对群体成功可能性的评估以及群体认同感等。第二种群体结果是共识。群体形成共识的过程即群体决策与群体目标达成一致的过程。共识是指所有群体成员同意并致力于实践的决策[②]。共识优先于多数制和妥协，因为达成共识的群体往往会形成凝聚力。共识与凝聚力密切相关，瑞德等认为共识与积极的交往实践有关[③]。第三种群体结果是满意度。传播学研究者赫琪将满意度描述为一种“有感觉的体验”[④]，即人们对人际交流感到的满意或不满意。在群体环境下，满意度包括三个维度[⑤]：首先，群体成员对自身和其他个体的角色的认识；其次，对群体完成目标的进展上的判断；最后，参与群体互动的自由度。成员的积极交往经历与成员的群体交往满意度呈正相关[⑥]。第四种群体结果是孤独感。所谓群体孤独感，指一些成员因不能或不被允许参与群体过程而感到的无力

---

① Cartwright，D.（1968）. The nature of group cohesiveness. In D. Cartwright & A. Zander（Eds.），Group dynamics：Research and theory（3rd ed.，pp. 91–109）. New York：Harper & Row.

② DeStephen，R. & Hirokawa，R.（1988）. Small group consensus：Stability of group support of the decision，task process，and group relationships. Small Group Behavior，19，227–239.

③ Riddle，B. L.，Anderson，C. M.，& Martin，M. M.（2000）. Small Group Socialization Scale：Development and validity. Small Group Research，31，554–572.

④ Hecht，M. L.（1978）. The conceptualization and measurement of interpersonal communication satisfaction. Human Communication Research，4，253–264.

⑤ Heslin，R.，& Dunphy，D.（1964）. Three dimensions of member satisfaction in small groups. Human Relations，17，99–112.

⑥ Anderson，C. M.，& Martin，M. M.（2001，November）. Communication traits and cohesion as predictors of socialization in task groups. Paper presented at the annual meeting of the National Communication Association，Atlanta，GA.

感[①]。科顿认为，群体交往的关系与任务维度是相互依存的[②]。消极的交往实践会导致成员有孤独感[③]，人们为了满足与包容、情感和控制相关的需求而加入群体，当需求无法通过群体交往得到满足时，群体成员往往会感到挫折、孤立和疏远感。

（4）群体交往规范

首先，在个体层面，群体交往规范是群体成员的基本规范。个体态度和行为应与群体确立的态度和信念相吻合。例如，如果群体同意定点交流，则迟到将违反群体关于成员行为的规范。当成员决定如何对个体行为进行制裁时，这种违规行为将引起群体内部的紧张气氛。此外，群体成员希望个体作为新人，通过收集信息、提问和寻求其他成员的反馈来了解自身角色。有时新成员会感到沮丧，因为他们没有履行职责所需的信息，收到相互冲突的信息，或者被人太快、太早地扔来太多的信息[④]。因此，新成员的义务包括获得他们执行任务所需要的技能。新成员往往由于过于担心失败和评价[⑤]，可能会试图过度伸展，导致筋疲力尽。理想情况下，新成员应向老成员征求意见，确定对群体成功至关重要的因素的优先顺序。最后，老成员和新成员最终

---

① Worchel, S.（1994）. You can go home again: Returning group research to the group context with an eye on developmental issues. Small Group Research, 25, 205–223.

② Keyton, J.（2000）. Introduction: The relational side of groups. Small Group Research, 31, 387–396.

③ Riddle, B. L., Anderson, C. M., & Martin, M. M.（2000）. Small Group Socialization Scale: Development and validity. Small Group Research, 31, 554–572.

④ Van Maanen, J.（1976）. Breaking in: Socializing to work. In R. Dubin（Ed.）, Handbook of work, organization and society（pp. 67–130）. Chicago: Rand McNally.

⑤ Lester, R. E.（1987）. Organizational culture, uncertainty reduction, and the socialization of new organizational members. In S. Thomas（Ed.）, Studies in communication（Vol. 3, pp. 105–113）. Norwood, NJ: Ablex.

会因为合作完成任务目标而感到舒适[①]。当然，这种舒适也包括积极的合作关系氛围[②]。该目标要求每个成员努力帮助群体平衡任务和成员关系相关的紧张关系。

其次，在群体层面，成员可能需要考虑建议的准则。群体寻找的是那些能够帮助实现集体目标的成员[③]，而准成员寻找的是满足个体需求的群体。在协调群体中，可以指定正式的规范，例如成员“通过共同学习经验对情况产生标准响应”的定位会议[④]。在这种情况下，成员不仅了解成员身份相关的优势，还能听到与群体目标相关的解读。然而，在较小的群体环境或非正式的社会群体中，个体化的交往实践为新成员提供了从不同成员和角度学习“诀窍”的独特机会。这种类型的接触允许新成员在不太正式的环境中通过提问和接受反馈进行互动。尽管群体成员交往可以帮助群体最大限度地发挥完成任务的潜力，但成员必须建立信任。信任涉及群体成员为彼此“冒险”的意愿[⑤]，因此，缺乏信任可以解释为什么某些群体成员从来没有完全交往，或者认为他们的交往经验是负面的。

---

① McComb，M.（1995）. Becoming a travelers aid volunteer：Communication i socialization and training. Communication Studies，46，297–316.

② Keyton，J.（2000）. Introduction：The relational side of groups. Small Group Research，31，387–396.

③ Moreland，R. L.，& Levine，J. M.（1984）. Role transition in small groups. In V. L. Allen & E. Van de Vliert（Eds.），Role transitions：Exploration and explanations（pp. 181–195）. New York：Plenum.

④ Jones，G. R.（1986）. Socialization tactics，self–efficacy，and newcomers' adjustments to organizations. Academy of Management Journal，29，262–279.

⑤ Moreland，R. L.，& Levine，J. M.（2002）. Socialization and trust in work groups. Group Process & Intergroup Relations，5，185–201.

3. 群体社会化过程

下面两种关于群体社会化的传播阶段模型通过关注群体的生命周期来说明社会化对群体任务和关系维度的影响，从而说明个体成员在群体中的社会化过程。模型重点阐明社会化过程中如何创建和维持规范和角色的群体过程。对于群体成员，该模型说明了群体交往实践和结果会被纳入“经验库”，继而影响他们在随后的群体交往中的反应。对于群体，该模型反映了群体在社会化过程中的流动性，即群体可能会在群体交往的各个阶段快速前进或退后。鉴于社会化是群体与个体之间的双向影响过程，群体与个体的双重视角对于全面理解群体社会化过程至关重要。社会化是指新成员成为群体活动模式一部分的过程[①]。当群体成员通过交往创造关于角色和规则的共同含义时，或者当他们获得能够使他们成为称职的群体成员的某些知识和技能时[②]，就会发生社会化。莫兰的研究关注个体如何适应和改变群体，还关注群体发生的变化，他将社会化定义为群体与个体为满足需求和实现目标而走到一起的互惠过程[③]。

部分研究将社会化概念化为一种单向过程，把理解群体的责任放

---

① Stryker，S.，& Statham，A.（1985）. Symbolic interaction and role theory. In G. Lindzey & E. Aronson（Eds.），Handbook of social psychology：Vol. 1. Theory and method（pp. 311–378）. New York：Random House.

② Dion，K. K.（1985）. Socialization in adulthood. In G. Lindzey & E. Aronson（Eds.），Handbook of social psychology：Vol. 2. Special fields and applications（pp. 123–147）. New York：Random House.

③ Moreland，R. L.，& Levine，J. M.（1982）. Socialization in small groups：Temporal changes in individual–group relations. In L. Berkowitz（Ed.），Advances in experimental social psychology（Vol. 15，pp. 137–192）. New York：Academic Press.

在新成员身上[①]。社会化被视为新成员通过“摸清窍门”来调整和适应群体生活的过程：新成员应该学习价值观、规范和必要的行为；获得承担适当角色所需的知识和技能；并被灌输什么是重要的[②]。新成员的任务是通过将自己从表现欠佳的成员转变为有贡献的成员进而融入群体。尽管这些片面的定义或解释可以说明新成员加入群体时的群体预期，但只解决了社会化过程的一半，因为他们没有考虑群体如何受到新成员的影响。正如群体试图使新成员社会化一样，新成员也会影响群体。当然，新成员带来的“新颖性”有可能影响群体的结构、文化和交往方式。因此，更为全面社会化的描述为这一概念增加了重要双向互动维度，新成员被视为社会化过程中的积极参与者，而不是简单地响应或吸收现有的文化。所谓“社会化是文化的再生产”[③]，是指新成员和他们所加入的群体通过创造独特的群体文化而建立良好的相互适应关系。因此，群体社会化可定义为：群体社会化是实施社会影响的双向交往过程，在此过程中，群体成员通过语言和非语言的交往来调整和适应彼此，以持续构建独特的群体文化和结构，参与相关的过程和活动，追求群体与个体的目标。

从成员的角度考虑群体社会化的研究中，部分研究者分别受到了社会交换理论和群体交往模型的影响。首先，在社会交换理论中，个体加入群体是为了获得成员资格带来的回报，但当成本超过回报时，

---

① Jablin，F. M. （1984）. Assimilating new members into organizations. In R. N. Bostrom（Ed.），Communication yearbook 8（pp. 594–624）. Beverly Hills，CA：Sage.

② Van Maanen，J.，& Schein，E. H. （1979）. Toward a theory of organizational socialization. In B. M. Staw（Ed.），Research in organizational behavior：An annual series of analytical essays and critical reviews（Vol. 1，pp. 209–264）. Greenwich，CT：JAI.

③ Pepper，G. L. （1995）. Communicating in organizations：A cultural approach. New York：McGraw–Hill.

就会变得不满意或退出。由莫兰提出的群体社会化经典模型[①]受到了社会交换理论的影响，关注群体社会化是如何随着时间的推移而发展和变化的。一般来说，评估成员忠诚度和促进角色转换是社会化过程中固有的连续和递归的心理过程。群体社会化模型从社会交换的角度出发，发现当群体成员的利益降低，成员的忠诚度会减弱，促使群体重新定义成员的行为预期和群体成员关系。其次，在从群体交往角度研究群体社会化的成果中，琼斯[②]的研究表明，新成员通过与其他成员的交往来了解群体，这些交往为新成员构建了群体的意义和他们在其中的角色。在琼斯的模型中，新成员依靠对以往行为有效性的自我评估和归因，调节其对群体的理解和适应，并在追求目标和角色表现方面发挥积极作用。此外，群体交往视角的研究还引入了一种文化范式框架下的社会化模型，强调新成员了解和接受群体的目标、价值观和实践的机制。例如，新成员通过诸如礼仪和老成员的反馈等交往行为来学习群体的信念、规范和价值观。赫斯的研究指出，当社会化实践主要由任务信息构成，而不能满足新成员接受群体文化的需求时，他们会体验到疏离感[③]。

4. 群体社会化过程的理论框架

群体社会化过程的理论框架是微观层次的模型，它提供了一个概

---

① Moreland, R. L., & Levine, J. M.（1988）. Group dynamics over time: Development and socialization in small groups. In J. E. McGrath（Ed.）, The social psychology of time: New perspectives（pp. 151–181）. Newbury Park, CA: Sage.

② Jones, G. R.（1983）. Psychological orientation and the process of organizational socialization: An interactionist perspective. Academy of Management Review, 8, 464–474.

③ Hes, J. A.（1993）. Assimilating newcomers into an organization: A cultural perspective. Journal of Applied Communication Research, 22, 189–210.

念框架，用来解释交往如何帮助群体成员适应和调整，从而创造独特的群体文化。该理论不仅说明了不同阶段的群体交往如何为社会化过程提供基础，同时考虑了成员在初始社会化和持续社会化中的流动性。此外，由于个体常常都拥有多个群体的成员身份，社会化过程的影响一般会扩展到个体及其所在的所有群体，因此，理解群体成员如何在交往中改变对于理解社会化是非常重要的。群体社会过程理论根据交往实践对社会化过程的影响，共划分为五个阶段：前期阶段、预期阶段、接触阶段、同化阶段和退出阶段。此外，该理论在概念化时对社会化过程设定了假设：个体给群体带来个体特征和群体生活的经验库，在群体交往中减少不确定性并调整角色，从而更新经验库，随后影响后续的社会化过程；群体社会化过程是非线性发展的，例如新群体或者新成员在社会化过程中，以不同效率进行社会化时，群体与个体可能会适应，也有可能出现退化现象，因此，在理解该理论时需要厘清各阶段间的非线性关系。

在前期阶段，个体将信念和态度、动机、性格等前期因素带到群体交往中，这些前期因素不仅影响个体的易感性、准备程度和对社会化的接受程度，还和接受群体目标、参与群体任务以及建立群关系密切相关。前期因素也会影响新成员对群体的幻想[①]，以及老成员对新成员可接受性的判断[②]。此外，某些群体已经形成了独特的文化，而其他群体可能是刚刚形成或正在文化形成进程中，但这两类群体都受到个

---

① Polzer, J. T., Kramer, R. M., & Neale, M. A. (1997). Positive illusions about oneself and one's group: Antecedents and consequences. Small Group Research, 28, 243-266.

② Moreland, R. L. (1985). Social categorization and the assimilation of"new"group members. Journal of Personality and Social Psychology, 48, 1173-1190.

体带来的影响[①]。因此，前期因素主要包括信念和态度、动机、交往特征等个体因素和群体特征等群体因素，两类前期因素共同决定了群体独特而可变的构成，对群体社会化有着重要的影响。

第一个因素是信念和态度。个体把他们对群体的信念和态度带到群体中，例如对群体任务的信念和态度，以及他们希望与其他成员建立的关系类型，这些信念是从他们所属的先前群体中建立起来的[②]。例如，对自治和控制有很高需求的个体可能会加入对参与性决策持消极态度的群体，从而通过参与非合作行为阻碍社会化过程。第二个因素是动机。与前述群体成员的交往动机类似，激发个体加入群体的动机包括包容、情感、控制和逃避需求。与他人交往的动机是相对普遍和一致的交往倾向，这种倾向会在环境中影响谁与谁交谈，以及他们谈论什么[③]。研究表明，当成员之间的互动是为了满足包容和情感的需求而不是控制和逃避，群体更有凝聚力[④]。此外，出于控制需求而进行交往的人在交往行为中更倾向于目标。为了控制而进行交往的成员目标感更强，他们在群体互动中进行的交往更多[⑤]。第三个因素是交往特征，

① Jones，G. R. （1983）. Psychological orientation and the process of organizational socialization：An inter+actionist perspective. Academy of Management Review，8，464–474.

② Scheerhorn，D.，& Geist，P （1997）. Social dynamics in groups. In L. R. Frey &J. K. Barge （Eds.），Managing group life：Communicating in decision–making groups （pp. 81–103）. Boston：Houghton Mifflin.

③ Rubin，R. B.，& Martin，M. M. （1998）. Interpersonal communication motives. In J. C. McCroskey，J. A. Daly，M. M. Martin，& M. J. Beatty （Eds.），Communication and personality：Trait perspectives （pp. 287–308）. Cresskill，NJ：Hampton.

④ Martin，M. M，& Anderson，C. M. （1998，April）. Interpersonal communication motives in small groups. Pa–per presented at the annual meeting of the Eastern Communication Association，Saratoga Springs，NY.

⑤ Martin，M. M，& Anderson，C. M. （1998，April）. Interpersonal communication motives in small groups. Pa–per presented at the annual meeting of the Eastern Communication Association，Saratoga Springs，NY.

该特征在前面叙述群体成员特征时已经进行了阐述，此处不再赘述。第四个因素是群体特征。群体成员会根据群体特征产生刻板印象并影响其社会化，例如性别偏见会影响群体社会化，通常男性被认为更适合承担任务领袖，而女性则更多被看作群体的关系领导者[①]。

预期阶段

对于群体与个体而言，预期阶段描述了群体成员加入群体前对彼此形成的预期。群体与个体预期对社会化过程的影响表现在：群体与个体对将要发生的事情的预期差别越小，社会化过程顺利进行的可能性就越大[②]。具体来说，预期阶段影响社会化过程的群体与个体预期。首先是个体预期。新成员在加入群体之前，通常会尽可能地了解目标群体，并根据掌握的信息来判断未来是否能够融入其中，并形成对与其他成员的关系类型以及未来角色行为类型的预期。该种预期受到成员处理信息的思维方式、周围社会关系以及过往群体经历的影响[③]。当新成员加入群体后，关于个体身份和控制的预期未得到证实，将会影响他们的适应度[④]。其次是群体预期。对于群体来说，当新成员同意加入时，老成员会形成对新成员的预期[⑤]。更容易接纳新成员的群体更有

---

① Gouran, D. S., & Fisher, B. A.（1984）. The functions of human communication in the formation, maintenance, and performance of small. groups. In C. C. Arnold &J. W. Bowers （Eds.）, Handbook of rhetorical and communication theory （pp. 622–658）. Boston: Allyn & Bacon.

② Van Maanen, J.（1977）. Experiencing organization: Notes on the meaning of careers and socialization. In J. Van Maanen （Ed.）, Organizational careers: Some new perspectives （pp. 15–45）. New York: John Wiley.

③ Jablin, F. M. （1985）. Task/work relationships: A life-span perspective. In M. L. Knapp & G. R. Miller （Eds.）, Handbook of interpersonal communication （pp. 615–654）. Beverly Hills, CA: Sage.

④ Feldman, D. C. （1976）. A contingency theory of socialization. Administrative Science Quarterly, 21, 433–452.

⑤ Moreland, R. L., & Levine, J. M. （1982）. Socialization in small groups: Temporal changes in individual-group relations. In L. Berkowitz （Ed.）, Advances in experimental social psychology（Vol. 15, pp. 137–192）. New York: Academic Press.

可能理解新成员加入后群体内可能发生的变化。群体预期可能会影响群体中的交流，因为它建议了谁应该最经常发言，以及如何发言①。为了不影响新成员的社会化进程，通常可以通过正式的群体社会化实践来减少预期阶段的不确定性。

接触阶段

群体的社会化过程正式开始于接触阶段，在该阶段成员开始调整、适应、协商角色，并表现出适当的交往行为。如果新成员加入群体前的期望遭到否认，那么新成员或者重建期望，或者在群体内发起冲突。在接触阶段，当成员建立规范时，群体开始创建文化、结构和操作过程，其中部分是与交往模式有关。所谓规范，指的是“反复出现的行为或思维模式”②，成员们逐渐接受这种模式，并将其作为群体成员的行为和思考准则。对于新成员或者新群体来说，学习规范或建立规范是有困难的，而这一过程之所以困难，是因为群体的规范可能与成员之前所在群体相冲突。具体来说，目标和角色是在接触阶段影响社会化的两个关键概念。群体与个体的目标、角色预期都是该阶段群体交流的重要方面，因为群体与成员都在努力减少彼此之间和群体结果的不确定性。

群体社会过程中的目标指群体或个体，通过形成和加入群体、参与群体任务和建立群体关系等方式来实现期待的“最终状态”③。首先，

---

① Bonito，J. A.，& Hollingshead，A. B.（1997）. Participation in small groups. In B. R. Burleson（Ed.），Communication yearbook 20（pp. 227–261）. Thousand Oaks，CA：Sage.

② Scheerhorn，D.，& Geist，P（1997）. Social dynamics in groups. In L. R. Frey &J. K. Barge（Eds.），Managing group life：Communicating in decision-making groups（pp. 81–103）. Boston：Houghton Mifflin.

③ Gouran，D. S.（1994）. The future of small group communication research：Revitalization or continued good health? Communication Studies，45，29–39.

当群体目标具有吸引力时，新成员会参与群体交往，以确定群体及其成员能够在多大程度上促进个体目标的实现。其次，在接触阶段，群体与个体还会设置任务和关系目标，其中，群体任务目标促进了成员之间的信息共享，而关系目标促进了可接受行为的讨论[①]。但是，群体关系和任务目标有时可能会发生冲突，这时群体与个体应该通过努力平衡群体与个体目标来实现“目标同构”[②]。最后，在群体社会化过程中实现群体和个体目标的平衡可以提升成员的忠诚度。

至于社会化过程中的角色，其在群体实践中较为关键，群体总是试图将成员导向他们所期望的角色。在接触阶段，群体成员关于理想角色和选择适当性的调整和适应的过程被称为群体成员在角色空间中关于群体任务和关系的定位[③]。简单来说，群体成员通过观察环境线索以及与他人的交往来监控新环境，从而学习角色行为，减少对角色行为和任务表现的不确定性，以建立和维持群体关系以及获得群体认可。该阶段，新成员搜索的角色信息包括群体内外具有影响力的个体和经历[④]。研究表明，新成员对待其角色的反应体现在所采用的交往策略。例如，群体新成员以非正式方式进行社交，他们往往对自己的角色采用创新的方式应对，而那些交往方式更正式的成员

① Rugs, D., & Kaplan, M. F (1993). Effectiveness of informational and normative influences in group decision making depends on the group interactive goal. British Journal of Social Psychology, 32, 147–158.

② Mackie, D. M., & Goethals, G. R. (1987). Individual and group goals. In C. Hendrick (Ed.), Group processes (pp. 144–166). Newbury Park, CA: Sage.

③ Salazar, A. J. (1996). An analysis of the development and evolution of roles in the small group. Small Group Research, 27, 475–503.

④ Chao, G. T., O' Leary-Kelly, A. M., Wolf, S., Klein, H. J., & Gardner, PD. (1994). Organizational socialization: Its content and consequences. Journal of Applied Psychology, 79, 730–743.

则常常遵循维持角色的思路，延续既定的做事方式①。新群体与个体在社会化过程中的流动速度是“新成员和老成员的主动参与和互动频率的函数”②。

同化阶段

同化阶段是成员完全融入群体文化的阶段。在群体环境中，文化是一种隐喻，用来描述群体是什么③。群体文化的通俗描述是指群体共享的一套思想和习俗，它们构成了指导成员经历的通用解释框架。在文化的解释框架内，群体交往是通过成员使用的话语符号进行的④。文化在同化阶段较为重要，而感知是理解文化的核心。研究表明，群体内相互依赖的成员创造了与外部个体不同的实体，并通过参与该群体特有的交往行为来理解成员所做的事情⑤。在同化阶段，价值观是对与错的判断依据，英雄人物为成员行为提供了参照，仪式和礼节用于确认象征性事件和成员的成就，而交往网络对于向成员传播有关群体文化至关重要⑥。当成员承认群体文化，并借助群体凝聚力的象征性互动建立一个共同的身份时，意味着群体同化发生⑦。简

---

① Jones，G. R.（1986）. Socialization tactics，self-efficacy，and newcomers' adjustments to organizations. Academy of Management Journal，29，262–279.

② Reichers，A. E.（1987）. An interactionist perspective on newcomer socialization rates. Academy of Management Review，12，278–287.

③ Smircich，L.（1983）. Concepts of culture and organizational analysis. Administrative Science Quarterly，28，339–358.

④ Putnam，L. L.（1982）. Paradigms for organizational communication research：An overview and synthesis. Western Journal of Speech Communication，46，192–206.

⑤ Swogger，G.，Jr.（1981）. Human communication and group experiences. In J. E. Durkin（Ed.），Living groups：Group psychotherapy and general system theory（pp. 63–78）. New York：Brunner/Mazel.

⑥ Deal，T. E.，& Kennedy，A. A.（1982）. Corporate cultures：The rites and rituals of corporate life. Reading，MA：Addison–Wesley.

⑦ Hess，J. A.（1993）. Assimilating newcomers into an organization：A cultural perspective. Journal of Applied Communication Research，22，189–210.

单来说，同化发生时新成员在群体中大胆交流想法，并更自信地参与群体任务和维持群体关系，并且成员在创建或重建群体结构并执行诸如决策之类的必要功能时，会进行相互影响和支持的交往实践。如前所述，群体同化不是线性的、单向的过程，而是在群体成员朝着目标共同努力的舒适状态时就实现的①。在目标角色的作用下，成员之间的矛盾关系也会随之出现，群体时常需要重新审视先前经历的预期阶段和接触阶段，努力重新建立良好的群体与个体的适应度②。此外，群体认同感为研究同化阶段提供了另一种视角。所谓认同感，是指当成员看到自己的价值观或利益与集体一致时产生的对群体的认同态度③。在双向过程的背景下，认同感既是结果也是过程，因此，认同感带来归属感或者“自我定位”。当群体与个体相互作用时，群体与个体的身份概念就会改变，因此，认同感是通过交往而创建和重建的④。

退出阶段

所谓退出阶段，指个体从群体中离开的过程⑤。退出群体可以由个体成员发起，也可以由任务完成或群体关系失衡的群体发起⑥。在退

① McComb，M.（1995）. Becoming a travelers aid volunteer：Communication in socialization and training. Communication Studies，45，297–316.

② Berger，C. R.（1987）. Communicating under uncertainty. In M. E. Roloff & G. R. Miller（Eds.），Interpersonal processes：New directions in communication research（pp. 39–62）. Newbury Park，CA：Sage.

③ Cheney，G.（1983a）. On the various and changing meanings of organizational membership：A field study of organization identification. Communication Monographs，50，342–362.

④ Cheney，G.，& Tompkins，P（1987）. Coming to terms with organizational identification and commitment. Central States Speech Journal，38，1–15.

⑤ Van Gennep，A.（1960）. The rites of passage（M. B. Vizedom & G. L. Caffee，Trans.）. Chicago：University of Chicago Press.（Original work published 1908）

⑥ Rose，S. R.（1989）. Members leaving groups：Theoretical and practical considerations. Small Group Behavior，20，524–535.

出阶段，关注的问题集中在成员为什么退出或群体解散、会有怎样的结果、交往方式怎样改变，以及原来的成员和剩余的成员接下来要做什么[①]。在退出阶段，群体与个体层面的离开有着各自的特点。在个体层面，退出阶段是复杂的，因为成员在心理上可以在群体发展的任何阶段成为忠诚度较低的边缘成员然后离开[②]。在退出阶段，即将离开的成员会对原来所在的群体和成员关系进行反思和评估，形成对群体经历的态度和印象，丰富他们的经验库。这些行为的重要性表现在个体退出群体时发生的交往行为会影响该个体在当前或未来群体中的行为[③]。在群体层面，成员流动可以为群体注入新的活力。某些群体对成员的退出和加入进行了有效的管理，擅长平稳过渡的群体可以更有效地实现目标。因此，退出和加入的过程为群体提供了定义和重新定义自己的机会。

总结

尽管上面讨论的模型主要关注个体如何被社会化为群体成员，但从社会化的双向作用视角来看，这一过程同时影响着群体与个体。值得注意的是，群体社会化模型的两个基本假设：首先，群体边缘是可渗透的，因此外部环境可以影响社会化过程，成员也可以自由流动；其次，在上诉五个阶段，群体以不同的速度和顺序发展，尽管模型以线性方式介绍了各个阶段，但群体可能直接从开始阶段进入同化阶段，

---

① Rose，S. R. （1989）. Members leaving groups：Theoretical and practical considerations. Small Group Behavior，20，524–535.

② Moreland，R. L.，& Levine，J. M. （1982）. Socialization in small groups：Temporal changes in individual–group relations. In L. Berkowitz （Ed.），Advances in experimental social psychology（Vol. 15，pp. 137–192）. New York：Academic Press.

③ Keyton，J. （1993）. Group termination：Completing the study of group development. Small Group Research，24，84–100.

也许后来又回到预期阶段。

群体社会化的开始发生在群体想法已形成，群体目标和任务已规划完成后，群体领袖在该阶段需要决定群体成员的规模和类型。随后，在预期阶段，包括寻找潜在成员、策划群体活动以及向新成员提供入群前的信息。接触阶段是群体成员在交往中定义成员角色和建立任务目标，群体开始形成文化的阶段。进入同化阶段，群体文化已经建立，成员就群体的运作、群体任务和关系、群体资源和规范等形成共识。当群体成员意识到群体目标与个体目标不符或者群体目标难以实现，退出阶段发生。在群体与个体层面上，群体活动的质量取决于在社会化过程中如何处理各种辩证的矛盾关系，特别是与目标、任务和关系相关的矛盾①。本质上，该模型为研究社会化过程对群体结构和关系的影响提供了理论基础。

为了进一步细化对群体社会化的研究，可以借助已有理论来充实群体社会化过程的理论框架。结构化理论解释了群体成员如何利用规则和资源来构建群体结构，该视角下的社会化过程关注的是规则、资源和结构是如何构建和发生变化的。群体社会化模型中包含了前期因素，扩展该模型的一种思路是：首先，考虑群体成员的异质性，即成员的知识、信息和交流技能各不相同；其次，前期环境因素将群体结构的促进性和抑制性特征及其对新老成员的影响考虑在内。此外，涉及交往和群体社会化过程如何影响成员在加入、适应、改变角色的行为和退出群体时的行为，以及这些过程和行为如何影响个体和随后发

① Barge, J. K., & Frey, L. R.（1997）. Life in a task group. In L. R. Frey & J. K. Barge（Eds.）, Managing group life: Communicating in decision-making groups （pp. 29-51）. Boston: Houghton Mifflin.

生的群体经历[①]。通过应用不确定性减少理论和已建立的群体理论来研究模型中每个阶段的个体成员的特征，可以从对社会化过程的描述转向预测模型。尤其是研究调查成员在接触、同化和退出阶段的交往特征的预测潜力，以解释有效或无效的社会化。他们可能还想考虑社会化过程如何影响成员满意度和其他结果[②]。从人际交往角度研究群体社会化时，不确定性减少理论被证明有助于解释群体社会化过程。虽然关于减少自我和他人行为的不确定性和复杂性在群体中倍增，但通过该理论可以解释减少不确定性与有效的群体社会化如何相关联[③]。基于不确定性减少原则，群体社会化过程可以通过话语分析推进群体交流进行[④]。

第二节　群体多样性与传播影响过程

群体多样性描述了群体成员之间不同文化、人口结构和认知背景的差异结合。这些差异包括种族、年龄、受教育程度、性别、性取向、

① Louis, M.（1980）. Surprise and sense making: What new-comers experience in entering unfamiliar organizational settings. Administrative Science Quarterly, 25, 226-251.

② Hess, J. A.（1993）. Assimilating newcomers into an organization: A cultural perspective. Journal of Applied Communication Research, 22, 189-210.

③ Lester, R. E.（1987）. Organizational culture, uncertainty reduction, and the socialization of new organizational members. In S. Thomas（Ed.）, Culture and communication: Methodology, behavior, artifacts, and institutions: Selected proceedings from the Fifth International Conference on Culture and Communication（pp. 105-113）. Norwood, NJ: Ablex.

④ Clair, R. P（1996）. The political nature of the colloquialism, "A real job": Implications for organizational socialization. Communication Monographs, 63, 249-267.

社会阶层等。由文化、人口结构和认知背景等特征相似的成员组成的群体被视为同类。

1. 群体文化、人口与认知多样性

所谓“多样性的价值”，指多样性特征对群体的影响，即多样化的群体比相似的群体更具优势。该观点背后的逻辑在于，多样化群体成员给这个群体带来了更多的选择[①]。多样化的群体在任务凝聚力方面的优势在于：当群体的吸引力达到了成员的期望值时，不同背景的成员凝聚在一起，由于其独特的经历而更具创造性、适应性和创新性，可以更有效地实现群体目标。但是，不是所有多样化群体的结果都是正面的，那些认为自己是少数派的成员可能会减少群体参与程度。这意味着，由于人口统计、文化和认知背景的差异，任何认为自己被其他群体成员视为“异类”的成员可能都不会有在群体中进行交流的倾向。这种现象解释了为什么多样化群体的成员对彼此的影响不如同质群体的成员，并导致了群体凝聚力的缓慢发展。

（1）群体文化多样性

所谓群体文化多样性，包括“由一群人学习、共享和传递的信念、价值观、态度、意义、观念、习俗、习惯、语言和其他社会生活产物的总和”。换句话说，文化多样性包含了一群人长期存在的各种行为和观念。同时，区分不同的文化可以从文化权力差距、不确定性规避、

---

① 韩立丰，王重鸣，许智文：“群体多样性研究的理论述评——基于群体断层理论的反思”，《心理科学进展》，2010年第2期，第184–194页。

个人主义—集体主义和时间导向这四个维度进行[①]。

权力差距，指财富、社会地位、特权以及认知、心理（如精神疾病）和身体（如残疾）等方面带来的社会个体之间的不平等。根据权力差距通常可以将群体划分为强权力差距或弱权力差距文化。在强权力差距文化中，权力较低的个人不会质疑他人的控制。弱权力差距文化强调所有人之间的平等。在群体文化形成过程中，当成员对权力差距的文化偏好不同时就会出现冲突。例如，弱权力差距的群体领袖往往无法理解强权力差距的群体成员在群体交流上没有贡献时会显得不安；当弱权力差距的成员参与辩论时，偏好强权力差距的群体领袖常常感到被冒犯。

不确定性规避，是指未来的不确定性给群体文化带来的压力。不确定性源于群体成员、群体外个体和群体环境。不同的文化在接受不确定性的意愿以及接受不确定性会造成的压力上存在着差异：不接受不确定性的文化被认为是高度不确定性规避文化；接受不确定性的文化被认为是轻度不确定性规避文化。在高度不确定性规避文化中，个人通过制定严格的规则、强调效率和任务导向，尽可能地避免人为错误。与之相比，轻度不确定性规避文化中的个体，虽然更有创造力，更注重人际关系，但常常会遇到效率和精准度的问题。由偏好高度不确定性规避文化和轻度不确定性规避文化的成员组成的群体，在群体交往中往往也会发生冲突，高度不确定性规避文化的成员和轻度不确定性规避文化的成员常常会因为如何规避不确定性而争执。

个人与集体维度，区别在于文化关注的焦点是集体还是个人。

---

① Hall，E. T.（1976）. Beyond culture. Garden City，NY：Doubleday.

一种重视个人而非集体的文化，称为个人主义，该种文化奖励竞争力。美国社会文化就是一种强调个人而非集体的个人主义文化。重视集体而不是个人的文化被称为集体主义文化。例如，中国和朝鲜等亚洲民族，常常保持长期的集体成员关系，该种文化个体会更习惯于集体规范，并认为群体规范强于个人成就。在群体中，集体主义和个人主义之间的差异会使成员感到困扰。尽管所有成员都希望完成群体任务，但个人主义成员却希望获得个人认可，这可能会扰乱集体主义成员。群体领袖在激励成员时必须注意这一文化维度。对个人主义成员来说，让集体主义成员失望的威胁不会像对集体主义成员那样有效；对集体来说，得不到个人奖励的威胁不会像对个人主义成员那么有效。

文化的时间导向维度，指的是文化发展渗透进人际关系等生活重要方面的快慢。换句话说，重视长期成效的文化被认为是长期的，而强调短期成效的文化被认为是短期的。长期导向的文化重视创造力以及随着时间的推移慢慢建立起来的人际关系和成果，而以短期为导向的文化重视分析性思维和快速解决问题的方法。在具体的群体环境中，长期导向群体成员会选择开发最具创新性的实践并花费时间发展成员间关系，而短期导向群体成员不会看到建立关系的价值，特别是当他们认为群体在目标实现后就会解散时，更不会注重关系的培养。

（2）人口多样性

关于人口多样性的划分维度，性别和性别属性是经常被使用的同义词。然而，两个术语代表了两种不同的结构：性别是指男性和女性之间的生物学差异；而性别属性是指与男性或女性相关的信仰和价值观。性别属性一般分为两类，即男性属性和女性属性。男性个体具有高度的男性属性和轻度的女性属性，而女性个体正好相反。在群体中，性别属性差异存在于集体成员之间的交流。男性群体成员的任务相关交流更多，也常常比女性更容易改变群体对话的方向，并且倾向于将话题引向自己；而女性成员通常更注重关系性的交流。一般来说，当女性成员参与群体交流时，她们花更多的时间为自己的观点和决定辩护，比男性更经常地与成员达成一致，这些差异某种程度上解释了女性群体成员比男性群体成员拥有更少的权力这一说法。就群体领袖来说，群体成员对男女领导人都表示同样的满意度。尽管男性和女性在如何发挥领导作用方面并没有表现出明显的偏好，但女性往往比男性更民主、更合作，而男性往往比女性更专制，其原因也许是群体成员希望女性可以善解人意，并以人际关系为导向。同样也说明，专制型的女性领导在群体中不怎么受欢迎。

（3）认知多样性

在认知多样性的划分维度中，学习类型是较为重要的概念。学习类型指的是个人获取信息的偏好，该种偏好会影响个人聆听和呈现信息的方式，该种维度对于群体非常重要。个体的学习类型可以分为四类：趋同型、发散型、同化型和适应型①。首先，趋同型的个体通过思考和行动相结合的方式学习，偏好需要解决问题、演绎推理和实际应用的任务，且喜欢独自工作而不愿意和一群人在一起。

---

① Kolb，D. A.（1984）. Experiential learning：Experience as the source of learning and development. Englewood Cliffs，NJ：Prentice Hall.

其次，发散型的个体，通过观察和感受相结合的方式学习，偏好需要想象力和集思广益的任务。该类群体成员倾向于情绪化，喜欢和其他人一起工作，且通过分享和倾听获得最佳学习效果。再次，同化型的个体通过思考和观察相结合的方式学习，偏好抽象思维、归纳推理和逻辑的任务。该类群体成员关心任务是否产生实际结果，喜欢单独工作，且通过批判思想获得最佳学习效果。最后，适应型个体通过感觉和行动相结合来学习，偏好采取行动、承担风险和试错方法的任务。该类群体成员依靠群体其他成员的帮助完成任务，喜欢教导其他群体成员，且通过探索获得最好学习效果。同时，每种学习类型都有其劣势：趋同型易仓促决定，发散型难以做出任何决定，同化型遇到问题局限于一个切实可行的解决方案，适应型难以及时完成任务。学习类型的多样性可以使群体在做出决定或解决问题时考虑多样性的观点。

在群体中，多样性不限于文化、人口结构或认知多样性。多样性也能以信息多样性和价值多样性等形式出现。例如，信息多样性是指群体成员之间在专业知识、群体经验上的差异，而价值多样性是指群体成员在其群体目标、使命和宗旨方面的差异。

2. 群体多样性对传播过程的影响

关于群体多样性如何影响传播过程，目前有两种路径来解释，即纵向差异和文化差异。其中，纵向差异是指由于各种因素而导致的成员在群体中的地位差异，这些因素包括性别、认知和社会地位等[①]。文化差异是与特定个体相关的文化价值观、态度和交流行为的一般模式[②]。文化多样性是指“在一个社会系统中，具有明显不同文化意义的群体从属关系的个体的表现”[③]。一般来说，群体成员的文化多样性能够增加群体创造力，有利于提高群体效能。然而，群体构成中的文化异质性，常常导致低群体凝聚力和较高的成员更替率[④]。无法有效实现群体结果的互动模式与群体低效能有关[⑤]。低群体效能可以包括紧张、竞争冲突、权力斗争、误解和成员之间的不平等，通常是指负面群体传播过程的结果[⑥]。

（1）纵向差异

纵向差异由个体在群体结构中的位置差距构成[⑦]，研究该种群体多样性如何影响群体传播过程的理论包括地位特征理论、社会身份理论和表征理论。

---

① Chemcrs, M. M·, & Murphy, S. E.（1995）. Leadership and diversity in groups and organizations. In M. M. Chcmers, S. Oskamp, & M. A. Costanzo（Eds.）, Diversity in organizations: Neu/ perspectives fora changing workplace（pp. 157–188）. Thousand Oaks, CA: Sage.

② Gudykunst, W B., & Ting·Tbomey, S.（with Chua, E.）.（1988）. Culture and interpersonal communication. Newbury Park, CA: Sage.

③ Cox, T H.（1994）. Cultural diversity in organizations: Theory, research, and practice. San Francisco: Berretr- Koehler.

④ Milliken, F. J·, & Martins, L, L.（1996）. Searching for common threads: Understanding the multiple effects of diversity in organizational groups. Academy of Management Review, 21, 402–433.

⑤ Steiner, L D.（1972）. Group process and productivity. New York: Academic Press.

⑥ Watson, W E., Kumar, K., & Michaelson, L. K,（1993）. Cultural diversity's impact on interaction process and performance: Comparing homogeneous and diverse task groups. Academy of Management Journal, 36, 590–602.

⑦ Sessa, V L, & Jackson, S. E,（1995）. Diversity in decisionmakingteams: All differences are not created equal. In M. M. Chemers, S. Oskamp, & M. A. Costanzo（Eds.）, Diversity in organizations: New perspectives for a changing workplace（pp. 133–156）. Thousand Oaks, CA: Sage

地位特征理论

地位特征理论解释了地位归属如何影响群体成员的行为。具体地说，该理论“规定了评估群体成员地位特征的过程，通过这些过程，群体成员的特征成为可观察到的交往不平等的基础”。其中，地位特征是指广泛的地位因素，如吸引力、性别或文化群体成员。群体根据其任务和地位特征赋予成员特定身份，而成员的地位水平会影响他的传播行为。例如，与地位较低的群体成员相比，地位高的群体成员往往更多地参与群体讨论，挑战矛盾的观点，并对群体的结果产生更大的影响。

社会身份理论

身份是较为复杂的概念，由个体身份和社会身份组成[①]。个体身份由将个体与群体中的其他成员区分开的自我认知组成，而社会身份则由群体中的其他成员的认知组成。社会身份理论关注的是，个体的社会分类如何影响不同社会身份群体之间的互动行为。社会群体成员意识是影响群体间行为的最重要因素。人们对社会群体成员身份的意识将导致人们为建立一个积极的社会身份，将自己与他人进行比较。在群体内外，地位不平等是影响代表不同社会阶层的人选择竞争而不是合作[②]的主要因素。

象征理论

象征性理论解释了群体多样性如何影响群体的互动水平[③]。群体成

---

① [美]塞缪尔·亨廷顿：《我们是谁》，新华出版社2005年版，第247页。

② 范良聪，刘璐，张新超：“社会身份与第三方的偏倚：一个实验研究”，《管理世界》，2016年第4期，第76-86页。

③ Larkey，L·K·（1996）. Toward a theory of communicative interactions in culturally diverse groups. Academy of Management Review，21，463-491.

员可以进行两种类型的信息处理：基于类别和基于差异的处理。基于类别的处理侧重于组内外差异，而基于差异的处理侧重于以个体为基础解释差异。对于这两种类型的信息处理，象征理论提出了三个基本论点：构成不平衡群体的成员常常使用基于类别的处理，因此可能排斥少数群体；少数群体构成不均衡的群体一般使用基于类别和差异的处理，因此不同的文化模式在群体中会产生冲突；多元文化群体成员使用基于差异的处理方法，将出现成员对差异的积极评价。从本质上讲，群体中的构成平衡是成员之间的积极交流的基础，而不平衡的群体构成会导致消极的互动行为。

（2）文化差异

虽然从纵向差异角度展开研究形成了许多理论，但这些研究的局限在于未考虑文化差异。首先，文化差异显示了在互动中如何产生地位和权力。群体成员的角色是通过互动构建，而不是给定的角色。其次，关注文化差异的同时并不排除对纵向差异的关注。文化差异对没有权力的群体成员不利，对有权力的成员有利。从本质上讲，产生纵向差异是文化价值观的结果，因为地位和权力与权力距离有关，权力距离是制度中权力较弱的成员接受权力分配不平等的程度[①]，这是一种文化的特征。具体而言，高权力距离文化的成员比低权力距离文化的成员更强调地位和权力。群体成员在相互影响下，创造了被认为是可接受和必要的等级制度文化。

文化研究的一个重点是确定哪些方面的文化被认为是相似或不同

---

① Hofstede，G.（1991）. Cultures and organizations：Software of the mind. Maidenhead，UK：McGraw-Hill.

的，这些方面被标记为文化变异性的维度，可以作为研究文化的依据。文化差异的一个主要方面是个体主义和集体主义[①]。个体主义或集体主义影响群体成员之间的合作水平[②]。具体来说，个体主义者为了个体利益而合作，而集体主义者为了集体利益而合作。个体主义者大多采取竞争立场，使用多数决策程序，并且在交流时是直接的，而集体主义者则倾向于合作和维持群体和谐，强调群体利益而非个体利益，并采用协商一致的决策方式，以间接的方式进行交流。这些交流模式的差别有助于说明为什么低效能结果发生在文化多样性群体中，这些群体由来自个体主义和集体主义文化的成员组成。

（3）多样化群体传播模型

纵向差异和文化差异都会对群体传播产生影响，但作用机制是什么？下面将介绍多样化群体模型以综合阐述纵向差异和文化差异对这些群体传播的影响。群体可以被认为是由具有相互依存关系的各个部分组成的一个社会系统。以上述定义为基础，在多样化的大群体中创建了一种交流模型。在该模型中，群体输入因素包括群体成员的文化和个体特征，同时也包含了整个群体的特征，如同质性或异质性群体。群体有两个重要但又相互关联的方面：任务维度和社会维度。任务维度是指群体的工作倾向于以效率或质量衡量结果，而关系维度是指群体成员之间的关系强度，并且倾向于根据成员满意度或群体凝聚度衡量结果。该模型发现，来自个体主义文化的人主要关注任务维度，而

① Triandis，H. C.（1995）. Individualism & collectivism. Boulder，CO：Westview Press.

② Wagner，J. A.（1995）. Studies of individualism-collectivism：Effects on cooperation in groups. Academy of Management Journal，38，152-172.

次要关注关系维度，而来自集体主义文化的人则优先考虑关系维度，认为任务维度是次要的。基于以上发现，模型提出了以下交流过程：平均分配轮换数，统一决策风格，合作冲突风格。该模型虽然得出了个体主义与集体主义如何影响群体传播过程的研究结果，但同时存在局限性。首先，该模型没有考虑纵向差异，如情境或结构因素，这些因素可能影响文化多样性群体的交流过程。第二，该模型没有提供一个将群体输入和过程联系起来的强有力的理论解释[①]。

（4）多样化群体的形象协商模型

形象是指在公共场合中声称的良好的社会自我价值感和预期的他者价值感。形象含两个元素：自尊心或对自己形象的关心，以及他人对自我的形象认知，或他人对自己形象的关心。在一个多元化群体中，由于文化价值观和期望值差异普遍存在不确定性，形象的重要性不言而喻。在形象协商模型中考虑了两个文化变量：个体主义与集体主义、权力距离。研究发现，个体主义者高度关注自己的形象，这往往导致他们在一般情况下使用主导冲突策略，在任务互动过程中采取合作冲突策略，以及在竞争情况下有捍卫自己形象的行为。相比之下，集体主义者高度关注他人的形象，这导致他们在一般情况下使用回避或冲突服从策略，在关系互动过程中使用合作冲突策略，以及存在自我贬低或增强群体形象的行为。在高权力距离文化中，地位高的成员表现为自我关注，口头上指使或威胁地位较低的成员，而地位较低的成员同样以自我为中心，在处理形象问题时采取间接方式，行为谦逊，并

① Oetzel，J. G.（1995）. Intercultural small groups：An effective decision-making theory，in R. L. Wiseman（Ed.），Intercultural communication theories（pp，247-270）. Thousand Oaks，CA：Sage.

在与高层成员互动时进行自我批评。在低权力距离文化中，地位高的成员大多倾向于关注他人，而地位低的成员是其他人关注的成员，他们期望发挥作用并能够正确解释高地位成员的行为。总体上，个体主义、集体主义和权力距离等文化变量影响成员的自我构念，进而影响他们在群体中的形象需求。

托米等[①]扩展了形象谈判理论，构建了综合群体中纵向和文化差异影响的模型，该模型包含输入、过程和输出三个环节。形象谈判模型包括三个常见的输入因素：文化、情境和个体因素。其中，情景模式考虑了四个情境要素：文化群体之间未能成功解决的冲突、群体内外成员不平衡、合作与竞争性的任务，以及成员的地位差异。从本质上讲，这四个因素是纵向差异，消极的纵向差异导致成员强调彼此之间的差异，群体成员会专注于保护自己的形象。在这种情况下解释群体传播行为时，纵向差异可能比文化差异更为重要，其四个要素都有可能阻碍多样化的群体创造一个共同的群体身份[②]。群体身份概念的提出是基于接触假说[③]，该假说认为特定的条件使群体成员能够建立联盟并朝着共同的目标努力。成功解决冲突的历史、群体内外成员之间相互平衡、进行合作任务以及群体成员之间的平等往往会使成员共享一个共同的群体内身份。以这种身份，成员尊重文化差异，群体成员专注于平衡自我和他人的需要，文化差异可能比纵向差异能更好地解释群

---

① Ting-lbomey S., & Octzel, J. G. (2001). Managing intercultural conflicts effectively. Thousand Oaks, CA: HKSage.

② Gaertncr, S. L·, Dovidio, J. F·, & Bachman, B. A. (1996). Revisiting the contact hypothesis: The induction of a common in-group identity- International Journal of Intercultural Relations, 20, 271-29.

③ Allport, G. W (1954). The nature of prejudice. Cambridge, MA: Addison-Wesley.

体传播。最后，需要解释情境特征与成员特征之间的关系。情境特征与个体之间是双向影响关系：首先，情境特征影响个体的形象需求和行为；其次，个体特征部分影响在特定情境下哪些情境因素被认为是相关的。例如，在拥有个体主义文化群体中，成员没有对集体主义文化成员所做的群体内和群体外情境做出明确区分。或者，一个来自个体主义文化的人比一个来自集体主义文化的人更少地感受到群体内外成员之间的不平衡[①]。

现在讨论群体过程和结果。首先，形象谈判模型的一个组成部分是群体过程，群体过程直接受到个体成员形象需求的影响，而形象需求又受到纵向和文化差异因素的影响，相关的过程包括转换、影响、冲突和决策。例如，群体中高度关注自我形象的个体可能会安排其他成员轮番说出自己的想法，并使用支配性策略赢得冲突，而高度关注他人形象的人则很可能侧重于轮番分享，并使用回避或强制策略。虽然形象谈判理论的重点是个体的行为，但该理论同样关注群体行为。其次，形象谈判模型的另一个因素是群体结果，即群体成员之间互动的结果。改进后的形象谈判模型同时考虑了任务和关系结果[②]。任务结果通过诸如群体决策的有效性、质量或效率等标准来衡量，而关系结果则是通过诸如成员满意度和成员之间的适当互动等标准来衡量。形象谈判模型还包括一个反馈环，即群体的交流结果会反过来影响群体情境和个体成员。例如，做出了错误决策或判断的群体，差的评价可

---

① Garza，R. T.5 & Santos，S. J.（1991）. Ingroup/outgroup balance and interdependent interethnic behavior. Journal of Experimental Social Psychology，27，124- 137.

② Oetzel，J. G.（1995）. Intercultural small groups：An effective decision-making theory，in R. L. Wiseman（Ed.），Intercultural communication theories（pp，247-270）. Thousand Oaks，CA：Sage.

能会导致这些个体在群体情境中互动时更加关注自我形象。这个例子说明，群体传播和结果可能影响纵向和文化差异，以及个体的形象需求。

总体而言，形象谈判模型是动态的，反映了在文化多样性群体中互动的复杂性，该模型的作用体现在以下几方面：增强对不同文化群体中纵向差异和文化差异之间关系的理解；纵向差异和文化差异如何独特地和联合地影响文化多样性工作群体的交流效果；以及不同文化工作群体的交流和成果如何影响纵向和文化因素。

第三节　群体发展与传播演化过程

群体传播的过程，简单来说就是成员们如何协同合作以达到完成任务和维持关系的目的。从生命周期的角度来看待群体发展问题，意味着群体的发展需要经历开始阶段、成长阶段和结束阶段[①]。其中，影响群体发展有两个因素：群体历史和成熟程度。传播学研究者索察提出，当探讨传播和群体发展的问题时，需要注意传播会在群体的生命周期中发生变化[②]。正如没有两个群体由相同的成员组成，或为同一个任务或目标而奋斗，也没有两个群体以同样的方式发展和展开任务。即使个体与认识或曾经共事过的人一起加入某个群体，面对不同的任

---

①② Socha，T. J.（1997）. Group communication across the life span. In L. R. Frey & J. K. Barge（Eds.），Managing group life：Communicating in decision-making groups（pp. 3–28）. Boston：Houghton Mifflin.

务或活动，成员们仍然需要根据群体独特的发展过程重新定义自己的角色。关于群体活动，研究者需要认识到的是："不同的个体可以聚集在一起，以实现各种具有不同复杂性、重要性和影响力的目标。"① 成功的群体不是天生的，他们只是把成员的动力、能力和技能恰当地组合起来，以应对和完成目标。群体不仅创造自身的历史，而且随着目标的实现而逐步走向成熟。成熟程度是指一个群体在发展过程中所拥有的能力和意愿②，其特征是所有的群体成员都以任务为导向，并为进一步实现群体目标而彼此合作③。在上述定义中，群体能力指的是一个群体的集体知识、技能和经验，而群体意愿是指群体的集体动机和信心。当群体成熟时，他们会更加活跃，更有组织性，不需要大量的激励也能自发地完成一项任务④。

1. 群体发展阶段模式

本节将考察两种独特的群体发展模式⑤：塔克曼的五阶段模式和普尔的多系列模式。

---

① Gardenswartz，L，，& Rowe，A.（1994）. Diverse teams at work：Capitalizing on the power of diversity. Chicago：Irwin Press.

② Hersey，P.，Blanchard，K. H.，& Johnson，D. E.（2000） Management of organizational behavior：Leading human resources （8th ed.）. Englewood Cliffs，NJ：Prentice Hall.

③ Bonney，W. C.（1974）. The maturation of groups. Small Group Behavior，5，445-461.

④ Krayer，K. J.，& Fiechtner，S. B.（1984）. Measuring group maturity：The development of a process-oriented variable for small group communication research. Southern Speech Communication Journal，50，78-92.

⑤ Wheelan，S. A.，& Hochberger，J. M.（1996）. Validation studies of the group development questionnaire. Small Group Research，27，143-170.

（1）塔克曼的五阶段模式

塔克曼提出五阶段的群体发展模式[①]，该模式为个体理解群体发展和传播演化过程做出了重要贡献。这五个阶段分别是形成阶段、冲突阶段、规范阶段、执行阶段和休整阶段，涉及的范围包括群体结构和任务。在群体形成阶段，群体交流具有探索性，成员们都在尝试找准自己的位置，检验他们对其他成员的印象，并确定他们的行为意愿。当个人刚加入群体时，还没有用“成员”来思考，而是用“我”来思考。由于大家彼此之间没有承诺，因此他们会根据以往的群体经验来判断该群体是否能达到他们的预期。在冲突阶段，群体成员开始通过分享想法和才能积极参与群体实践。研究者伯曼[②]将这一阶段群体成员的心理状态划分为一级压力和二级压力两种情况。一级压力反映了成员对加入群体以及他们要扮演角色的不确定性的焦虑。此外，群体尚未建立规范，成员们常常担心地位差异会导致冲突。为了减少一级压力，群体成员之间可以主动互相了解。当成员开始分享信息时，交流中沉默、分歧和中断的时候就减少了。在经历过一级压力之后，成员们尝试影响他人，创立规范和角色，并探索围绕任务相关的问题，在此过程中就出现了二级压力，这种压力来源于观点分歧、权力斗争或个性差异等[③]。在这一阶段发生的冲突，通常集中在程序问题上。到了规范阶段，群体成员尝试和睦相处，开始产生信任，并彼此接受

---

① Tuckman，B. W.，& Jensen，M. A. C.（1977）. Stages of small-group development revisited. Group & Organization Studies，2，419-427.

② Bormann，E. G.（1989）. Discussion and group methods：Theory and practice（3rd ed.）. New York：Harper & Row.

③ Bormann，E. G.（1989）. Discussion and group methods：Theory and practice（3rd ed.）. New York：Harper & Row.

规则[①]。群体交流有助于角色的扮演和规范的确立，有凝聚力的群体努力将目标和任务作为一个整体来完成，这种努力有时也称为将群体凝聚在一起的“黏合剂”。同时，群体成员彼此间的信任、对群体的忠诚以及合作的意愿也都会增强[②]。顺从与叛逆都对凝聚力产生影响[③]。当大多数群体成员赞同群体的决定时，如果某一成员也因此赞同这一决定，这就是顺从。如果某个成员“在信仰和行为上都表示服从”[④]，这样的顺从就是成功的。如果某成员内心不能接受这个决定，但仍然表示赞同，这也算是顺从，但这种顺从是不成功的。如果某成员不赞成群体的决定，即使大多数成员都赞成该决定也改变不了他的看法，这就叫叛逆。[⑤]当某成员迫使群体重新思考并讨论程序时，这样的叛逆行为是积极的。在执行阶段，群体成员会为完成任务和目标而做出建设性的尝试[⑥]，且成员间建立的关系结构有助于解决人际冲突，成员之间建立起信任，成员因为取得成绩而获得群体自豪感。

最后，当群体进入休整阶段时，社会—情感维度会发生变化，群体成员之间的亲密关系也会经历程度上的变化。如果成员希望保持交

---

① Keyton, J. (1999). Group communication: Process and analysis. Mountain View, CA: Mayfield.

② Wheelan, S., Davidson, B., & Tilin, F. (2003). Group development across time: Reality or illusion? Small Group Research, 34, 223–245.

③ Pavitt, C., & Curtis, E. (1994). Small group discussion: A theoretical approach (2nd ed). Scottsdale, AZ: Gorsuch Scarisbrick.

④ Pavitt, C., & Curtis, E. (1994). Small group discussion: A theoretical approach (2nd ed). Scottsdale, AZ: Gorsuch Scarisbrick.

⑤ Scheerhorn, D., & Geist, P. (1997). Social dynamics in groups. In L. R. Frey & J. K. Barge (Eds.). Managing group life: Communicating in decision-making groups (pp. 81–103). Boston: Houghton Mifflin.

⑥ Pavitt, C., & Curtis, E. (1994). Small group discussion: A theoretical approach (2nd ed). Scottsdale, AZ: Gorsuch Scarisbrick.

流与再次合作，那么凝聚力较好的群体解散的时候，对成员造成的负面影响就相应较小①。

（2）普尔的多系列模式

伊利诺伊大学的传播学教授普尔借鉴传统的阶段模式方法，提出多系列群体发展模式②。群体在发展过程中并不总是遵循僵化的、阶段式的路径，而是有三种活动轨迹，即任务过程活动、关系活动和主题焦点，并且这些活动轨迹并不一定遵循逻辑顺序。根据普尔的说法，在理想的群体经历中，群体将在所有三个轨迹上向前迈进，以成功实现群体目标。在任何一个节点上，群体都会在三个活动轨迹之间交替切换，也就是在所谓的“断点”上达成共识③。群体发展过程中的断点有三种类型：正常断点、延迟断点和中断断点④。当一个群体转移交流重心或审视任务时，通常会出现正常断点，此断点不会中断或妨碍任务的完成。当一个群体决定重新审视其所在的处境或需要重复任务的某个环节时，也就是说，当一个群体必须适应新的突发事件或集中精力理解问题时，就会出现延迟断点⑤。如果因为群体冲突迫使任务停止，

① Sinclair-James，L.，& Stohl，C.（1997）. Group endings and new beginnings. In L. R. Frey & J. K. Barge（Eds.），Managing group life：Communicating in decision-making groups（pp. 308-334）. Boston：Houghton Mifflin.

② Poole，M. S.（1983b）. Decision development in small groups III：A multiple sequence 模型 of group decision development. Communication Monographs，50，321-341.

③ Fisher，B. A.，& Stutman，R. K：（1987）. An assessment of group trajectories：Analyzing developmental breakpoints. Communication Quarterly，35，105-124.

④ Poole，M. S.（1983b）. Decision development in small groups III：A multiple sequence 模型 of group decision development. Communication Monographs，50，321-341.

⑤ Poole，M. S.，& Doelger，J. A.（1986）. Developmental processes in group decision-making. In R. Y. Kirokawa & M. S. Poole（Eds.），Communication and group decision-making（pp. 35-61）. Beverly Hills，CA：Sage.

重新评估其所在的处境，则会出现中断断点。无论何时出现断点，群体成员都需要灵活应对，然后重新回归正轨。因此，在研究或分析一个特定群体的发展时，应分别考察每一个轨迹，因为不同群体的运行进度可能差异巨大。理想情况下，成员的传播行为能使群体在每一个轨迹上都能以适当的方式及时地向前推进。

2. 群体传播演化过程

一般来说，群体演化过程大致可划分为形成、矛盾、妥协共三个阶段：形成阶段指成员加入、身份确认以及角色划分等过程；矛盾阶段指成员之间的产生矛盾、展开竞争以及权力角逐等子过程；妥协阶段指成员之间形成判断的过程。在上一节所叙述的发展模式均采用线性分析的思路搭建群体演化阶段的概念框架，这种思路无法刻画群体过程中的变与不变以及演化过程中的内部因素和外部限制。因此，本节将着重梳理与群体传播演化过程相关的研究交往过程分析以及辩证演化理论。

（1）交互过程分析（IPA）

交往过程分析除了可以用于区分关联型和任务型传播内容以外，还可以对单个或系列交往过程进行分析。具体来说，交互过程可以通过传播内容类别赋值的变化得以展现。依据该方法，群体传播中任务型过程的三个阶段可划分为定义、评估和完成任务，实现就任务要求、方案和执行进行交互的三个子过程。与任务型过程平行共存的关联型过程也可被划分为循环发生的三个阶段，包括相互熟悉、冲突平复以及身份认同。IPA 方法的提出是基于群体均衡理论，顺从—获得编码体系则是基于社会交换理论中人际影响的概念。当遇到特定场景时，研究者往往需要对特定话语功能的定义进行调整，例如法律意见在审判辩论中常常发挥“提供信息”的功能，就需要将 IPA 中“提供意见”和“提供信息”的定义进行调适。由于话语功能编码体系中的功能类别在凸显功能的同时，也弱化了话语的内容，因此在研究中也可以构建特定的主题内容编码规则，然后从内容与功能两个维度共同分析群体话语，以获得有意义的结论。例如，在研究群体交往中意见趋同的主题话语功能，可以采用心理分析模型中提出的“依赖”和“反依赖”、“逃跑”和“战斗”、“配对”和“反配对”、“正式声明”，依据群体发展观察体系进行话语功能的编码，同时，定义群体交往中的主题为“至少两位成员进行持续性交流的某个话题”，然后结合两种编码体系发现接受度较高话题的话语功能历时性变化。

（2）群体过程的辩证演化理论

群体过程的辩证演化理论假设群体交往的本质是矛盾，并在此基础上提出了非线性的群体演化框架。该理论的独特之处在于看待矛盾的角度不同，其他理论认为群体发展是由于矛盾得到解决，而辩论发展理论则认为为了解决矛盾而导致交往模式的改变并会引发其他的矛盾。辩证发展理论认为群体交往实际上是成员之间的博弈，尝试在矛盾中寻找统一。由于群体过程中成员不可避免地会经历认知和情感上的矛盾，而这些矛盾往往来源于话语、参与程度和归属感：在归属感上的矛盾涉及身份、行为边界等问题；参与程度上的矛盾涉及交往时间或频率、亲密和信任等问题；话语方面的矛盾涉及权威、依赖和创意等问题。群体过程的发展或停滞的关键就在于成员间的矛盾是否被恰当处理。所谓群体过程的停滞指群体成员陷入无意识重复出现的矛盾中，导致无法进行稀缺资源的分配或者需求冲突的协商。与停滞相对，群体过程的发展指的是处于矛盾中的群体成员脱离原有的交往模式而开创新的交流方式。本质上，群体过程的演化可以依据两种群体活动进行评估，即识别矛盾以及解决矛盾。这种对于“矛盾”的认知使得辩证演化理论成为一种非线性发展框架，而以该理论为基础的传播实践分析方法也符合这一视角。在交互过程分析基础上，研究者提出系统信息处理分析（SIPA）进行更系统化的群体传播话语分析，该方法从四个维度处理群体交流内容。

第四章
群体规范与传播结构

第一节　群体角色与规范

1. 群体角色的发展和类型

研究者博尔曼提出，当群体成员知道自己将扮演什么角色以及他人对自己的预期时，该成员就“承担了角色”。角色是习得行为，群体成员通过观察其他群体成员的言行来学习。同时，自我构念也影响角色行为，该概念是文化和性别的产物。例如，成员所在的社会文化并不鼓励女性参与群体交流活动，然而由于群体成员的影响和鼓励，个体可能会发现自己愿意交流和讨论问题。此外，由于群体成员在社会化过程和群体传播的不同阶段通常需要承担不同的角色，以充分发挥各个成员的长处和才能。当成员无法扮演不同角色时，会发生自我行为限制的现象，该种现象被称为角色僵化。如果群体结构支持角色僵化，则群体不太可能获得成功。

（1）群体角色发展

群体成员一般可通过两种方法学习扮演特定的角色。第一种方法是进行信息搜寻。群体交流包括成员发言、成员发言的方式以及他们发言针对的个人。通过观察自己的群体以及其他群体，群体成员寻求信息来学习如何履行群体角色。第二种方法是征求反馈。反馈能提供个人角色行为的相关信息，提供其他成员的支持或鼓励，并评估成员和群体的表现。反馈可以划分为积极反馈、消极反馈和模糊反馈。积极反馈有助于群体成员区分与任务表现和关系搭建相关的典型行为和最佳行为，从而强化合理行为。行为将逐渐变得有规律，并随着群体过程的发展而不断改善。同时，积极反馈会增强群体关系，提高群体凝聚力和成员满意度，与之相比，消极反馈能帮助群体成员发现问题并进行改进。如果消极角色行为提供了对群体有用的价值，那么消极角色行为也会继续存在。当群体成员收到消极反馈时，群体成员彼此之间会认为对方社会惰性更高。模棱两可的反馈指的是既不积极也不消极的反应，这种反应几乎没有给群体成员任何信息。实际上，模棱两可的反馈可能会因为缺乏指导性而让任何期望学习新角色或承担多个角色的成员感到沮丧。

通常，群体成员会努力培养他人对自己的好感，组织群体成员之间的多重关系；在群体成员之间建立共识，实现群体交流并完成任务；表达自己的感受和想法，同时又不至于过于暴露自己的脆弱性。根据以上思路，波切建立了五个功能类型的群体角色，即分别负责营造良好的印象和群体组织关系、群体共识建构、探索集体价值观、群体表达感情和思想、保护群体劣势[①]。群体是由成员在彼此之间的交往以及整个群体与外部世界的交往中形成的，成员在群体中扮演的角色是多种因素的结果。尽管群体成员每个人都能发挥某些创造力并偏离既定的社会规范来履行群体成员的职责，但某些特定的行为和期望却是需要遵守既定准则。

（2）角色类型

正式角色描述了通过任命或选举分配给群体成员的特定角色，该种角色是群体结构的构成部分。合法的正式角色具有一定的权力，可以执行为每个角色定位的职责。一般而言，正式群体可以通过在群体中确定三类正式角色而更好地履行其职能，即领袖、记录员和关键顾问，以促使群体始终专注于任务，并以实现目标为中心。首先，在群体中，领袖推动群体实现群体目标或者让外部相信该群体正在实现或已经实现其目标。其次，记录员负责记录该群体中需要作为永久保存的行为。最后，关键顾问以建设性的方式挑战群体成员的想法，促使群体成员仔细考虑交流步骤，权衡选择的积极和消极影响。

此外，群体中存在的许多非正式角色，该类角色在群体成员的互动中涌现。实际上，任何拥有交流和群体技能的群体成员通常都以履行角色职能的方式进行交流。根据任务和关系两个维度，克雷根认为群体至少需要五个关键角色：任务领袖、社交情感领袖、信息提供者、中心否定者和释压者。任务领袖是具有出色的技能和问题解决能力的

---

① Bochner，A.（1984）. The functions of human communication in interpersonal bonding. In C. Arnold & J. Bowers（Eds.），Handbook of rhetorical and communication theory（pp. 544–621）. Boston：Allyn & Bacon.

群体负责成员，该角色必须能良好地进行交流，承担责任，保障群体讨论以推动任务的完成。社交情绪领袖的职责是帮助群体成员相互尊重、促进聆听、支持成员想法，确保成员的自我价值保持不变。当群体成员获得了令人满意的群体体验，他们通常会将自己的满意度与社交情感领袖的人际交往能力联系在一起。信息提供者负责综合各种信息，以事实、数据、样例和引用的形式提供信息。承担中心否定角色的群体成员则常常挑战群体判断和决策，该角色迫使群体以不同的方式思考，但有可能妨碍群体效率，因为成员需要努力捍卫自己在问题上的立场。释压者策略性地使用轻松幽默的方式来缓解群体中因为角色冲突、性格冲突或任务冲突而引起的压力。

异常角色指消极和破坏性角色，该类角色通常将交流焦点集中在成员，而不是群体利益。异常角色包括以下类型：逃避者，逃避任务让其他成员完成任务；挑衅者，攻击其他成员或任务；阻碍者，频繁表示不同意，干扰群体进度；小丑，装傻或说蠢话让自己出丑；操控者，独占群体时间，试图表现出优势；伪装者，表现得好像他比其他成员更聪明；寻求认可者，通过夸夸其谈来寻求注意力；自我表白者，表达与群体目标无关的个人感受；辩护人，介绍不相关信息并加以支持；哀诉者，抱怨不得不参加群体任务。

（3）群体领袖

以往研究中主要出现了五类群体领袖的研究。第一种是特质研究，即根据一系列个人特征，如智慧、主动性和支配性，将领袖与追随者区分开来。虽然没有关于领袖特质的正式“理论”，但研究中常常将领袖个人特征和群体绩效直接联系起来。第二种是基于场域理论的领袖风格研究，包括民主、专制和自由放任的结果，并认为领袖风格决定了群体是否成功[1]。第三种是过程研究，探讨无领袖群体演变为领袖群体的过程，而群体交流是该过程的重要组成部分。第四种是权变研究，考察了多重因素对领袖绩效的影响，这些因素包括领袖风格和群体成员的特质和任务。第五种是功能研究，揭示了领袖行为在完成任务和群体生存中所起的工具性作用，这些行为大多都是与群体交流相关的[2]。为了明晰交流和非交流的领袖研究的界限，本节依据输入—过程—输出和功能模型，探讨群体与群体领袖之间的关系。

输入—过程—输出模型（IPO）反映了因果过程的概念。在该模型中，特定个体是“生成机制”，换言之，他们对其他个体产生影响。然而，影响因素往往是间接地与影响产生联系，要解释这些联系，需要了解深层的生成机制。因此，完整的过程研究需要将聚焦点从原因和结果转移到过程中的节点，以及“抵消”主要因果联系的因素[3]。群体传播的IPO模型描述了因果过程，在该过程中生成机制影响群体传播的规模或内容，而群体传播又影响了群体结果。在群体研究中，IPO模型可以通过两种方式应用于领袖研究：首先，可以将领袖作为群体输入因素解释群体中的领袖角色；其次，可以通过关注领袖角色如何影响群体交流和后续绩效解释其影响过程。

---

① 于鹏杰：“场域：现代社会研究的另一种视角”，《广西民族大学学报（哲学社会科学版）》，2009年第2期，第68-73页。

② 段兴力：“网络意见领袖的产生、特征与培养”，《科学经济社会》，2010年第3期，第81页。

③ Humphreys，P. W.（1988）. Scientific explanation：The causes，some of the causes，and nothing but the causes. In P. Kitcher & W. C. Salmom（Eds.），Minnesota studies in the philosophy of science：Vol. 13. Scientific explanation，space，and time（pp. 283–306）. Minneapolis：University of Minnesota Press.

因果解释着重说明原因与结果之间的逻辑关系是如何产生的，而功能模型侧重于阐述事物的目的是什么[①]。也就是说，功能视角的理论是依据事物运行过程的特定目的或在维持运行过程中起到的作用来解释它的存在。系统的持续运行基于其发展出适当的属性或功能，而完整的功能解释不仅包括作为基础的潜在原则（例如自然选择或人类设计，这些原则支配着功能关系），还包括促进和抵消系统功能的因素（抵消因素不属于功能）。在说明功能理论时，需要了解社会系统的框架[②]，该框架包括：系统各部分、系统的目标、使系统朝着目标前进的"功能"、执行这些功能的系统"结构"或属性。根据该框架，群体功能的一般性结构功能研究构成包括：群体由相互依赖的成员组成；群体有一套目标；为了达到这些目标，必须实现某些功能，而这些功能是通过交往行为来实现的；某些类型的交往行为会起到抵消作用，使目标实现的可能性降低；社会结构必须在群体内发展，以确保克服各种不利因素以实现必需的功能。

就 IPO 和功能模型来说，尽管"传播"在两种模型中均指言语和非言语行为，但含义却不同。对于前者，传播相当于渠道，允许因果生成机制对输出的影响，因此是一种被动的媒介。在功能模型中，传播的作用更为主动，在决定输出类型上发挥更积极的作用。在"传播"概念的不同含义基础上，两种模型对"群体领袖"概念的解释也不同。

在结构功能理论中，"群体领导力"概念是指有助于引导群体实现目标的功能，而"群体领袖"指执行该种功能的群体成员。群体有两

---

① Wright，L.（1976）. Teleological explanations：An etiological analysis of goals and functions. Berkeley：University of California Press.

② Fontes，N.，& Guardalabene，N.（1976）. Structural-functionalism：An introduction to the literature. Human Communication Research，2，299-310.

个主要目标，即维护和任务。其中，维护指形成群体凝聚力，即群体成员之间进行“积极的社会情感”功能的交流行为，而完成任务需要建设性的冲突，并且依靠交流行为来执行面向任务的功能，例如提供和获得信息与意见。但是，群体维护与任务目标之间往往存在着内在矛盾。例如，即使是建设性冲突也会导致紧张，从而破坏凝聚力，但是对凝聚力的过多关注会扼杀建设性冲突并影响任务执行质量。此外，抵消群体维护的交流行为，例如分歧，成员之间的紧张关系和对抗，可能会进一步损害群体的凝聚力。为了维持平衡并实现任务和维护的双重目标，群体需要发展任务和维护领袖。其中，任务领袖角色可以进一步划分为实质领袖和程序领袖角色，维护角色包括鼓励者，协调者和妥协者[①]。此外，所谓其他“个体”角色，包括攻击者，支配者和识别寻求者，根据明确的行为功能定义作为需要克服的抵消因素。总体来说，担当任务和维护角色的成员越多，而履行个人角色的成员越少，群体就越成功。

在 IPO 模型中，群体成员的交流活动与领袖的出现有关，特别是在言语内容与任务相关的情况下。同时，影响群体交流过程的输入因素主要包括个体差异变量、群体领袖传播实践等方面。众多输入因素与群体中交流的数量和类型有关，反过来又与群体领袖的出现有关。具体来说，解释输入因素与传播过程的生成机制包括：首先，个体差异导致群体成员的交流量发生变化；其次，知识与经验等因素使得部分群体成员认为他们有权获得较高比例的发言权；再次，增强成员参与度可以通过增强自信心来调节，而更高的自信心可以促进知识丰富

① Stogdill，R. M.（1948）. Personal factors associated with leadership：A survey of the literature. Journal of Psychology，25，35–71.

的人更愿意交流；最后，地位高的人往往愿意参与群体交流[①]。

IPO协调模型是包含影响群体交流的输入因素和生成机制的扩展模型，该模型认为群体领袖的传播行为协调了各种输入变量，而领袖效能是一种输出变量。在模型中，群体在解释所掌握的信息时面临着选择，因此领袖的基本功能是设计一套程序，将合理解释和可行方案的数量限制在可管理的水平上。因此，该IPO模型旨在描述影响领袖构建群体传播过程的相关输入输出变量。群体领袖的认知复杂性和交往适应能力对于他是否能够很好地应对情境约束至关重要[②]。此外，该模型中还总结出群体领袖的关键能力，包括指导群体程序和维护群体成员之间的关系的能力，并认为这两种能力是领袖管理可用信息流和群体成员之间互动的必要条件。同时，这些能力需要在多大程度上得到体现，取决于诸如任务复杂性、群体氛围、角色明确性以及群体与其环境的相互依赖性等因素。

2. 群体规范的类型与形成

规范定义为“群体中个体成员允许的行为的极限”[③]，换句话说，是在规范群体成员行为的准则或规则[④]。规范是通过群体成员的明确声明

---

① Sttodtbeck，F. L.，& Hook，L. H.（1961）. The social dimension of a 12-man jury table. Sociometry，24，397-415.

② Fisher，B. A.（1986）. Leadership：When does the difference make a difference? In R. Y. Hirokawa & M. S. Poole（Eds.），Communication and group decision-making（pp. 197-215）. Beverly Hills，CA：Sage.

③ Bonney，W. C.（1974）. The maturation of groups. Small Group Behavior，5，445-461.

④ Fujishin，R.（2007）. Creating effective groups：The art of small group communication（2nd ed.）. Lanham，MD：Rowman & Littlefield.

发展起来的，以言语或者文字形式，并得到其他成员的同意。规范也会来源于群体历史中的关键事件、对群体成员造成深刻印象的成员行为以及成员的群体经验。如果群体成员违反了规范，则该群体可能会选择对其实施制裁。制裁可视为对违反规范行为的惩罚，为使制裁生效，群体必须同时拥有执行制裁的权力和意愿。制裁通常在第二次或第三次群体会议之后出现①。在第一次会议期间，大多数群体成员都会表现出最佳行为，因为他们要么不确定群体任务，要么担心会给其他成员留下不好的印象。一旦群体成员降低他们最初对任务和彼此的不确定性，群体规范的作用就显现出来了。

此外，规范构成了一个群体建立和维护其身份的依据②。身份是区分群体成员和非群体成员的心理边界和物理边界。心理边界是指群体成员基于其成员身份所体验到的感受。这种心理认同常常被称为“我们的”，能够产生积极和消极的感受。其中，积极感受包括骄傲、凝聚力、包容和优越感，而消极情绪包括失望、厌恶、不赞成，甚至可能是尴尬。尽管这些心理界限是无形的，但它们在群体成员是否和如何参与群体任务、彼此互动，以及对群体经历的评价方面起着重要作用。物理边界是指使用人工制品来表明一个人是否属于一个群体。这些界限包括服装，例如穿着带有该群体名称或徽标的运动衫或夹克、社交场合或工作场所的座位安排以及生活安排等。

虽然群体成员共同拥有的身份对成员本身影响很大，但它也会影响非成员对群体成员的反应，这种影响被称为群体定型。当非群体成

① Cragan, J. F., & Wright, D. W. (1999). Communication in small groups: Theory, process, skills (5th ed.). Belmont, CA: Wadsworth.

② Olmsted, M. S., & Hare, A. P. (1978). The small group (2nd ed.) New York: Random House.

员基于群体成员身份对成员做出假设时，群体定型就出现了。这些假设可以基于多种因素：群体的声誉、非成员对群体成员的观察、非成员与群体中某个成员的交互，或群体公开展示的工作成品等。正如你所猜测的，群体认同对群体成员和非成员都会产生影响。一个群体的身份不仅反映在外人对该群体的看法上，也反映在群体成员参与的讨论类型上。

沟通是任何群体的基本特征[①]，群体沟通包括四种对话类型：解决问题的对话、角色对话、提高觉悟的对话和会心对话。解决问题的对话围绕群体任务来进行。首先，群体成员的大部分交流时间应该花在解决问题的对话上，该种对话可以是非正式对话和正式对话。其次，角色对话集中在群体成员的特定角色上。该种类型对话的潜在逻辑是，群体成员所扮演的角色决定了他们沟通的内容和关系。增强意识的对话以群体认同感为中心。虽然提高觉悟的对话能提升成员的满意度，但是当群体的交流中包含过多的此类对话，或者群体更重视此类对话而不是解决问题的对话，都会降低群体的表现。会心对话主要指以人际交往为核心的对话时。当群体成员互相自我表露、倾听对方的心声时，他们就形成了一种支持性的沟通氛围。因此，所有四种类型的对话都有助于有效的群体沟通。群体能在解决问题的对话、角色对话、提高觉悟的对话以及会心对话中保持平衡，不仅能够有效地完成任务，而且会成为促使成员享受美好群体体验的积极力量。

规范随每个群体的不同而变化，这取决于所有群体成员扮演的角

---

① Frey，L. R.，& Sunwolf.（2005）. The communication perspective on group life. In S. A. Wheelan（Ed.），The handbook of group research and practice（pp. 158-186）. Thousand Oaks，CA：Sage.

色。群体规范通过表达成员的群体价值并确定群体成员在该价值体系中的位置来定义群体的性质和群体成员之间的关系。在每个群体中，某些行动被批准，而其他行动则被拒绝。规范建立了公认的行为规范，这些规范代表了指导群体成员进行交流和行动的共同价值观、程序和信念。规范是由对群体在给定情况下如何运作的普遍理解所设定的，即“群体的成员对什么样的行为是对还是错，好或坏，适当或不适当，允许或不允许的一组假设”[①]。规范的演变是群体发展过程中的固有规律。群体规范不是由权威机构强加的，它们是群体成员制定并接受的通用操作方式。它们可能包括该群体所在的流行文化规范以及该群体本身的特定规则。规范会影响群体成员在群体活动中的行为，它们减少了歧义，帮助群体成员融入群体，并发展了整体的群体意识。

（1）规范类型

规范类型的划分标准主要包括两方面：一方面是规范的目的，另一方面是指其性质。首先，根据规范的目的可以将其划分为三种类型：任务规范、程序规范和社会规范。任务规范使群体能够朝着完成任务的方向努力。例如，网络兴趣群体讨论举办线下活动，为了完成这项任务，该群体可制定任务规范，例如要求成员在所有想法产生之前不可作出批评，或要求成员为他们所倡导的理念提供一些支持。程序规范表明了群体将遵循的程序。网络兴趣群体制定程序规范的一种方法是给讨论设定时间限制。社会规范支配着群体成员如何进行人际交往。社会规范的例子包括让网络兴趣群体成员彼此可以直呼其名，但不能

---

① Schein, E. H.（1969）. Process consultation: Its role in organizational development. Reading, MA: Addison-Wesley.

发布与任务无关的信息。其次，根据规范的性质可以将其划分为关键规范或外围规范，以及显性规范或隐性规范。关键规范对群体执行任务有主要影响。一旦违反关键规范，通常会带来某种责难。外围规范概述了应采取或避免的行为措施，但对于群体的有效运作而言必不可少。规范可以在群体内明确声明或隐式理解。显性规范以书面或口头形式概述为政策或群体认可的程序。隐性规范是未明确声明的群体偏好，通常无法通过查看该群体的书面指南或正式操作程序来明确识别。确认隐性规范有两个关键点：首先是定期发生的活动和行为，可以通过观察交流来确定规范，例如，与谁交谈，他们谈论什么，对话是否有顺序或规律；其次，当规范被违反时群体会有所反应，例如当有人提出禁忌话题或打断别人时，突然的沉默或对特定动作的负面反应表示违反了规范。

（2）规范形成

如果群体成员认为自己与群体的目标保持一致，计划长期加入群体，群体的凝聚力很高，群体成员也会自发遵守规范。当违反群体规范时，群体通常会施加某种制裁或惩罚。如果第二次或第三次违反，可能是轻度惩罚，然后增加强度。轻微惩罚意味着只是回避或忽略群体一段时间。但是群体规范常常是不会记录在案的，它们是由群体在社会上构建的。随着群体成员从一个群体到另一个群体，规范也在变化。在一个群体中受到严重制裁的行为可能在另一个群体中未被注意。规范不是任何一个成员创建或执行的，并且可能会随着时间的变化而变化，它们由整个群体维护。尽管个人有时会在明确表达规范时代表群体，但正是群体的力量才使规范形成。规范和角色是相互关联的，但彼此不同。规范是整个群体的期望行为模式，而群体成员作为个人在群体中的特殊行为方式就是群体成员的角色。角色与成员在群体中的地位有关[①]，并指明该成员对一个或多个其他群体成员的权利和义务。尽管此定义既适用于成员应该执行的正式群体角色，但也适用于非正式角色。这些角色期望可能仅在组中的交流过程中出现，因此属于隐式规范，但它们是相同的期望。规范指导着群体的行为[②]，而角色则适用于特定个体的行为。正如系统思维所预测的那样，每个群体将为其参与者发展一套不同的角色。在一个群体中，群体成员可能是领导者，到了另一个群体中，该成员可能是拥护者，而在其他时候，群体成员可能成为观察者。群体成员通过角色假设的过程来接受这些角色。当群体成员担任单个角色时，群体成员经历角色假设的过程，这意味着尝试按照群体预期的行为以及与该角色相关的规范进行实践。

第二节　群体冲突与权力

1. 在交往语境中定义冲突

冲突可以被定义为“至少两个相互依存的当事方之间的明确斗争，不相容的目标、稀少的回报和另一方在实现其目标时的干涉都可

① Hare，A. P.（1994）. Types of roles in small groups. Small Group Research，25（3），433-448.

② 周冬霞：“论布迪厄理论的三个概念工具——对实践、惯习、场域概念的解析”，《改革与开放》，2010年第2期，第198-199页。

能成为冲突发生的原因”[①]。大多数情况下，冲突发生在目标互不相容的人之间，他们认为自己在某种程度上彼此缠绕、相互依存。冲突的外在表现包括情感、行为和认知三个维度[②]。其中，情感维度是指群体成员与冲突相关的消极情绪，这些情绪通常集中在群体成员之间发生冲突时的愤怒和沮丧。其他负面情绪包括嫉妒、焦虑和恐惧。行为维度是指群体成员在冲突中使用的行为，虽然这些行为可能会有所不同，但群体成员通常会采取某种形式的不当行为，从而妨碍冲突的解决。认知维度是指群体成员之间的意见分歧。大多数群体成员将冲突视为某种形式的分歧，重点在于成员之间的价值观、观点、目标之间的差异。

冲突根据其起因可划分为由于问题实质或者参与争端各方的互动交流模式而引发的分歧。与任何群体活动一样，冲突的实质和模式在群体过程中都是密不可分的，模式赋予了实体意义，实体体现了模式。然而，在群体冲突中，决定群体结果质量的是冲突模式，而不是冲突所涉及的问题的实质。无论争议的问题是什么，如果参与者愿意接受新的观点，并致力于维护关系和解决争议，群体成员很可能会找到一个令人满意的解决方案。相反，如果成员间鲜有联系，拒绝放弃自己的立场，他们就不太可能取得令人满意的结果。

根据冲突的两种起因，群体中常常会出现四种类型的冲突：实质性冲突、程序性冲突、情感性冲突和平等性冲突。实质性冲突，被认为是

---

① Hocker, J. L., & Wilmot, W. W. (1991). Interpersonal conflict (3rd ed.). Dubuque, IA: William C. Brown.

② Barki, H., & Hartwick, J. (2004). Conceptualizing the construct of interpersonal conflict. International Journal of Conflict Management, 15, 216–224.

建设性的和有益的，因为如何处理冲突最终会影响群体决策或解决问题的质量①。当群体成员批判性地评估想法，参与创意的产生，讨论群体目标，保持灵活的行为和态度，并朝着双赢的结果努力时，冲突就会变得更有成效②。程序性冲突，往往源于实质性或情感性冲突，该种冲突集中于群体成员用来批判性地评估意见或对抗成员行为的程序。情感性冲突主要集中在群体成员、交流和个性特征上。在许多情况下，情感性冲突具有破坏性，会产生挫折感，并降低任务质量③，因为对群体成员的交流或个性特征的关注影响了群体任务。平等性冲突，一般来源于成员对群体的贡献之间的不平衡。平等性冲突与群体规范以成员为中心而不是以任务和关系为中心有关④。

2. 冲突的交流模式

在冲突的交流过程中，成员的交流行为塑造群体的状态。当没有新的思维方式和互动模式被引入时，成员只是试图维持现状，花费精力避免冲突，该种群体被称为形态静态系统。与之相比，愿意改变其固有思维和互动模式的群体被称为形态发生系统。建设性冲突交流只能发生在形态发生系统中，成员们愿意反省其假设和观念，并提供新

① Falk，G.（1982）. An empirical study measuring conflict in problem-solving groups which are assigned different decision rules. Human Relations，35，1123-1138.

② Witteman，H.（1991）. Group member satisfaction：A conflict-related account. Small Group Research，22，24-58.

③ Falk，G.（1982）. An empirical study measuring conflict in problem-solving groups which are assigned different decision rules. Human Relations，35，1123-1138.

④ Wall，V. D.，Jr.，& Nolan，L. L.（1986）. Perceptions of inequity，satisfaction，and conflict in task-oriented groups. Human Relations，39，1033-1052.

的反应方式。这种解决冲突的开放性交流模式提升了群体解决冲突的协同作用。

冲突的交流模式是建设性的还是破坏性的主要取决于两类因素，冲突的起因以及群体成员对冲突交流模式的倾向。当冲突的起因存在于所讨论的具体问题时，它就成为引发建设性冲突交流的重要原因，因为讨论如何解决问题并不会威胁成员关系。当冲突起因存在于互动模式本身时，例如当某些成员在讨论问题时总是质疑其他成员时，或者当该群体曾经有冲突的历史时，那么不管问题的实质是什么，该种冲突就有可能引发成破坏性的冲突交流。也就是说，当起因是交流模式且冲突过程中成员的交流模式未能改变时，就会引发破坏性冲突交流。例如，当群体成员觉得在冲突过程中未获得同等收益或尊重，从而采用回避或破坏性策略时，破坏性的冲突就会发生。尽管冲突中的问题可能不同，但恰当的冲突交流模式取决于界定冲突的根源，同时采取适当的冲突解决模式。

建设性的冲突交流的基本假设是相互关注、相互依赖和等结果性。其中，相互关注意味着生产性冲突的焦点是对意见的批判性评价。功能失调的冲突交流常常拒绝或避免对意见的评价，却将注意力集中在群体成员的行为、能力或个性上[①]。相互依赖意味着成员之间进行对意见的评估，而不是单独工作或交叉工作。等结果性意味着成员认识到达到目标的有效途径不止一种。另外，破坏性冲突的假设是缺乏相互关注的互动，倡导个人主义以及非输即赢的结果。

根据两种沟通模式的基本假设，可以提炼出对自己的关心和对他人

---

① Witteman，H.（1991）. Group member satisfaction. Small Group Research，22（1），24-58.

的关心两个指标来划分出五类冲突交流策略：回避、支配、妥协、顺从和整合[①]。使用回避冲突交流策略的群体成员对自己和群体成员的关注度都很低，这意味着群体成员可能对冲突不感兴趣，原因是他认为冲突是无望的、无用的或具有惩罚性的，或者是他认为围绕冲突的问题是微不足道的。回避者不会公开地站在群体冲突的一方，也不会透露他对冲突问题的感受或想法[②]。使用支配性冲突交流策略的群体成员将优先考虑满足自己而不是其他群体成员的关注点。这种策略代表了一种"赢—输"的心态，因为群体成员将胜利视为最终目标，而且常常忽视他的群体成员的期望或需求[③]。使用妥协冲突交流策略的群体成员努力在满足自己的需求和满足群体成员的需求之间找到一个中间地带[④]。群体成员使用了顺从的冲突交流策略，高度关注群体成员的需求，并强调发现成员之间的共同点[⑤]。使用顺从交流策略的成员往往具有高度的灵活性，部分原因是其过于重视群体成员关系的维护或者认为自己的地位低于其他成员。使用整合冲突交流策略的群体成员致力于开发满足所有成员需求的解决方案。该类群体成员不认为满足群体成员的需要和自己的需要是相互排斥的，他认为冲突是自然的和有益的，因此其交流行为强调开放性、对差

---

① Rahim，M. A.（1983）. A measure of styles of handling interpersonal conflict. Academy of Management Journal，26，368-376.

② Folger，J. P.，Poole，M. S.，& Stutman，R. K.（2005）. Working through conflict：Strategies for relationships，groups，and organizations（5th ed.）. Boston：Allyn & Bacon.

③ Rahim，M. A.（2002）. Toward a theory of managing organizational conflict. International Journal of Conflict Management，13，206-235.

④ Rahim，M. A.，Buntzman，G. F.，& White，D.（1999）. An empirical study of the stages of moral development and conflict management styles. International Journal of Conflict Management，10，154-171.

⑤ Rahim，M. A.（2002）. Toward a theory of managing organizational conflict. International Journal of Conflict Management，13，206-235.

异的考察以及逻辑和情感的坦诚交流[①]。群体成员之间的冲突交流策略常常因为使用整合策略而产生更高质量的结果，成员认为它是决策或解决问题最有效的策略[②]，并且与群体成员满意度呈正相关[③]。

这些既重视关系又重视任务的取向，为建设性冲突和令人满意的解决办法奠定了基础。那些不重视关系或任务的取向有时会导致团队内部的破坏性冲突模式，以及至少一个或多个参与者不满意的解决方案。通过采取行动来消除困难以避免争议。参与太多的竞争，或太快地妥协都可能发展成团队内部功能失调的冲突模式。

3. 冲突的权力构成

当权力确保每个人都能获得维持生命和福祉所需的资源时，它是他生存的必要工具。在某种程度上，它是在一个社会环境中行使，承认，回应，接受，并通过交流使用的获得资源的工具。在互动的群体中，成员将权力授予他人，而其他人也将权力授予自己[④]。因为群体是一个相互依存的关系系统，每一个部分都会影响另一个部分，即使是那些退出并拒绝参与的人也在行使权力，影响群体的互动。可供群体使用的权利主要包括七类：专家权力、人际联系权力、奖惩权力、职

---

① Rahim，M. A.（2002）. Toward a theory of managing organizational conflict. International Journal of Conflict Management，13，206–235.

② Kuhn，T.，& Poole，M. S.（2000）. Do conflict management styles affect group decision-making? Evidence from a longitudianl field study. Human Communication Research，26，558–590.

③ Wall，V. D.，Jr.，& Galanes，G. J.（1986）. The SYMLOG dimensions and small group conflict. Central States Speech Journal，37，61–78.

④ 孙国强，张宝建，徐俪凤："网络权力理论研究前沿综述及展望"，《外国经济与管理》，2014年第12期，第48–56页。

位权力、参照权力、魅力权力和回避权力[①]。

专家权力是通过具有特定的能力或获悉特定的重要信息而产生的。如果一个群体需要解决的问题涉及对技术、监管、政治或其他专门信息的理解，那么掌握这些信息的人将能够行使其权力，指导和影响群体讨论和决策。然而，与任何类型的权力一样，对群体和个人来说，保持专业知识的权利范围，而不是让它凌驾于群体目标之上，非常重要。对于那些拥有专家权力的人来说，通过引导专家权力走向某种个人利益的方式来滥用专家权力往往比较容易。

人际联系权力，指可以接触到对该群体有用的个体或拥有信息源的成员而带来的权力。这类成员拥有参与个人、其他群体的能力，因此获得部分拥有该资源的成员的权力和影响力，从而增强群体实现其目标的能力。在社区群体中，认识邻近社区群体中清洁工的成员可以帮助签订关于垃圾回收的社区协议，这样的协议可能通过增加总量，从而增加社区与市场协商的“权重”，降低两个社区的垃圾处理成本，那么负责联系两个社区的成员在群体内拥有实质性的人际联系权力。

奖惩权力是能够有效奖惩群体其他成员的个体拥有的权力。该类权力是在经济奖惩、个人关系奖惩等对他人福祉产生实质性影响的能力。在某种程度上，此人控制着信息的流动和获得权，与其保持良好的关系可能是维持群体关系的关键。当群体参与是基于对享有奖惩权成员的尊重时，可能会牺牲有效的群体过程。

---

① Raven, B. H.（1993）. The bases of power: Origins and recent developments. Journal of Social Issues, 49（4）, 227-251.

职务权力为群体内的职务责任而授予的权力。握有该类权力成员的权限一般限于群体流程的特定方面，比如促进群体交流进程以及实质性地塑造结果。如果该群体的负责人也是群体的成员，无论该负责人对所讨论的具体问题了解多少，其他成员可能因该负责人的职位而服从。与所有类型的权力一样，位置权力通过他人对其价值的认识而合法化。

参照权力是与受尊敬的群体或个体建立联系所赋予的权力，可在某些情况下用于增强群体中的个人权力。该种权力可以用来增加可信度，从而在群体过程中获得更大的影响力。在网络社区讨论中，持有名校学位的人员常常拥有该种权力，因为群体成员认为此人拥有更多的知识，无论该知识是否与正在讨论的问题有关。

魅力权力是一种存在于个体人格中吸引他人的力量。某些成员之所以成为“意见领袖”，是因为他们的个人魅力和特点，而不是因为他们的知识或专长。当拥有该种权力的成员负责任地使用权力时，魅力有助于群体进程，确保所有成员都得到尊重和倾听，但是当其被不负责任地使用时，会进一步削弱群体中较弱成员的权力。

回避权力，指当成员感到自己在群体中没有权力时，或当他们觉得自己从群体参与中没有任何好处时使用的权力。成员在使用该种权力的交流方式常常为否认和含糊其辞，即话题管理和不明确的评论。在群体中，回避权可能会以许多更微妙的方式被感受，利用手头上的任务耗尽群体的能量，或者通过要求其他成员完成更大部分的工作从而引起其他成员的不满，阻止他们优化方案。

在群体中，权力是相对于群体而言的。例如，社区中儿童日托中心的老师常常具有专家权力。在每次群体交流中，每位群体成员都会带来自身的经验、知识和价值，同时每次互动及其发生的场景决定了成员的相对权力。某位成员在一个群体中感到权力被剥夺，可能在另一个群体中受到高度的重视。例如，在企业高管会议中，艺术家可能会感觉到无法融入，但他可能是创意设计团队中非常有价值的一员。因此，权力存在于群体关系的语境中。

第三节　群体过程与传播结构

1. 群体的传播结构

吉登斯提出的结构理论，作为对社会现象的社会学解释，其核心是集体行动和社会制度之间的递归关系。正如普尔等人所观察到的，“在意向性的连续流动中，行动和结构既相互促进又相互制约”。行动源自群体成员，他们依托于系统的知识行动，而系统行动的结果形成结构，因此结构可定义为形成和再现系统的规则和资源。结构化，是行动和构造的递归过程，是不断自我纠正的，是连续的。行动和结构具有双重性质，它们在互动中相互支持和约束。结构塑造了互动，同时通过这种互动进行复制①。行动和结构以三种模式联系在一起：解释模式把交流和意义联系起来；标准将道德和合法性联系起来；场所将权力和统治联系起来。

---

①　张云鹏：“试论吉登斯结构化理论”，《社会科学战线》，2005年第4期，第282-285页。

这些相互作用模式作为行动和结构之间的交集是体现行动和结构双重性质的关键。结构理论最有用之处在于解释当人们聚集在一起时进行群体行动的过程，而不是预测具体的结果，该理论为具体环境下的群体研究提供了基础。

群体系统是自组织的，即群体交往不是从外部强加给群体的。也就是说，外部环境因素并不能直接说明系统的独特特征，它是通过群体成员对环境扰动的解读和互动对系统结构化产生作用的。群体系统的要素是发生在群体成员之间的交往活动，这些行为可以是言语或非言语行为，也可以是互动行为，即有顺序的行为。在此基础上，对群体系统进行概念化，然后对系统及其结构进行研究。为了全面了解群体，可以将群体行为根据其特征划分为传播体系、程序体系、关系体系和信息体系，这些体系都是通过群体成员之间的相互作用来维持和创新的，他们本质上是相互交织的，用于表示群体系统的特征①。

首先是传播体系。群体传播体系的结构由成员间言语的传播方向和频率构成，该体系类似于一个交流网络，由谁与谁交流、以什么频率进行交流来表示。当交流的流动方向和频率发生变化时，传播体系也会发生变化。其次是程序体系。该体系为群体成员在交往时应该遵循的程序构成，而这些程序是由规范体系的结构即群体规范指导的。在群体规范体系中的特定规范可能因任务而异。例如，群体决策发生时，成员会受到规范体系中的规范的指导而产生一个合理的决策序

① Normann，R.（1971）.Organizational innovativeness：Product variation and reorientation. Administrative Science Quarterly，16，203–215.

列[①]。群体成员行为程序上的变化是群体规范体系的一部分，规范体系中的规范对于特定的文化群体来说是稳定的。再次是关系体系。该体系描述了群体成员之间的人际关系，并规定了群体中的角色及其之间的依存关系。关系体系的结构即角色行为受到群体成员对角色行为期望的影响，这些期望是在成员交往基础上产生的，而这些期望又由关系体系中的角色定位引导。关系体系的状态是依据群体成员之间的交流行为推断而来的[②]。最后是信息体系，该体系指的是群体对于信息的重要性、相关性的认知。群体成员对谈论话题的选择，确定某话题是否会对讨论有意义，受到体系结构即信息权重的指导。群体成员的信息体系一般隐含在成员互动的内容中。

群体系统的主要特征由上述四个体系展现，且所述体系都是在群体成员之间的互动中创造与再创造的。这些体系中蕴含了群体对于传播、交往、关系、信息方面的规范，指导群体成员的互动并提供边界，因此构成了群体系统的吸引子。例如，关系体系蕴含的关系规范，指导成员如何彼此互动；信息体系蕴含的信息权重指导成员应该围绕什么信息进行互动。也就是说，群体的传播、程序、关系和信息体系定义了互动发生的状态区域。因为体系中的规范是吸引子，群体成员的行为和互动往往倾向于与系统规范相一致。如果群体在稳定状态下运作，而不是复杂状态，那么群体原有的体系规范可以约束成员行为和互动。但是，面对变化的群体环境，这些规范抑制了群体的变化和适应。系统如何改变其体系规范性，从而使自身适应环境，在本质上是

① Poole, M. S., & Roth, J. (1989). Decision development in small groups: IV. A typology of group decision paths.Human Communication Research, 15, 323-356.

② Salazar, A. J. (1996b). An analysis of the development and evolution of roles in the small group. Small Group Research, 27, 475-503.

复杂性生成机制的问题。

总的来说，群体的自组织演化是成员间情感与认同带来的自愿性结合，是系统自我演化和自适应的基础。

探讨群体的传播结构，首先需要厘清结构和系统的区别，系统指的是群体内部的行为模式，而结构是指用于形成和维持群体系统的规则和资源。在此基础上，结构化理论着重考察群体传播结构与行为之间相互作用。该定义包括两方面含义：一方面，结构化过程不仅改变群体传播行为，也改变群体传播结构；另一方面，群体传播结构不仅是群体传播行为的前提条件，同时也是行为的结果。群体传播行为和结构相互作用以适应环境的过程被称为结构化过程。

2. 群体传播过程的结构化

群体传播结构理论的优势在于其对群体传播行为及群体传播结构化过程的关注，该种视角为解释群体成员的多样性和非预期性提供了理论框架，同时也在行为与结构、群体与环境等微观与宏观层面分析之间搭建了桥梁。但是，结构化理论存在以下几方面劣势：第一，仅仅对结构化过程的特征进行了阐述，并未提供结构演变的预测；第二，由于聚焦结构化过程的动态性，该理论在研究过程中的应用性较差；第三，虽然结构化理解能够解释群体成员行为的特征，但是其对群体传播效能的研究方面缺乏贡献。

具体来说，影响群体传播过程结构化的因素包括两类：第一类是关于群体传播行为及其与社会的关系，第二类是群体传播结构的动态性。第一类包括：①群体的特征与状态，包括群体构成、发展过程等；

②群体规则，指群体成员遵循集体规则的情况；③群体资源分配，即群体成员对资源的占有情况；④非预期群体行为，即由于群体关系与环境的复杂性而产生的行为。第二类包括：①群体传播结构调适，指群体传播结构之间的相互影响，自由竞争环境下的群体决策规则；②群体传播结构冲突，指新群体传播结构在形成过程中与原有结构产生冲突，例如群体成员对原有群体规则的抗争。在所有关于群体传播过程结构化的研究中，最突出的是对决策规则的研究[①]。决策规则是支持群体行为模式的结构，该结构在群体互动的模式中是可以观察到的。在这类分析中，作出决策的论争内容未受到深度关注。在该方面，群体论争是通过调查话语的结构特征和对论争的积极或消极反应来进行研究，而不是调查论争的内容和模式与群体做出的决策之间的关系。也就是说，对结构化过程的调查并没有包括对论争结构的中介性或矛盾性的分析，也没有包含对论争结构与决策相互渗透的分析。

当将传统输入—产量—输出模型应用于分析群体传播过程结构化时，虽然理论上认识到群体动态的各个维度不可分割的本质，但结构化研究一直局限于研究互动受到各种结构元素影响的方式，并关注每个成员在交流中的输入。然而，为了真正得出不同输入、结构和输出变量之间关系，结构化研究需要同时对群体传播动态的这些方面进行调查。另外，结构化研究一直局限于事后解释群体传播的过程，实际上相关研究可以根据群体讨论中论争的频率或者程度来预测结果。此外，结构化研究认为社交结构是由行动者创造和复制的，但是缺乏对

① Poole, M. S., McPhee, R. D., & Seibold, D. R. (1982). A comparison of normative and interactional explanations of group decision-making: Social decision schemes versus valence distributions. Communica- tion Monographs, 49. 1-19.

其长期影响的详细分析。需要进一步考虑的问题是什么决定了一个过程是否会自我复制，这种自我复制是否会随着时间的推移而有规律地改变，是否会逐渐衰变，或者是否会按照其他一些有趣的轨迹变化？关于上述疑问，运用自组织系统理论是说明群体的初始条件对于特定规范集可能影响的可尝试路径。

第五章 群体关系与传播效能

第一节 群体交往中的传播关系

人际传播虽然是群体传播的重要构成，但群体传播并不是人际传播的简单叠加，而是其成员间所有传播关系的共生发展。群体传播关系可定义为由群体成员间语言或非语言互动而产生的群体范围的社会建制。群体传播关系对于成员的影响在于帮助其定位群体角色，即在群体中的相对位置以及所应具有的影响力。群体传播关系包括群体联系与群体过程共两方面的社会现实，即群体成员之间的传播内容、实践及其构成的关系。由于群体是成员间相互影响发生作用的环境，因此群体传播内容或行为将影响成员间关系。虽然群体内部成员均存在一定的联系，但是不同群体在传播关系的性质和倾向上有着较大的区别。例如，你在微信好友群中踊跃发言和交流感情[①]，以及在购物网络社区中与其他消费者互动。两种场景下的群体内部关系可区别为关联型和任务型传播关系。前者指群体成员间为了满足社交、尊严等关联

① 葛进平："西方准社会交往研究新进展"，《浙江传媒学院学报》，2013年第1期，第100–104页。

型需求的互动，而后者群体成员间为了满足生理、安全等任务型需求的互动。两种类型的关系均可为正向性或负向性。

一般来说，关联型和任务型传播关系是群体内部关系不可分割的两个维度，关联性关系的破裂往往导致任务型关系的失败。关联型关系是任务型关系得以建立和维持的基础，是影响群体成员形成关于群体和自己正面或负面态度的重要因素。20世纪著名的霍桑试验通过改变各种物理和社会环境，发现群体传播关系对于塑造群体成员的劳动行为具有重要作用。然而，关联型关系除了对群体目标的实现助益颇多，其在解决群体成员冲突、形成群体归属感等方面亦发挥重要作用。也就是说，群体传播关系是在群体传播实践产生结果、结果调整实践的过程中形成的。这种过程由群体成员共同经历，群体成员共同经历作为“深层结构”决定着表层群体传播实践和结果。另外，群体成员之间的关联型关系还取决于群体内成员与环境的关系。由于群体边界[①]的变化性以及成员的流动性，导致成员的多重群体身份将带来关联性关系的变化以及成员角色的冲突。

群体传播中关联型内容研究主要涉及构建过程、功能、对群体任务和关联型结果的影响等方面。首先，在群体传播过程中关联型传播内容包括传播者语言和非语言传播实践，例如群体成员在参与讨论时率先发言并谈及对于会议的期望，那么他的传播实践不仅在制定会议议题并且还展示了其地位和控制力。关联型传播内容的影响取决于传播者与受众的特征、传播关系以及所在群体。其次，该类研究还聚焦群体关联型过程，其中不仅仅探析群体中多样共存的成员关系，以及

---

① 艾娟：“扩展群际接触：观点、机制与展望”，《心理科学进展》，2016年第24卷第5期，第176–183页。

关联型结果对于群体成员行为的影响，而是对群体规范、归属感和满足感等正向群体结果以及群体迷思和压力等负面结果的形成过程进行考察。最后，研究证明关联型传播内容与结果之间的影响是循环双向的。也就是说，关联型传播内容会导致正向或负向的群体结果，而正负面结果均会反过来对群体的关联性传播内容产生影响。

1. 言语和非言语交往

（1）言语交往的功能

群体中的言语交往包括任务排序、过程定向和交流三种功能。首先，任务排序涉及的认知意义集中在选择上，该功能促进了成员对群体目的和过程的理解。具体来说，语言吸引人们对特定项目的注意，并提供了群体互动的基础。群体的组成通常是为了实现某些目标。为了实现这些目标，群体需要按照特定的顺序开展活动。其次，过程导向是群体成员言语交往的一种重要功能。因为群体成员交往中往往涉及人际影响，在达到预期目标的同时提升这种影响的言语策略对个人和群体都有好处。人际影响策略的相关研究表明，那些使用积极、支持性言语交往的人对他们的互动结果最满意[①]。区分任务导向和过程导向的最佳方法之一是审视领导力的概念。在任务层面，实现了目标的人就是成功的群体领袖。在过程层面，群体成员关注群体领袖是如何完成目标的，以及是否成功地承担鼓励者、指导者、谈判

① Newton, D. A., & Burgoon, J. K.（1990）. The use and consequences of verbal influence strategies during interpersonal disagreements. Human Communication Research, 16, 4, 477–518.

者和参与者的角色[①]。在这个层面上，群体成员关心的是一个人如何领导别人，而不是他或她是否总是成功。最后，言语交往的交流功能结合了幻想和现实，反映了群体成员对群体的所思所想。一般来说，群体也可能会通过幻想和故事保持群体形象，从而激励群体朝着目标前进。叙事为叙事者组织自身经验形成的故事，而故事的要素包括情节、任务、动作序列等。从叙事理论视角，群体交往为成员叙述故事的经验来源，而群体成员所叙述的故事在构建共享的主观现实的同时也在成员间搭建了关系。正如符号理论中符号现实的构建是群体成员形成共享主观现实的基础。幻想是“对事件创造性和想象性的解释，满足了群体的心理或修辞需要，以理解他们的经历并预测他们的未来”[②]。幻想的存在表明群体成员愿意以一种新的或独特的方式看待事件，这种方式是通过群体的互动发展起来的。这些幻想可以是积极的、不断增强的，也可以是消极的和具有破坏性的。故事和幻想在群体中的分享有助于发展群体身份。交流过程也为群体成员提供了意义和价值，该种群体过程的效能是构建共识。与群体交流相关的理论为符号聚合理论，该理论考察如何通过故事、符号和仪式来构建群体成员之间的共识。

（2）言语交往的意义结构

如果没有与词汇相关联的意义，言语交往是无法实现的。在讨论言语交往的意义时，群体成员将考察外延和内涵意义或者语义和符号

---

① Kotter, J. P.（1990）. A force for change: How leadership differs from management. New York: Free Press.

② Bormann, E. G., & Bormann, N. C.（1992）. Bffective small group communication（5th ed.）. Edina, MN: Burgess.

意义。外延意义是这个词字面上的意思，它指的是这个词的语义。然而，当群体成员问某人是什么意思时，群体成员需要的是一个指称性的描述。因此，要理解他人所说的话，群体成员不仅要考虑外延意义，更要斟酌其内涵，即群体成员要了解所用词的语境和联想。内涵取决于群体成员所共享的多重主观现实。单词的含义比词典提供的解释丰富得多。在言语交往中，群体以及宏观的社会情景决定了群体成员赋予词语的意义。当群体成员称某人为“残障人士”，而不是“残废”，可能会改变群体成员看待人的方式，而不是简单地指代他们。语言的作用是强大的，而不仅仅是“单纯的语义”，群体成员的语言决定了群体成员所看到和生活的世界。群体对语言的使用吸引群体成员注意某些事实从而忽略或改变其他事实。

对语言意义结构的研究称为语义学。语义学中的三个原则能帮助群体成员理解言语交往的功能。首先，意义在于人而不是文字，某个词意味着特定含义，是因为那些发展和沿用这个词的人已经承认并且一直默认这个词就应该是这个意思。其次，语言是象征性的，也就是说它是代表事物的。例如，如果群体成员说他们的平均成绩是 2.5 分，这并不意味着群体成员实际学到了什么，挣到了什么，或者取得了什么，但它确实在某些情境下，对某些人来说是学习成果的象征。最后，语言传达关于观察、推论和判断的意义。其中，观察是以事实为基础的，它可以被证实并用来处理过去和未来的事情。推论是基于事实或指标的推理。判断是基于对给定事实或指标解释的观点、信念或想法。

有效的群体首先使用任务导向的语言来制定他们的目标。然而该种目标很少仅仅通过任务导向来实现，因为它发生在由个体成员组成的群体中，每个成员都有不同的经验、优缺点和互动方式，所以必须关注交流过程。当一个群体致力于实现目标时，成员扮演角色并使用语言来解决感知到的问题。例如，群体成员谈论某件事情的方式可能表明群体成员对自己角色的理解不同。如果成员在一个特定主题上有权威和专业知识，他可能会把自己放在专家的位置上，比如如果回答“真的吗？”或者“我认为那不是真的”，不同的语调和面部表情可能会改变所表达的意思，并可能使其成为对立面。同时，任何一个群体都有社会情感讨论，这使得成员之间变得更加熟悉。对于成员来说，为了实现群体目标，需要从角色对话转向激励性的增强意识的对话，从而巩固群体关系。当群体成员停止谈论任务并决定讨论自己的人际需求和方向时，他们会开始自由交流。因此，群体讨论是多方面和多功能的。在任何时候，群体成员都可以通过交流传达四种类型的信息：解决问题的交流、角色假设的交流、增强意识的交流或自由交流。

（3）非言语交往的类型

当言语交往指导群体讨论任务时，非言语交往成了群体成员讨论的语境。群体成员的生活中充满了极具象征意义的非语言交流活动，例如，大学生都要参加毕业典礼，他们戴着帽子，穿着礼服进行演讲、拥抱和握手等。他们为什么会参加毕业典礼呢？这种非语言行为对他们和那些支持他们大学生涯的人来说都是有意义的，典礼象征着他们的成就。根据定义，所有非有意识的言语行为，以及在交流互动中由一方或双方赋予意义的行为都是非言语交往。群体成员通过非语言交往来判断信息的强度和有效性，这些信息涉及从属关系、尊重、权力、兴趣、支配地位、信任、地位、态度和能力[1]。在群体讨论中，想法是否被接受、重视和传播，很大程度上与陈述者及其表达方式有关，正如与用来表达它的词的字面意义有关一样。

副语言指群体成员说话的方式，该方式是与实际传递的言语一起被感知的信息。该概念是一个广泛的范畴，包括方言、口音、音调、速率、音质、停顿和沉默。例如，悦耳的声音让人们更愿意倾听群体成员说话，经过调节的声音比不稳定的声音更具吸引力，这意味着更好的教育和更高的社会经济地位[2]。特殊的口音和方言可能会增强或削弱群体成员在群体中的力量和权威。同时，群体成员的情绪也是通过音调、语调、速率和其他声音特点来传达的。副语言可以用来调节群体讨论，成员的语调可以让其他人知道他赞同、不确定或不同意。通常在一个群体中，“困扰我的不是你说的话，而是你是怎么说这句话”。沉默也有很多用处，它可以用来创造人际距离，也可以作为对一种情况的情绪反应；可以用来回应对权威的尊重，也可以作为蔑视同一权威的手段；表示同意或不同意，或者用于摆脱冲突的一种方式。因此，沉默本身就传递了信息[3]。

非言语行为包括身体语言、行为语言等。身体语言学是对身体语言的研究，包括群体成员通过群体成员的外表、动作和手势传递信息。在群体成员进行语言表达时，身体会传递一个信息，要么是积极的，要么是消极的，这取决于环境和接收刺激的个体。肢体语言和姿势为群体互动的成败提供了许多线索。平等交流时，人与人之间的身体动

①② Andersen，P. A.（1999）. Nonverbal communication：Forms and functions. Mountain View，CA：May-field.

③ Burgoon，J. K.，Buller，D. B.，& Woodall，W. G.（1996）. Nonverbal communication：The unspoken dialogue. New York：McGraw-Hill.

作往往是同步的，“节奏似乎是维系凝聚力的黏合剂”。与群体中的其他成员保持同步意味着所有人都在同一轨道，“模仿他人的行为是一种让步的标志，或者是承认他们的地位或权力”①，地位越高的人有更多的肢体语言和更放松的姿势②。一般来说，群体成员从肢体语言中获得的线索能让群体成员感觉到是否其他人与自己“在同一个频率上”，从而鼓励群体成员开诚布公，或阻止群体成员开诚布公。此外，如果群体成员做的与说的不符，群体成员往往会相信群体成员所做的。同时，“群体成员在与他人互动时如何组织对话，受空间影响”③构成了人际距离，即个体周围无形的边界，该边界或多或少取决于环境以及与他人的关系。有权力的人比没有权力的人更自由地使用周围的空间④。

总体上，成员通过群体交流来安排任务、理解过程。语言交往的力量来自其语义和符号能力。除了语言交往，非言语交往包括除言语交往以外的所有行为，它还包括面部表情、副语言、肢体语言和行为。人们传统地把误解归咎于使用语言来建立群体“工作”的方式，实际上所有类型的表达一起构建了群体交流。

2. 言语符号聚合

言语符号融合理论阐述了三部分内容。第一部分涉及重复出现

---

① Hickson, M. L., & Stacks, D. W. (1985). NVC nonverbal communication studies and applications. Dubuque, IA: Wm. C. Brown.

② Burgoon, J. K, & Saine, T. (1978). The unspoken dialogue. Dallas: Houghton Mifflin.

③ Harper, R. G., Wiens, A. N., r Matarazzo, J. D. (1978). Nonverbal communication: The state of the art. New York: Wiley.

④ Hall, E. T. (1963). A system for the notation of proxemic behavior. American Anthropologist, 65, 1003–1026.

的交往模式，这些模式表明了共享群体意识的形成与发展。第二部分描述了交往过程中的动态趋势，即为什么群体意识会产生、持续、衰退和消失，以及这种群体意识在意义、动机和交往方面的影响。修辞性幻想是符号融合理论中的一个专业术语，其含义是对满足群体心理或修辞需求的事件的共享解释，该种解释往往具有创造力和想象力。幻想可能包括虚构人物和剧本，但通常基于实际发生在群体成员身上的事件，或者在历史著作、新闻媒体或其他群体的口述历史和民间传说中讲述的故事。理论的第三部分解释人们为什么分享幻想。

首先，该理论阐述了群体意识。符号融合创造了一种符号性的氛围和文化，使人们能够进行言语交往以及“思想的交汇”。符号的融合之所以具有象征意义，是因为它反映了个体解读符号、信号、经验和人类行为倾向的过程，并赋予这些过程意义。该过程的发生源于社会个体试图从具有个性特征和动机的人的角度来理解其他人如何做出决定，采取行动，并导致事件发生。群体成员之间可以理解其他成员制订计划、实现目标以及获得成功或遭受失败的原因，因为他们本身就经常在个人幻想中以这种方式解释自己的行为，从而对同种实践上实现了符号融合。群体在交往过程中，成员们分享了足够多的幻想，多个成员的符号世界紧密结合甚至重叠，从而创造了共同的言语符号，成员根据内部线索用符号进行交流共享群体意识。实际上，符号融合不仅解释了群体成员如何运用共享的言语符号参与理性协商和决策，还阐明了成员借助符号分享共同的情感投入。幻想分享的情感本质及其与群体决策的关系将在下一节中详细阐述。

其次，该理论也讨论了修辞性幻想。也就是说，群体成员在交往时具有明确的修辞倾向，其戏剧化言语的目的是吸引其他人分享这种幻想。所谓戏剧化言语指双关语、修辞格、比喻或逸事、寓言或叙事等修辞表达。为了与群体符号融合，戏剧化言语中的叙事材料是最重要的。将交往事件的展开视为戏剧性的行动，以及关注事件中的戏剧性元素是有益于形成修辞性幻想的。然而，符号融合理论区分了正在进行和此时此地之外的交往事件。如果在群体交往中，成员发生冲突，情景将是戏剧性的，但由于事件发生在此时此刻，因此不能作为分享群体幻想的基础。然而，当群体成员谈论某些成员在过去发生过的冲突，或者设想未来的冲突，再或者戏剧化地描述了正在其他地方发生的冲突，这些讨论都是戏剧化言语。

（1）分享幻想的交往过程

当观察非正式群体或以任务为导向的群体成员在讨论陷入僵局的时，往往会出现成员通过戏剧化言语讲述个人经历然后引发系列连锁反应。第一位成员的故事引起了其他人的兴趣，某个成员笑着回应为故事添油加醋，接着又有一个成员加入进来，很快整个群体都活跃起来。成员们都开始参与讨论并变得情绪化，他们可能会大笑或叹气，然而一名成员突然改变话题，打断了这一插曲，促使成员回到了原来的话题中。如果是以任务为导向的群体，其成员被卷入叙事的心理过程类似于全神贯注于小说、戏剧、电影或电视节或者民间逸事的心理过程。在上述场景中，群体成员感情参与的交往情节被称为幻想链，即群体成员有着共同的群体幻想，促发幻想链的戏剧化言语的是一个幻想主题，而幻想主题是对共享想象的性质和内容的可观察记录。幻想主题总是倾斜、有序和解释性的。在群体所属的宏观背景下，幻想主题是公共的社会产物，它反映了群体文化的一个侧面。

具体来说，群体成员陷入幻想链的心理过程如下：故事包括一系列相互关联的事件中好的和坏的角色，群体成员通过发现一个或多个有吸引力主角来分享幻想，结果是激发对角色的同情甚至同理心；在最专注的时刻，他也参与角色身上发生的事情，那些阻挠主角努力实现目标的人会引起不愉快的情绪反应；当好角色与坏角色的力量对比结果不清晰时，分享幻想的结果是造成悬疑感。也就是说，当群体成员分享一个幻想时，他们经历了相同的情感，创造了共同的英雄和恶棍，并以同样的方式解读与角色共同的经历，这时他们在表达修辞性言语时实现了符号融合。需要注意的是，并非所有戏剧化言语都会导致群体幻想链。有时成员听到讨论后会表示积极的反对，这种对戏剧化言语的拒绝展示了成员们不共有的符号、意义和情感。因此，群体交往研究可以利用群体成员之间在分享、忽略或拒绝修辞性言语上的差异，找到群体在修辞和文化路线上符号性分歧。

分析幻想主题或链条的目的是找到符号融合发生的凭证，即群体参与者具有共同的群体意识。当类似的戏剧化言语不断出现在不同场景下的群体交往中时，这种重复就是符号融合的证明。共享幻想也可以由成员共同使用的符号隐晦提示。当群体成员分享了一个幻想主题，他们就给该主题注入了意义和情感，这些意义和情感可以通过一个共同商定的符号来触发。例如，成员昵称就可以群体符号，只有那些理解昵称符号所代表的幻想主题的成员才能以适当的方式做出回应。

（2）幻想类型

群体符号的出现使幻想类型的发展成为可能。当群体成员分享了许多类似的场景，包括情节、人物和细节，这些场景就形成了幻想类型。幻想类型是由相同或相似的角色反复出现的固定场景构成的。群体成员们似乎经常不自觉地对幻想主题进行分类，并开始在交往中使用更抽象、更普遍的幻想类型，他们往往不会在特定的背景下用特定的人物来戏剧化幻想主题，而只会呈现大致的情节线。此外，群体成员也常常将一个原型幻想结合自身经验进行描述，然后自然地融入群体的共同意识。通过使用典型幻想类型来解释和评估新事件，使成员对新事件的解读符合群体意识。例如，群体成员常常保持乌托邦式的幻想，而该种幻想通常是一种非合作的幻想，它往往使群体在应对不断变化的环境时变得无效。在这种情况下，分享群体幻想会影响群体决策。因此，群体文化和决策都会受到幻想类型积极或消极的影响。最后，分析群体幻想相对简单的和有洞察力的方法是将它们归类为控制的幻想、归属的幻想或成就的幻想：那些以获得权力和控制为目标的成员参与的戏剧化言语交流是控制幻想；以交朋友和享受美好时光为目标的成员参与的言语交流是从属幻想；以做好工作为目标的成员参与的言语交流是成就幻想。

（3）共享幻想的动机

符号融合理论也解释了群体成员倾向于分享幻想的动机，共包括三种原因：为新的群体带来共同驱动力和意义象征；群体成员因在群体中的经历而共同关注的问题；成员表达幻想的修辞技巧。首先，除非参与者来自非常不同的背景，否则他们都会有某些共同关注的主题，并且成员们共同感兴趣的主题在以戏剧化言语进行表达后很可能会被分享。由于那些主题吸引人且不具有威胁性，因此成员可能会分享相关幻想，继而群体压力往往会导致那些最深入参与该事件的成员加入。其次，当群体成员在交往中开始推进当前共同关心的主题时，主题常常与外部社会环境带来的压力有关，或者与角色斗争、领导力和任务冲突等内部问题有关。最后，通过使用戏剧化言语来说服其他成员以提高群体意识。某些成员可能会在群体交往中分享幻想，因为他们从成为关注中心和缓解紧张局势中获得乐趣。

（4）共享幻想对群体意识的影响

没有历史和领袖的群体是一个松散的社会实体，该群体要发展成有凝聚力的群体，成员间需要进行交往以制定规范、定位角色，从而创造共同意识。首先，当成员意识到他们参与了可识别的群体时，他们获得了共同的身份。共同意识让群体与众不同并赋予成员群体身份，为了获得共同意识，成员需要识别他们的群体自我。成员们可以用来识别其所在群体的一种修辞手法是用一个人、一种动物或一种自然力量来象征它。被认同的身份往往会让群体成员分享对群体边界的幻想。例如，能够象征局外人的人物角色是划定群体界限的有用符号。一旦成员间共享的幻想确定了群体身份，成员就有了明确的修辞和符号性的界限，作为终止和赋予成员资格的群体幻想。其次，在形成群体意识过程中，任务导向型群体的成员通常会发展出与处理信息、解决问题和做出决策的相关的戏剧化言语。例如，群体使用“圆桌会议”来代表最新信息处理技术。共享幻想会影响群体成员应对不断变化的外部环境和内部冲突的能力。因此，在评估群体的决策能力时，最好检查该群体是否有共同的应对幻想。例如，当成员对权力冲突有强烈的担忧，他们可能会幻想自己不需要领袖。群体可能会分享类似于个人偏执的幻想，因为他们描绘了邪恶的个体试图挫败群体的努力。最后，在群体交流如何解决问题时，共享群体幻想可能是连续的幻想链。刚开始，由于成员们已经被反复考虑该问题一段时间，由此产生的紧张感可能会促使成员去戏剧化一些明显离题的事件。如果戏剧被分享，群体可能会沉溺于共享的幻想中，就像个体在从事创造性工作时可能会毫无意识地做白日梦一样。突然，群体成员可能会经历一个顿悟的时刻，因为共享幻想让他们意识到已经找到了解决问题的办法，这时成员们共同经历愉快的体验并形成群体意识，然后和其他成员一起仔细和系统地评估解决方案。如上所述，在群体决策过程中发散思维通常以幻想链的形式出现，并能促成有效的解决方案。

3. 符号聚合与传播关系

符号聚合理论（SCT）着重描述和解释群体成员如何通过传播实践实现对社会现实的认知共享。该理论中提到的传播实践指的是为了构造群体成员共享的社会现实而采用的包含双关语、比喻、类比、趣闻与其他修辞或叙事策略。当群体成员对特定的传播实践产生情感反应时，就意味着他公开表明了其对于该传播实践的态度。符号聚合指的就是当群体成员为了满足其需求而共同解读、构建和传播的主观现实是由其认知中共享的符号组成。也就是说，当群体成员的认知在互动中逐渐趋同时，共享的群体意识也逐步产生。群体意识的产生意味着群体演化为拥有相同身份的整体，并且成员间形成的关联型关系将对未来的互动产生影响。总体上，话语符号的聚集、群体意识的产生以及主观现实的共享均代表着群体关联型关系的状态。

具体来说，符号聚合理论聚焦的问题实际上属于群体关联型过程的范畴，共包括三个部分：第一部分着重识别群体传播过程中反复出现的传播实践模式，该模式反映了成员间产生的群体意识；第二部分阐释群体成员共同构建的符号现实是如何形成、维持和消弭的；第三部分考察群体成员之间是如何共享主观现实的。为了实现符号聚集，群体成员不仅需要构建足够丰富的符号以协商并形成共享的主观现实，并且在交往过程中还需要共同的情感卷入。由于共同的情感卷入往往需要成员间牢固关系的支撑，因此在符号聚集的过程中群体成员之间的关联型关系常常得以建立和加强。

符号聚合理论的基本假设是，人类天生能够解释他们遇到的符号、物体和人，并赋予它们含义。符号聚合理论的研究者认为，当一群人分享和解释人类的符号时，他们会产生共同的意识或创造共同的现实。也就是说，通过相互影响，两个或多个“符号世界”相互靠近，甚至重叠。当群体发展出他们符号世界的重叠部分时，他们就会发展出共同的含义，并产生了“创建社区、讨论共同经历、达成相互理解”的基础。因此，依据符号聚合的过程，只要群体开始以相似的方式理解事件，群体就会开始像个体那样解释其所处环境并赋予其意义。

符号聚合理论是基于幻想产生的，一种“对于事件创造性的和想象性的统一解释，该解释满足了群体的心理或想象”。幻想不是指“此时此地”，而是指群体直接讨论之外的另一个时间或地点。共同的群体故事或幻想，以戏剧化的信息形式表现出来，这种戏剧化言语吸引群体的注意力并形成幻想链的。一般来说，触发幻想链的戏剧化言语包含一个幻想主题或主要思想，即一个对群体意识的性质和内容所观察到的记录①。一旦一群人围绕着一个幻想主题聚集在一起，成员们就开始展示其内部线索，或者表现出交流行为，在这种交流行为中，说话者使用非语言或语言符号来暗示之前的共同幻想。幻想主题通过幻想链发展为各种幻想类型或固定的场景，并以相同或相似的角色一次又一次地重复②。幻想是指以不同的角色和稍有不同的事件来分享同一故事，或以“共同的叙事梗概”来重复不同故事。多个幻想和多种幻想类型的结合创造了一种修辞视野，或者创造了一种把人们带入一个共同的符号现实的复合型戏剧。三类主要的模拟物推动了修辞视野的发展：对立模拟物、社交模拟物或语用模拟物。那些参与修辞视野的人被认为是一个修辞社群，他们分享基础符号，并根据他们的修辞视野进行回应。此外，可以通过形成修辞视野的主要模拟物来理解一个修辞社群的动机或需求。对于群体传播而言，特别重要的是群体意识理论，该理论通过调查群体意识的产生、提高、持续和衰退的各个阶段，来看待群体修辞社区修辞视野的生命周期。

符号聚合理论的相关研究说明，该理论确实为分类信息提供了一个可靠的框架，这些信息有助于幻想、修辞视野和最终的符号聚合。

---

① Cragan J. F・，Shields D. C.（1992）. The use of sym¬bolic convergence theory in corporate strategic plan¬ning：A case study. Journal of Applied Communication Research，20，199–218.

② Bormann，E. G.（1996）. Symbolic convergence theory and communication in group decision making. In R. Y Hirokawa & M. S. Poole（Eds.），Communication and group decision making（2nd ed.，pp. 81–113）. Thousand Oaks，CA：Sage.

鲍曼等指出符号聚合理论并不强调“对神话、隐喻、叙事或故事的独特解读，而是提供了一种明确的技术词汇，用于对想象性语言的常规分析”。总而言之，符号聚合理论的研究者们认为，幻想、幻想类型以及最终的修辞视野的存在证明了符号聚合作为一种现象和群体进程的存在。就其本身而言，符号聚合理论提供了“用于分析的技术词汇，并提供了一种方法，对一个社群原本抽象的公共意识进行连贯的分析”。

尽管符号聚合理论研究对幻想链和修辞视野发展的过程进行了丰富的描述，但对修辞视野影响群体结果和群体环境的解释和预测却很少。一致的、精确的概念化是催生预测和解释能力的观察起点。许多相关研究主要是以识别和验证幻想主题为目的的案例研究，而不是为了检验从理论得出的命题。然而，群体交流研究需要可靠的编码和观察方案来分析群体幻想和符号聚合，以消除研究者的偏见和对语境的依赖。因此，符号聚合理论研究的侧重点在于：建立系统的程序来组织和分类前因条件和群体行为，这些前因条件和群体行为导致了群体语境中与符号聚合相关的交流动态；借助功能理论的逻辑来识别符号聚合发生所必需的特定“功能”，或特定的主要模拟物在群体和组织中履行的功能，并将群体中存在的主要模拟物通过实证研究与特定群体的结果联系起来；或者将群体组成特征、信息、视野、幻想与群体结果联系起来。换句话说，在使用符号聚合理论对群体互动过程进行解释的基础上，所做的研究应该努力提高理论的预测能力。例如，成员特征、特定群体的需求，都可能影响特定消息、视野、幻想的分类，因此这些相互作用的特征可以用于预测某些群体的交流结果。

第二节　群体结果与传播效能

大多数群体交往研究关注任务、关系与结果，并以此作为成功群体和成员关系的衡量标准。同样，成功的群体也会从积极的交往结果中获益，这种结果描述了成员如何合作并成功完成群体目标的感受。群体交往时会产生四种群体结果：凝聚力、共识、满意度和孤独感。第一种群体结果是凝聚力。从成员的角度来说，凝聚力是成员希望留在群体中的可接受水平[①]。群体成员之间的吸引力、对群体成功机会的评估以及对群体的认同感等都可以作为观察和衡量凝聚力的因素。凝聚力来自任务、关系或两者的融合。在群体层面上，通过展示他们的“感”，可以将群体视为具有凝聚力。在个体层面上，认为自己的交往过程是积极的成员，也认为他们的群体是有凝聚力的[②]。第二种群体结果是共识。群体通过形成共识的过程就群体目标达成一致，即所有群体成员同意并致力于实践[③]。共识优越于多数制和妥协，因为达成共识的群体往往会形成凝聚力。总体上，达成共识的成员对自己的群体感觉更好，并希望留在自己的群体中[④]。第三种群体结果是满意度。传播

---

① Cartwright，D.（1968）. The nature of group cohesiveness. In D. Cartwright & A. Zander（Eds.），Group dynamics：Research and theory （3rd ed.，pp. 91–109）. New York：Harper & Row.

② Anderson，C. M.，& Martin，M. M.（2001，November）. Communication traits and cohesion as predictors of socialization in task groups. Paper presented at the annual meeting of the National Communication Association，Atlanta，GA.

③ DeStephen，R. & Hirokawa，R.（1988）. Small group consensus：Stability of group support of the decision，task process，and group relationships. Small Group Behavior，19，227–239.

④ Sunwolf，& Seibold，D. R.（1999）. The impact of formal procedures on group processes，members，and task outcomes. In L. R. Frey （Ed.），D. S. Gouran，& M. S. Poole （Assoc. Eds.），The handbook of communication theory & research （pp. 395–432）. Thousand Oaks，CA：Sage.

研究者赫琪将满意度描述为一种“有感觉的体验”①，即人们对发生在人际间的交流感到的满意或不满意。在群体环境下，满意度可以从三个维度②来理解：首先，成员如何看待其群体中成员就其角色达成的共识；其次，对群体达成目标进展的判断；最后，参与群体互动的自由度。第三种群体结果是孤独感。所谓群体环境中的孤独感，指一些成员因无法或不被允许参与群体过程而感到的无力感③。成员需求无法通过积极的交往过程和实践得到满足时，他往往会在群体中经历挫折、孤立和疏远感。通过上述阐释，孤独感与群体中对凝聚力、共识和满意度的负面认识密切相关。

1. 正面的传播效能

（1）凝聚力

凝聚力指群体成员渴望归属于群体的程度④。该种群体结果既可以是关联型结果也可以是任务型结果，或者两种类型并存，具体是哪种类型取决于群体对其成员的吸引力来源。例如，群体成员最初加入群体的原因可能是源于兴趣爱好，而与群体成员互动过程中当需求被满足后，群体成员的关系成为吸引其保持群体身份的原因。或者换一种

---

① Hecht, M. L. (1978). The conceptualization and measurement of interpersonal communication satisfaction. Human Communication Research, 4, 253-264.

② Heslin, R., & Dunphy, D. (1964). Three dimensions of member satisfaction in small groups. Human Relations, 17, 99-112.

③ Worchel, S. (1994). You can go home again: Returning group research to the group context with an eye on developmental issues. Small Group Research, 25, 205-223.

④ Keyton, J., & Springston, J. (1990). Redefining cohesiveness in groups. Small Group Research, 21 (2), 234-254.

情况，成员最初渴望加入群体是由于群体身份，因此为了加入群体而参与某项群体任务。不同群体所具有的凝聚力也不同，例如网络社区中促销活动所形成的临时群体中任务型凝聚力所发挥的作用就高于关系型凝聚力。凝聚力使成员在群体中保持驱动力，并愿意付出额外的时间和精力来实现群体目标①。

凝聚力的影响因素

群体的规模，成员的背景相似性，成员对其任务和关系的态度以及群体历史表现都是影响群体凝聚力的重要因素。例如，较大的群体的关系和任务凝聚力更低，因为部分成员可能会进行“社交游荡”而不用投入大量精力或对群体做出足够的贡献。群体内的凝聚力通过群体成员之间的交流和对群体规范的依从性增加而发展。明确阐明群体目标，确定成员角色并鼓励成员参与决策过程，都有助于提高凝聚力。最后，群体成功完成任务，被认为成功且富有成效的，也可以加强和鼓励群体。

通过对群体凝聚力的研究表明，关联型凝聚力高的群体成员间能够平等地就群体任务进行信息与情感交往时，合作意愿更强也更愿意表达其群体认同和身份。相反，如果群体过于强调任务型凝聚力，群体成员交往时会更关注如何达到任务要求而不是与其他成员建立关联，则有碍群体凝聚力的形成。同样，如果群体内部成员间交往可以满足各自的社会需求，而不是部分群体成员均具有较高或较低权力，则群体凝聚力更容易形成。此外，群体任务与凝聚力之间不是简单的线性关系，而是取决于任务的本质。当群体任务要求成员间协作时，并且

---

① Witteman，H.（1991）. Group member satisfaction. Small Group Research，22（1），24–58.

群体评估依据整体表现，则群体的任务型凝聚力则较高。与之相比，当群体任务要求成员独立完成，则群体的任务型凝聚力则较低。两种任务要求下，前种群体的关联型传播实践相较后者则更为正向和频繁。

凝聚力有时会通过群体的交流环境而显现出来，这种环境包括群体成员之间自由开放的思想和信息交流①。当一个群体成员认为其他群体成员不愿意致力于完成目标时，就存在一种孤立的交流环境，交流环境反映了群体成员对群体的感受②。交流环境可以定义为一个群体成员基于群体成员之间建立的社会关系和心理基调而感受到的接受或拒绝倾向③。实际上交流环境都是群体成员之间的关系所创造的，即每个群体成员的言语交往行为、非言语交往行为和倾听行为共同创造了一个群体的交流环境。从这些行为中，可以产生两种类型的环境：支持性交流环境和防御性交流环境。支持性的交流环境要求群体成员之间的开放性④，因此成员在该种交流环境中能感受到他的贡献受到欢迎和重视，从而高度参与到建设性的冲突管理程序。支持性的交流环境为群体成员提供完成目标、提升士气和鼓励创造力所需的信息⑤。支持性交流环境的维度包括描述、问题导向、自发性、同理心、平等和临时性等⑥。在防御性的交流环境中，群体成员觉得他们的贡献既不受欢

---

① King, C. P. (1986, July). Crummy communication climate (and how to create it). Management solutions, 31 (7), 30–31.

② Weiga, J. E. (1991). The frequency of self-limiting behavior in groups: A measure and an explanation. Human Relations, 44, 877–895.

③ Posenfeld, L. R. (1983).. Communication climate and coping mechanisms in the college classroom. Communication Education, 32, 167–174.

④ Beck, C. E., & Beck, E. A. (1986, January/February). The manager's open door and the communication climate. Business Horizons, 29 (1), 15–19.

⑤ King, C. P. (1986, July). Crummy communication climate (and how to create it). Management solutions, 31 (7), 30–31.

⑥ Gibb, J. R. (1961). Defensive communication. Journal of Communication, 11, 141–148.

迎也不受重视，该种交流环境隐含地鼓励群体成员独立工作、监督彼此[①]，因此往往导致群体成员之间缺乏交流或互相埋怨。防御性交流环境的维度包括评估、控制、制定战略、保持中立、优越性和确定性[②]。

首先，交流环境的问题导向和控制维度指的是如何协调群体成员完成目标的维度。其中，在强调问题导向的交流环境中的群体成员专注于与群体成员协作寻求共同解决方案[③]，而侧重于控制的交流环境中，群体成员倾向于将自己的观点强加给群体成员。也就是说，当一个群体成员使用问题导向时，他努力做出决定来解决问题，而不抑制其他群体成员的行为；当群体成员使用控制时，他试图影响或改变其他群体成员的行为。其次，自发性和策略维度指的是群体成员之间的开放程度。强调自发性的交流环境中的群体成员公开表达自己的想法、感受或情绪，而侧重策略的交流环境中的群体成员避免公开。在开放的交流环境中，群体成员不必为了促进关系发展而透露高度私密的信息[④]，更重要的是不会将群体成员视为有所隐瞒或利用群体满足其个人需求。群体成员可以通过讨论各种与群体相关的话题来展示其自发性，例如个人期望、群体经历和对群体期望[⑤]，以及参与解决问题、角色定义、意识提升等。再次，同理心和保持中立维度关注的是群体成员表现出的对彼此的关切程度。在支持性交流环境中，表现出同理心的群

---

① Larsen, S., & Folgero, I. S.（1993）. Supportive and defensive communication. International Journal of Contemporary Hospitality Management, 5（3）, 22–25.

②③ Gibb, J. R.（1961）. Defensive communication. Journal of Communication, 11, 141–148.

④ Anderson, J. D.（1985）. Working with groups: Little-known facts that challenge well-known myths. Small Group Behavior, 16, 267–283.

⑤ Kavanuagh, R. R., Jr., & Bollet, R. M.（1983）. Levels of verbal intimacy technique（Lovit）: An initial validation study of the measurement of verbal intimacy in groups. Small Group Behavior, 14, 35–49.

体成员会尝试理解他们的感受、需求和兴趣，而在防御性交流环境中的群体成员保持中立，认为其他成员的个人感受与自己无关。此外，平等和优越感维度指的是群体成员如何处理个体差异。在支持性交流环境中，群体成员对所有群体成员一视同仁，并认为所有群体成员的需求和贡献应该被重视。在防御性交流环境中，权力、财富、智力和外表等因素都是让群体成员感到优越的依据①。最后，交流环境的临时性和确定性维度指的是在群体成员之间交流时的顺畅程度。在支持性交流环境中，群体成员会通过临时性的交流行为，以尝试不同的选择并适应环境。在防御性交流环境中，采用确定性交流行为的群体成员始终坚信自己的方式是“正确的”方式。

凝聚力的测量

测量群体凝聚力的体系构建存在诸多困难，主要包括三方面问题：首先，凝聚力的概念界定问题，士气、团结和氛围等常常用于表达同样的含义；其次，影响凝聚力的因素较为多元化，难以清晰完整阐释清楚；最后，凝聚力作为群体传播过程的结果，其后续的影响难以考察。为了解决上述困难，凝聚力的测量体系需要包括衡量指标、考察目标和研究方法三方面。首先，从群体成员的角度衡量群体凝聚力的指标大概包括五种：群体成员之间的人际吸引力、群体内部关系吸引力、群体身份与内部紧密程度、维持成员身份的渴望以及以上四类指标的组合。其次，在根据指标衡量凝聚力时，考察目标主要包括六类：群体成员传播行为、群体成员心理状态、群体成员传播内容、传播内容形式、成员身体与非语言表征、外界干预。最后，在考察目标和衡

① Gibb, J. R.（1961）. Defensive communication. Journal of Communication, 11, 141–148.

量指标基础上，测量群体凝聚力不是将成员归属感进行简单叠加，而是需要考虑群体成员间个体差异，根据群体凝聚力的内容量表，并采用多层次系统观察法较好地整合群体成员对自己话语中任务型和关系型要素的评价，从而形成更为合理的测量结果。

（2）群体共识

对于群体来说，无论其群体目标是任务导向或是关系导向，群体成员之间的信息分享或者群体范畴的信息资源的评估和利用是实现群体目标的必要条件。正是由于群体知识的分享，群体成员才得以接触到多样的观点和意见，从而实现相互影响。实际上，信息分享不仅有利于任务型群体收集与利用信息以完成群体任务，而且在成员形成对彼此认知以及构建关系的关联型群体过程中发挥重要作用。具体来说，通过考察成员间的信息分享可以解释成员在实现群体目标中的角色以及群体传播的效能。群体层面聚集了成员的经验、知识和意见，从而能够识别无效或错误的知识，甚至实现知识创新，因此信息数量和质量均高于个体层面。虽然从理论上来说，成员通过知识分享有助于群体目标的实现，但是在实际操作中，群体传播的效能往往未发挥其应有潜力。究其原因，主要可以从群体共享认知过程中的知识聚集、优化、利用，以及非传播实践四个方面进行解释。

群体共享认知

群体共享认知是实现群体目标的核心问题，该步骤是在群体成员的交往过程中完成的。根据理性决策模型，群体共享认知是群体成员对于目标、问题和困难识别和界定的前提，随后才是围绕群体目标的知识筛选和聚集，从而形成完成目标的方案或规则，最后根据群体规则开展行动[①]。为了厘清群体传播效能失效的原因，首先需要理解知识的定义。所谓知识，简单来说是个体认知体系的产物，而个体的认知体系包括事实、信念、意见、价值等知识以及知识的组织框架。其次，在群体交往过程中存在传播内容的编码和解码，即成员对传播内容的个体解读。因此，群体共享认知包括群体传播与群体认知两个层面的过程。在群体认知层面，依据上述知识含义的界定，群体共享认知可定义为群体成员共享的认知过程以及该种过程对群体与个体层面的影响。根据定义可知，该概念定义中存在两个假设：首先，群体成员之间需要有共同的认知基础；其次，成员间通过交换异质知识以形成共同认知。也就是说，认知过程不仅存在于个体思维中，还存在于群体知识获取、存储和提取等交往实践中，而这些交往实践正是由群体内部的各种传播行为构成的。从功能主义的视角看待群体传播时，该类传播实践根据其对群体共享认知形成的影响划分为促进式和阻碍式两种类型。首先，促进式传播实践使得有效、重要且完备的共享认知得以形成，具体包括聚集知识、优化知识和利用知识共三个步骤。与之相比，阻碍式传播实践在知识聚集时无法正确识别和解读知识，在知识优化时无法排序和存储知识，在知识利用阶段无法创新和扩散知识，从而最终导致成员间的共享认知无法形成。

群体知识聚集

在群体共享认知形成之前，群体特征将影响群体认知处理的后续步骤。群体特征包括物理特征、关系特征和认知特征。物理特征包括群体规模、成员人口构成等。以群体规模为例，当规模过大时，普通

---

① 谭立满："论理性决策模型的批判与重塑"，《武汉理工大学学报（社会科学版）》，2016年第4期，第49-53页。

成员往往难以通过其传播实践影响其他成员的认知。关系特征包括权力关系、情感关系等。一般来说，在群体权力关系中处于主导地位的成员能够传播更多信息和观点，而情感关系密切的成员更容易共享知识。认知特征主要指成员的初始偏好差别，即共享的知识中一致或相悖的情况。

所谓知识聚集是群体认知过程中的第一个步骤，该步骤中的传播实践功能为知识传播的中介功能，这种具有联结功能的传播实践在个体知识与共享知识相悖的情况下尤为重要。所谓中介功能，指引导成员分享知识并引发交往的功能。群体成员共享知识时，往往只有与群体目标相关的部分知识为群体共享，并且成员贡献的知识取决于自身对于群体目标的认知，因此彼此间既可以相似也可以不同。群体成员在知识共享后聚集的群体知识边界由成员的异质知识和冗余知识共同构成，边界的宽窄由冗余和异质知识的比例决定，冗余较多的知识边界则较窄。边界太过宽泛或狭窄，会影响到后续的知识评估和衡量。具体来说，如果知识的冗余程度过高且群体目标是达成认知一致的，会导致群体成员更倾向于根据同质的认知偏好分享知识，导致成员忽略相关的异质信息。

值得注意的是，群体共享认知的形成过程中同样存在阻碍式传播实践，使得错误认知被聚集到群体交往中，从而对群体记忆有负面影响。所谓错误认知包括两种，解读错误和假设错误，前者指群体成员对所共享知识的错误解读，后者指认知所包含的错误假设。在阻碍式传播实践中，群体成员往往对交往中共享的群体知识进行错误的自我解读，并且不能识别出错误知识。因此，阻碍式传播实践形成的群体记忆常常表现为由成员假设构成的主观认知链，而这种主观认知链反过来进一步限制群体成员的批判思考能力。

群体知识优化

在群体知识优化阶段[①]，群体传播实践将发挥其促进或阻碍功能，凭借传播内容的说服力，依据群体目标改变成员的初始认知偏好，优化共享的知识数量和质量，形成群体记忆。在此阶段，经过成员的评估和衡量，群体知识优化为群体成员普遍接受且对于实现群体目标较为重要的知识集合。其中，群体目标对于群体知识优化的作用在于目标的本质和形式决定了知识重要性的排序。例如，在网络消费群体中，群体目标是找到性价比最高的商品，那么事实类知识的重要性较高；与之相比，在微信朋友圈中，群体目标是维持互信关系，那么与社会道德相关的价值类知识的重要性则较强。所谓群体目标的形式，指的是在群体完成知识优化过程后的知识呈现模式，既可以是最优方案的选择，也可以是内容规范的形成。

知识的优化分别代表群体成员对共享知识的排序和存储，因此该步骤和群体记忆同样关系紧密。根据群体记忆的研究，群体成员对于群体场景的记忆要优先于个体场景的记忆。究其原因，群体成员可以依靠彼此回忆来构建场景的记忆，因此具有关于群体场景的多种记忆来源，并且群体记忆是多种记忆来源相互佐证和纠正的结果。群体记忆的构造与成员的经验和知识结构相关，研究证明能够实现目标的群体往往对其成员贡献的知识进行仔细地评估并且在交往过程中进行反思性质疑。因此，在下一个步骤中传播实践的利用功能包括通过利用群体知识重构群体记忆，以实现群体记忆对于个体记忆的改进。

---

① 戴旸，周磊：“国外‘群体智慧’研究述评”，《图书情报知识》，2014年第2期，第122–129页。

群体知识利用

群体共享认知形成过程的知识利用步骤主要涉及在群体交往中利用知识以实现群体目标的过程。在该步骤中，对群体知识的考察可划分为两个方面：一方面为知识的数量，即群体目标相关的知识数量越多，越能提升群体知识的有效性；另一方面为知识的质量，即与群体目标相关知识的质量越高，越能反映群体知识的重要性。知识的数量与质量共同决定了其对群体目标实现程度的影响。在群体认知处理过程中，群体传播实践决定了群体知识的数量和质量，即改变成员对群体知识有效性和重要性的认知①。在说服论断理论中，改变成员认知的说服功能传播实践包括两种，即知识的创新和说服性论断重复的扩散。通过改变成员对群体知识质和量的认知，从而实现促进式传播实践的说服功能，提高群体知识的有效性和重要性，发挥其社会影响作用。

非传播实践对群体知识处理结果的影响

当群体规模越大时，共享知识相对于独有知识更容易出现在成员互动中。除了规模以外，成员的初始地位差异也是影响群体知识处理结果的重要群体因素。成员在建立联系之初，往往根据既有目标相关或外部不相关线索对其他成员进行评估。其中，目标相关线索指成员在实现群体目标方面的经验和能力，而外部不相关线索指成员年纪、性别、职业等与群体目标不直接相关的个体背景信息。成员根据既有线索进行评估后形成的期望将影响其后续行为，被评估为初始地位较高的成员将被期望在实现群体目标中发挥更多作用，因此常常被赋予更多参与机会和正面反馈。在随后的群体交往过程中，由于初始地位

---

① [英]布朗著，胡鑫，庆小飞译：《群体过程》，中国轻工业出版社2007年版，第187页。

的差距，群体知识处理将受到以下三方面的影响：第一，初始地位较高的成员参与互动机会更多，因此其个体知识转换为群体知识的可能性就越高；第二，由于地位较高成员在互动中更容易收到正面反馈，因此其对群体目标的贡献常常得到其他成员的重视；第三，由于地位较高成员更具影响力，因此更容易说服其他成员接受其观点或者对互动中的共享知识进行选择。具体来说，由于成员间专业素质上的差异，或者由于性别等外部不相关线索导致的成员地位差异，都会导致即使知识本身一致，较高地位成员的个体知识更容易在互动中被其他成员识别、接收和使用，也就是说群体成员会认为地位较高成员所提供知识的可信度更高。因此，当拥有群体目标核心知识的成员在群体中地位较低时，群体在实现目标上往往不尽如人意。

（3）群体创新

群体创新的界定

创新与创造、学习等概念密切相关，厘清概念内涵上的差别，将有助于提出创新的确切定义。研究者对于创造的定义一般包含群体或组织对新想法、流程、产品进行评估、采用和实施的过程，而创新的定义强调想法、意见、程序或产品等在局部环境中的新颖性和独特性。首先，创新不一定是创造。例如，当新的交流程序被成员提出时，并不一定意味着该程序是在其他群体中创造的。其次，创造并不一定意味着创新，创新的定义一般不会包含评估、采用和实施的部分[①]。换句

---

① Jarboe，S.（1999）. Group communication and creativity processes. In L.R. Frey （Ed.）.D. S.Gouran，& M.S.Poole（Assoc.Eds.），The handbook of group communication theory research（pp.335-368）.Thousand Oaks，CA：Sage.

话说，创新是一种从群体成员交流中产生出来的独特行为，因此创新不能由外界强加于群体。关于学习，大多数定义中都强调主体发生变化的过程，即使学习的对象或者过程有所不同，例如学习知识和技能。在该定义的基础上，群体学习指群体在知识基础、交流模式或者系统结构中发生变化的过程。系统发生变化的过程中，群体往往会发展出新的想法和流程以适应环境。因此，学习是创新的必要条件，但并非所有的学习都会导致创新。

基于以上论述，群体创新可定义为：创新是在群体交流中涌现的结果，该结果包括群体产生的新想法和流程等[①]。该定义的组成部分可描述如下：首先，该定义强调了群体创新的涌现性质。也就是说，该定义认为群体交流是创新出现的途径。其次，该定义说明创新是指对于群体而言新颖的想法和流程等。再次，创新的结果由群体产生，因此和群体相关。最后，创新关注的是新想法和流程等的产生过程，而不是对创新结果的评估。这并不是说，群体创新产生前不会有成员对结果进行评价，但这种评价属于导致创新发生的交流过程的范畴而不是纯粹地评价结果是否适用。

群体创新的产生机制

在群体中，如果成员理解系统的结构以及这些结构如何影响行为和互动，信息流动和想法评估得到了促进，且较少存在权力斗争，那么该群体往往保持着“创造适合结构”的能力。当成员之间的互动模式成为常规，决定这些模式的系统结构则成为群体的决定性特征。当群体成员在互动中逐渐适应规范和规则时，系统结构的影响就会在群

---

① Lawrence R. Frey（2001）. New directions in group communication. Sage Publications.

体中体现出来。系统结构是指导群体成员行为和互动的隐性知识储备[①]。面对原有结构的抑制，即使在群体中引入扰动进行干扰，也难以推动群体进入复杂状态。一般来说，群体干预措施并不能促使创造力的产生，只要习惯性的成员行为仍然具有吸引力，创造性的行动就会被放弃[②]。群体结构下的自组织过程的发生取决于其自身状态，只有通过调整群体本身，才有可能间接地影响过程的动态性。在复杂群体系统中，成员的行动是不稳定但有界限的，信息交流比在非复杂群体中的交流更多样化，成员的创新不会受到非复杂系统中存在的思想和行为惰性的影响。依据理论章节对群体复杂性、自组织、自适应的阐释，本节将重点解析群体创新的产生机制。

言语歧义作为生成机制，即通过成员言语将扰动引入群体交流中，从而为分叉点的出现创造可能。该扰动可能与传播、程序、关系或信息四个体系中一个或多个有关。例如，挑战领袖任务分配权力的声明，虽然对关系体系的相关性可能大于对程序和信息体系的相关性，但会导致三个体系中的成员行为和交流发生变化，这样的扰动就有可能推动一个群体走向变革。扰动是否会在相关体系中引发变革，取决于它在群体成员的互动中是被放大还是被抑制，即扰动的群体结果取决于群体成员的反馈情况。歧义性言语为成员提供更多选择，他们可以选择按照不同的规范进行交流[③]，如果新的交流方式没有被抑制而是被放

---

① MacIntosh，R.，& MacLean，D.（1999）.Conditioned emergence：A dissipative structures approach to trans-formation. Strategic Management journal，20，297-316.

② Ford，C. M.（1996）. A theory of individual creative action in multiple social domains. Academy of Management Review，21，1112-1142.

③ alazar，A. J.（1996a）. Ambiguity and communication effects on small group decision making performance.Human Communication Research，23，155-192.

大，那么歧义言语就会起到推动群体变革的作用。群体中的歧义言语不仅有助于群体发展足够的多样性和复杂性以帮助它适应环境[①]，还可以促进创新的产生。创新产生于持续的群体交流，新知识从以前不存在的联系中产生，信息在交流中不仅仅是被积累或储存，当信息自我组织时，创新就会发生，这是信息丰富、歧义环境的产物。群体言语歧义引发的成员行为的多样性，是驱动系统走向混沌边缘的关键动力。反过来，同质性言语能促进稳定性，但会抑制创造力。歧义的群体言语以系统扰动的形式出现，是促进复杂性出现的关键。当一个扰动被引入，其他的扰动也就可能随之而来，如果群体成员的反馈放大了扰动，就容易形成级联的分叉现象。

领袖能力作为生成机制，其中群体领袖能力主要包括对扰动的敏感度、系统思考，以及扰动的放大和延伸。所有群体成员都可能影响到群体四个体系中扰动的放大和延伸，确保它不会因为被抑制或被完全否定而在互动中丢失。扰动扩展需要群体成员一旦关注到特定扰动，就对其进行详细的阐述，并要求其所蕴含的结构被嵌入系统中。也就是说，扰动中隐含的规范取代或补充群体系统现有的规范，并开始影响群体成员关于“如何做事情”的认知。例如，在群体冲突中扮演“冲突缓解员”角色的群体成员引入了重要且相关的信息，虽然该行为并不属于其角色范畴，随着该信息被反复讨论，群体关系体系被改变了，该成员在群体中的角色也就被改变了。

在群体的成员中，领袖在放大扰动、促进群体复杂性时的作用尤为关键。正如所解释的：群体领袖在培养关系和促进沟通方面的技能

---

① Smith，C，& Comer，D.（1994）. Self-organization in small groups：A study of group effectiveness within nonequilibrium conditions. Human Relations，47，553-581.

是其“创造群体交往空间”的基础。如果群体领袖想要有效地将群体的注意力集中在扰动上，创造成员交往空间，需要具备三项关键能力[①]。首先，领袖对细微差别的敏感程度。领袖如果能够敏锐察觉到互动中潜在语义的变化，发现群体中可能出现的转变点，就能及时识别扰动。其次，领袖的系统思考方式。具有系统思考能力的领袖不会只专注于个体的陈述或关系，而是能够将群体言语和关系放在宏观环境中考察其对群体的影响。最后，具有足够的修辞技巧。领袖在搭建交流空间，推动扰动放大，从而促进群体复杂性和创造力上非常关键。如果领袖能够在扰动出现后将群体的注意力聚焦，这样扰动就不会在结构惯性或权力斗争中消失。例如，群体领袖运用故事中的隐喻，吸引成员的兴趣，以及各种修辞言语确保与群体目标相关且有可能改革群体结构的重要想法，不会被轻易地驳回。更重要的是，领袖通过为群体的互动提供方向而不是指令，在不控制的情况下给予关注来放大扰动。简而言之，有修辞技巧的领袖能够指明各种可能性，但不把它们强加给群体，推动群体自主选择演化路径。最后，领袖延伸扰动的能力。当领袖或其他群体成员引入扰动后，扰动推动了系统变化，并且其影响也受到群体关注和评估。如果在进一步讨论中使用，与扰动相关的结构特征能够影响一个或多个群体体系，就会导致一个或多个体系的变化。简而言之，群体已经延伸了扰动，扰动已经推动群体进入新的演化路径。

由前面章节可知，吸引子给系统成员的行为划定了界限。其中，点吸引子和周期性吸引子是稳定的，但奇异吸引子则是不稳定的。吸

---

① McClure，B.A.（1998）. Putting a new spin on groups：The science of chaos. Mahwah，NJ：Lawrence Erlbaum.

引子在群体系统的具象化，就如同人格被认为是个人行为的吸引子，组织文化被认为是组织行为的吸引子，隐喻就是群体行为的吸引子。群体的隐喻则指四个群体体系中的结构属性。在延伸扰动的过程中隐喻的使用具有特殊的重要性。隐喻指“将蕴含着成员情感投射的场景的言语和非言语行为用于描述一个相似的情境”。参与群体隐喻即成员们分享与解决问题有关的具体幻想，比如合理的证据，流畅的程序等[①]。因此，隐喻是结构属性的外在载体。借助隐喻，群体成员传达了其对于扰动的解读与判断。运用群体隐喻以共享幻想对于延伸扰动的重要性主要体现在三个方面。首先，隐喻分散了成员言语或非言语行为的潜在风险。对群体系统的扰动是对原有结构的威胁，成员通过使用隐喻在推动变革的同时试图与负面影响保持距离[②]。其次，隐喻能够以双方理解的方式进行表达，该种修辞将信息和意见转移到经验世界中。最后，隐喻的使用常常会提升群体参与扰动延伸的可能性。当群体成员逐渐都将自己的故事加入另一成员的故事中时，扰动被延伸到群体中，从而建立了潜在的级联分叉。从本质上讲，隐喻有助于创造一种鼓励相悖观点的氛围，特别是积极考虑群体中少数人意见的意愿。

总之，群体成员在平衡状态下，很容易产生惰性而不进行创造性活动来适应环境变化。如果需要促使创造性行为的发生则应该推动系统进入远离平衡，到达混沌边缘的复杂状态。在该过程中，群体必须

① Bormann，E. G.（1996）. Symbolic convergence theory and communication in group decision making. In R.Y. Hirokawa & M.S.Poole （Eds.），Communication and group decision making （2nd ed.，pp. 81–111）.Thousand Oaks，CA：Sage.

② McClure，B.A.（1998）. Putting a new spin on groups：The science of chaos. Mahwah，NJ：Lawrence Erlbaum.

受到扰动，引发一系列交流活动，成员需要集中关注和阐述具有潜力的扰动，然后领袖或有影响力的成员善于识别扰动，并运用隐喻放大和延伸扰动，促使群体走入不同于原有结构所规定的路径。当群体沿着分叉后的路径前进时，伴随着更多的扰动，其他的分叉也变得明显，这些级联分叉有助于将群体带到复杂状态。总的来说，群体交流行为应该围绕分叉、级联分叉到复杂的顺序进行，当群体的复杂行为出现时，就为创新提供了土壤，而创新行为在复杂群体中的传播与正负反馈则会带来系统转型。

（4）满意度

满意度概念最初是在人际场景研究中提出的，该概念指当期望得以实现时个体的态度。当运用到群体的场景中时，满意度概念的含义包括以下三个层次：首先，个体的期望来源于传播实践带来的控制感、成就感和归属感等需求，并根据个体需求和群体规则制定了标准；其次，期望满足即标准达到时，成员感到满意；最后，当成员感到满意时，其对群体规则的认知得以强化。总体上，群体场景中的满意度指：面对外界刺激时，传播实践满足群体规则下成员需求的标准时，其内在强化的对待群体规则的态度以及相对应的外在行为。换句话说，满意度指的是群体成员交往时，群体成员需求得到满足时的反应。在群体场景中满意度概念的基础上，群体满意度的含义包括两个维度：首先，群体成员之间承认彼此地位差别时就达到了地位共识，从而提升群体满意度，即群体规则中互动频繁或稀疏的成员，无论地位高低但社会需求可以得到满足，则群体满意度较高；其次，群体成员对群体目标实现情况的认知决定了群体满意度的高低。需要注意的是，在群体规则下导致成员满意度较高的因素较为广泛，而导致成员不满意的原因大多是群体中关于公平或公正的规则不能达到成员的标准。

2. 负面的传播效能

（1）群体思维

所谓群体迷思，指凝聚力高的群体在面对环境压力时为了避免冲突未审慎地进行选择而导致错误决策的群体结果。一般来说，导致群体迷思的因素主要是群体成员在交往中对群体外相关成员的忽略，并拒绝可能引发冲突的传播实践，使得决策依据仅限于群体范围。在群体陷入迷思后，群体成员在认知层面将现有决策看作最优选择且态度坚决，并认为群体达到了意见一致，使得群体在环境中陷入孤立状态。群体迷思发生的前提条件包括两种：第一种前提条件是，群体成员普遍过高估计自己的认知水平和决策能力，并且将保持成员关系和身份认同而非相关信息和关键意见看作决策的重要规则；第二种前提条件是，群体成员由于与群体结构或者群体任务带来的压力导致其进行自我审查，选择与其他成员保持一致。其中，群体结构的压力来自与其他人不一致的高风险，而群体任务的压力来自选择的有限性。其中，第二种情况中的群体结构指的是传播实践基础上的群体关系，例如在独裁性的传播结构下，群体成员将与领袖的关系看得比任务更重要，导致奖励一致性、惩罚一致性的群体规则形成。

（2）群体

所谓群体氛围，指成员从群体交往中所感受到的拒绝和接受，前者代表防御性氛围，而后者代表接纳性氛围。具体来说，防御性群体氛围指由于群体成员倾向于防御性传播实践，使得彼此在交往中往往认识或预期到威胁的群体行为结果。并且，由于成员普遍采用防御性传播实践，使得该成员对其他成员的动机、价值和情感产生错误认知。具体来说，防御性传播实践包括六种类型，分别是评估、控制、策略、中立、优越和确定。与之相反，在接纳性群体氛围中，成员普遍采用接纳性传播实践，更容易减少该成员对其他成员的认知错误，并有助于群体任务的完成和目标的实现。同样，接纳性传播实践包括六类，分别是描述、定位、即兴、同情、平等和假设。在防御性的群体氛围中，成员普遍感到压力，而群体压力的来源较为复杂。群体压力的定义是：影响群体成员独立交往能力以及群体效能的刺激或状态。在群体场景中，压力与群体规模和构成、结构和流动等众多因素相关。其中，与群体传播相关的压力来源于与群体交往关系密切的群体结构，具体来说包括模糊的成员角色、与其他成员的认知和情感冲突两方面。

方法篇

第六章
群体传播的数据采集方法

数据采集是群体传播相关研究数据分析的关键环节，本章以社交平台推特（Twitter）为例说明网络爬虫和基于开放应用程序接口的数据采集方法，设计并实现了一个简单通用的社交平台数据采集系统，并据此对社交平台中的用户偏好进行了建模分析。如何准确、快速地采集与分析目标对象在社交平台中的动态信息数据是该项目研究的关键，本章节主要研究内容包括以下几个方面：

（1）空间数据库系统的选择；由于社交平台推特中的数据采集目标对象及其产生的动态信息数据量较大，因此，需选择一种可存储海量动态信息，同时可支持快速增删改查的空间数据库系统。

（2）空间数据库的表结构设计；基于推特海量用户动态信息，合理的空间数据库表结构设计，决定了空间数据库系统能否高效地存储与快速增删改查。

（3）系统开发平台与开发语言的选择；高效的开发平台可以便于系统架构，可以大大提高开发的效率，便于快速跟进项目的进度；便捷的开发语言能够根据系统应用过程中提出的不同需求快速开发与响应，更系统地维护与升级。

（4）系统界面与功能设计；美观的应用界面，便捷的功能操作设计是系统得到良好应用的关键；本系统是针对社交平台海量动态信息数据的采集与分析，因此数据的快速采集与分析结果的多种展示方式是该系统得到成功应用的关键。

（5）数据处理与结果验证；针对不同的社交平台有各自的数据结构，因此需将从社交平台获取的基础数据根据本系统设计的空间数据库结构进行存储；同时，在系统研发完毕后要多次对采集与分析的数据进行合理性验证，达到项目要求的标准。

（6）关键技术研究：本系统虽系统架构简单，但应用中对社交平台中用户动态信息数据的采集速度和分析结果的多样展示有较高的要求，因此，系统中有多处关键节点要采用最高效的算法和最合理的设计，如海量数据分页存取、网络爬虫设计、数据分析展示等。

第一节　网络群体数据采集技术

本系统通过对多种数据采集与分析系统的深入研究，制定系统研发技术路线如图 6.1 所示。

本节所设计的系统是在开源代码编辑器使用面向对象的脚本语言 Python 进行开发。基于本系统的技术路线实施，可使系统开发简单、功能易于修改，便于系统升级，同时，又能使程序易安装、便于携带。系统以数据库为支撑，将海量空间数据存储到 MySQL 数据库中，实现系统产生的结果和中间数据得到有效存储和实时共享，同时，系统支持 csv 文件导出，便于后期借助社交数据分析工具 NodeXL 对数据实现可视化，使结果数据更直观。系统使用 Sqlite 数据库导入第三方数据集，克服了 MySQL 数据库仅支持 2559 个字段限制，利用 SQL 语句实现数据分析为系统中数据分析功能的一大亮点。下面介绍数据采集的相关重要技术。

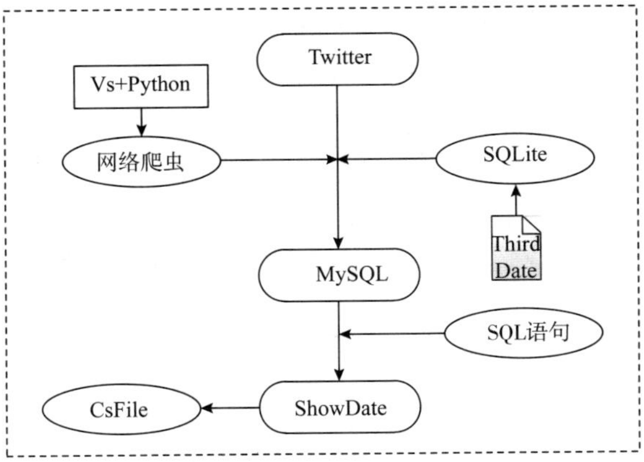

图 6.1　系统研发技术路线图

1. 平台数据采集接口

推特通过 API 的方式开放一些应用接口，以下内容用来介绍推特目前开放的接口，用于开发基于推特服务扩展的工具或应用。

认证

除了部分 API，如公共时间线（public timeline）外，所有的 API 方法都必须要求用户认证，所有的返回都与认证用户相关。例如，尝试获取一个设置为私密的且不是您的好友的用户信息时，将会返回失败状态。推特目前仅支持网络协议 HTTP 验证机制。当使用该验证机制时，使用推特注册的“用户名”作为会话（Session 或 Cookie）的“用户名”部分的内容。

多状态结果传输

推特 API 力求根据用户特定的请求返回对应特定格式的数据，您可以发现提供的 API 中有一个重要的便利之处，通过简单地更改统一资源标识符（URI）中的文件后缀名，可以获得想要的返回结果的格式，本文将说明每个方法中有哪些格式可以用。推特目前支持以下的四种数据返回格式：XML、JSON、RSS、Atom，您可以在每次请求时使用不同的请求方法指定不同的返回结果。

参数

当参数可用时，API 接受可选和必需的参数。注意：当传送复杂字串时，请一定先将字串编码为 UTF-8 格式，并再做一次 URL 编码（Encode）。

HTTP 请求

除非特意指明，推特的开放 API 通过 HTTP GET 方式的调用，需要提交信息或传送私密消息时使用 POST 方法。以下将说明 API 返回的信息格式的组成，一些 API 将返回与用户请求“内容”相关的信息，而有一些将返回与客户端发送的“HTTP 头信息”（以下简称“HTTP 头”）相关的信息。例如，多数支持 Since 参数的方法，同样会对 HTTP 头中的 If-Modified-Since 感兴趣。需要注意的是，当某些行为既可以通过参数又可以通过 HTTP 头进行控制时，优先接收通过参数方式设定的值。当请求返回数据时，返回数据的编码统一为 UTF-8 格式，且会将一些外部符号编码为 HTML 实体（&#number；或 &text）格式。

限制

每一个客户端每小时最多允许 150 次请求。

HTTP 状态码

推特 API 会对每次请求返回合适的 HTTP 状态。例如，当请求一个不存在的用户信息时，API 会返回 404 Not Found；当一次请求没有被认证并授权时，API 会返回 401 Not Authorized 状态。

使用 API 的简便方法

如果系统安装获取数据的命令行工具 curl，该工具可以用于使用推特 API。以下是使用 curl 的示例：

非授权情况下访问 public_timeline curl

http：//api.twitter.com/statuses/public_timeline.xml；

获取朋友的 timeline；使用认证：curl–u email：pass 文字 http：//api.twitter.com/statuses/friends_timeline.xml；

仅获取头部信息：curl –head：email：pass 文字

http：//api.twitter.com/statuses/friends_timeline.json；

用户状态相关方法

（1）statuses/public_timeline：返回未设置私密的用户（必须有自定义的用户头像）的最近 20 条消息，该方法不需要身份认证。

访问地址：http：//api.twitter.com/statuses/public_timeline.format；

支持格式（format）：xml；json；rss；atom；

（2）statuses/friends_timeline：返回最近 24 小时内最新的 20 条认证用户及其好友更新的消息。

访问地址：http：//api.twitter.com/statuses/friends_timeline.format；

支持格式：xml；json；rss；atom；

参数列表：since_id：可选参数（推特信息 ID）。只返回 ID 比 since_id 时间晚的推特信息内容。

示例：

http：//api.twitter.com/statuses/friends_timeline.xml?since_id=12345；

max_id：可选参数（推特信息 ID）。返回 ID 不大于 max_id 的推特信息内容。

示例：

http：//api.twitter.com/statuses/friends_timeline.xml?max_id=54321；

count：可选参数。每次返回的最大记录数，不能超过 200，默认 20。

示例：

http：//api.twitter.com/statuses/friends_timeline.xml?count=5；

page：可选参数。返回结果的页序号。注意：有分页限制。根据用户关注对象发表的数量，通常最多返回 1000 条最新推特分页内容。

（3）statuses/user_timeline

返回认证用户最近 24 小时内最新更新的 20 条消息，同样，通过给定 userIdOrName 参数，可以用来请求其他用户的最近的消息更新。该 API 可以不认证。

访问地址：http：//api.twitter.com/statuses/user_timeline.format；

支持格式：xml；json；rss；atom；

参数列表：

id：可选参数。根据指定用户 UID 或推特昵称来返回推特信息。

示例：

http：//api.twitter.com/statuses/user_timeline/12345.xml；

user_id：可选参数。用户 UID，主要是用来区分用户 UID 跟推特昵称一样产生歧义的时候，特别是在推特昵称为数字导致和用户 UID 发生歧义。

示例：

http ：//api.twitter.com/statuses/user_timeline.xml?user_id=1401881 ；

screen_name ：可选参数（推特昵称），主要是用来区分用户 UID 跟推特昵称一样，产生歧义的时候。

示例：

http ：//api.twitter.com/statuses/user_timeline.xml?screen_name=101010 ；

since_id ：可选参数（推特信息 ID）。只返回 ID 比 since_id 大（比 since_id 时间晚）的推特信息内容；

示例：

http ：//api.twitter.com/statuses/user_timeline.xml?since_id=12345 ；

max_id ：可选参数（推特信息 ID）。返回 ID 不大于 max_id 的推特信息内容。

示例：

http ：//api.twitter.com/statuses/user_timeline.xml?max_id=54321 ；

count ：可选参数。每次返回的最大记录数，最多返回 200 条，默认 20。

示例：

http ：//api.twitter.com/statuses/user_timeline.xml?count=200

page ：可选参数。分页返回。注意：最多返回 200 条分页内容。

示例：

http ：//api.twitter.com/statuses/user_timeline.xml?page=3

（4）statuses/mentions ：显示 20 条最近的对用户的回复消息（消息前缀为 @username）。该 API 只开放给认证用户，请求其他用户的收到的回复消息列表是非法的，无论其他用户设置私密与否。

访问地址：http ：//api.twitter.com/statuses/replies.format ；

支持格式：xml ；json ；rss ；atom ；

参数列表：since_id。可选参数，返回 ID 需要比 since_id 时间晚。

示例：

http ：//api.twitter.com/statuses/mentions.xml?since_id=12345

max_id ：可选参数。返回 ID 不大于 max_id（时间不晚于 max_id）的提到。

示例：

http ：//api.twitter.com/statuses/mentions.xml?max_id=54321

count ：可选参数。每次返回的最大记录数（即页面大小），不大于 200，默认为 20。

示例：

http ：//api.twitter.com/statuses/mentions.xml?count=200

page ：可选参数。返回结果的页序号。注意：有分页限制。

示例：

http ：//api.twitter.com/statuses/mentions.xml?page=3

用户消息相关方法

（1）statuses/show

返回指定 id 的一条消息，返回信息中包含作者信息。

访问地址：http ：//api.twitter.com/statuses/show/id.format ；

支持格式：xml ；json ；

参数列表：id。必须参数（推特信息 ID），指获取已发表的推特 ID，如 ID 不存在返回空。

示例：

http ：//api.twitter.com/statuses/show/142277.xml ；

（2）statuses/update ：更新认证用户的消息，必须包含 content 参数，且必须以 POST 方式请求。成功时按指定格式返回当前的消息。

访问地址：http ：//api.twitter.com/statuses/update.format ；

支持格式：xml ；json ；

参数列表：status。必填参数，要更新的推特信息。必须做 URLEncode，信息内容不超过 140 个汉字，为空返回 400 错误。

in_reply_to_status_id ：可选参数，@ 需要回复的推特信息 ID ；这个参数只有在推特内容以 @username 开头时才有意义。

lat ：可选参数，当前推特所在的地理位置，有效范围 -90.0 到 +90.0 ；+ 表示北纬。只有用户设置中 geo_enabled=true 时候地理位置才有效。

long ：可选参数，经度。有效范围 -180.0 到 +180.0 ；+ 表示东经。

（3）statuses/destroy

根据指定的 id 删除一条消息，认证用户必须是消息的作者。

访问地址：http ：//api.twitter.com/statuses/destroy/id.format ；

支持格式：xml ；json ；

参数列表：id 必须，待删除的消息 id，

例如：http ：//api.twitter.com/statuses/destroy/12345.json ；

用户操作接口

（1）users/show

显示指定用户的扩展信息，需要给定用户的 ID 或显示名称。扩展信息包括用户的页面设置、推特次数等，因此第三方应用的开发者可以根据这些信息为用户提供合适的主题。

访问地址：http ：//api.twitter.com/users/show.format ；

支持格式：xml ；json

参数列表：id. 用户 UID 或推特昵称。

示例：

http ：//api.twitter.com/users/show/12345.json ；

user_id ：指定用户 UID，主要是用来区分用户 UID 跟推特昵称一样，产生歧义的时候，特别是在用户账号为数字导致和用户 UID 发生歧义。

示例：

http ：//api.twitter.com/users/show.xml?user_id=1401881 ；

screen_name ：指定推特昵称，主要是用来区分用户 UID 跟推特昵称一样，产生歧义的情况。

示例：

http ：//api.twitter.com/users/show.xml?screen_name=101010 ；

（2）statuses/friends ：返回认证用户的朋友列表，内含每个用户的当前推特信息。这个方法同样可以用来请求其他用户的朋友列表，通过下面指明的方法传递 id 参数。

访问地址：http ：//api.twitter.com/statuses/friends.format ；

支持格式：xml ；json ；

参数列表：id 为选填参数，为要获取的 UID 或推特昵称；

示例：

http ：//api.twitter.com/statuses/friends/12345.json ；

user_id ：选填参数，指要获取的 UID ；

示例：

http ：//api.twitter.com/statuses/friends.xml?user_id=1401881 ；

screen_name：选填参数，指要获取的推特昵称；

示例：

http：//api.twitter.com/statuses/friends.xml?screen_name=101010；

cursor：选填参数，单页只能包含 100 个关注列表，为了获取更多则 cursor 默认从 -1 开始，通过增加或减少 cursor 来获取更多；如果没有下一页，则 next_cursor 返回 0；

示例：

http：//api.twitter.com/statuses/friends/williamlong.xml?cursor=-1；

count：可选参数，每次返回的最大记录数（即页面大小），不大于 200，默认返回 20。

示例：

http：//api.twitter.com/statuses/friends/bob.xml?&count=200；

（3）statuses/followers

返回认证用户的订阅者，内含每个订阅者的当前消息。与 friends（好友）一样，只需要把 friends 地址中的 friends 替换为 followers（跟随者）即可，其余一切包括参数都不需要改变，都是一样的用法。

访问地址：http：//api.twitter.com/statuses/followers.format；

支持格式：xml；json；

参数列表：id 为选填参数，获取粉丝的 UID 或推特昵称；

示例：

http：//api.twitter.com/statuses/followers/12345.json or http：//api.twitter.com/statuses/followers/bob.xml；

user_id：选填参数，获取的 UID；

示例：

http：//api.twitter.com/statuses/followers.xml?user_id=1401881；

screen_name：选填参数，指获取的推特昵称；

示例：

http：//api.twitter.com/statuses/followers.xml?screen_name=101010；

cursor：选填参数，单页只能包含 100 个粉丝列表，为了获取更多则 cursor 默认从 -1 开始，通过增加或减少 cursor 来获取更多的粉丝，如果没有下一页，则 next_cursor 返回 0。

粉丝列表

示例：

http：//api.twitter.com/statuses/followers/barackobama.xml?cursor=-1；

count：可选参数，每次返回的最大记录数（即页面大小），不大于 200，默认返回 20。

私信操作方法

（1）direct_messages：返回用户的消息列表；

访问地址：http：//api.twitter.com/direct_messages.format；

支持格式：xml；json；rss；atom；

参数列表：since_id，可选参数，返回 ID 比数值 since_id 大（比 since_id 时间晚）的私信。

示例：

http：//api.twitter.com/direct_messages.xml?since_id=12345；

max_id：可选参数，返回 ID 不大于 max_id（时间不晚于 max_id）的私信。

示例：

http：//api.twitter.com/direct_messages.xml?max_id=54321；

count：可选参数，每次返回的最大记录数（即页面大小），不大于200。

示例：

http：//api.twitter.com/direct_messages.xml?count=200；

page：可选参数，返回结果的页序号。注意：有分页限制。

示例：

http：//api.twitter.com/direct_messages.xml?page=3；

（2）direct_messages/sent：返回用户的已发送消息列表；

访问地址：http：//api.twitter.com/direct_messages/sent.format；

支持格式：xml；json；rss；atom；

参数列表：since_id，可选参数。返回ID比数值since_id大（比since_id时间晚）的私信。

示例：http：//api.twitter.com/direct_messages.xml?since_id=12345；

max_id：可选参数，返回ID不大于max_id（时间不晚于max_id）的私信。

示例：

http：//api.twitter.com/direct_messages.xml?max_id=54321；

count：可选参数，每次返回的最大记录数（即页面大小），不大于200。

示例：

http：//api.twitter.com/direct_messages.xml?count=200；

page：可选参数，返回结果的页序号。注意：有分页限制。

（3）direct_messages/new：以认证用户的身份向指定的其他用户发送一条有向消息，必须包含参数user和text，请求必须使用POST方式提交。成功将返回完整的发送消息必须包含参数 user 和 text，必须使用 POST 方式提交。成功将返回完整的发送消息。

访问地址：http ：//api.twitter.com/direct_messages/new.format ；

支持格式：xml ；json ；

参数列表：user，user_id 或者 screen_name ；

text ：必需参数，指发生的消息内容，需要做 URLEncode，文本必须少于 300 个汉字；

（4）direct_messages/destroy ：通过给定的消息 id，删除指定的有向消息，认证用户只能删除其作为接收者收到的消息。使用 POST 和 GET 方法都可以；访问地址：http ：//api.twitter.com/direct_messages/destroy/id.format ；

支持格式：xml ；json ；

参数列表：id，必填参数，指删除的私信主键 ID。

示例：

http ：//api.twitter.com/direct_messages/destroy/12345.json。

好友关系操作方法

（1）friendships/create ：创建认证用户与给定的 id 参数指定的用户之间的好友关系；该操作执行成功时返回被加为好友的用户信息，执行失败则返回失败的状态字串；

访问地址：http ：//api.twitter.com/friendships/create/id.format ；

支持格式：xml ；json ；

参数列表：id，必填参数，指关注的用户 UID 或推特昵称；

示例：

http ：//api.twitter.com/friendships/create/12345.json ；

user_id ：必填参数，指关注的用户 UID，主要是用在区分用户

UID 跟推特昵称一样，产生歧义的时候。

示例：

http：//api.twitter.com/friendships/create.xml?user_id=1401881；

screen_name：必填参数，指关注的推特昵称，主要是用在区分用户 UID 跟推特昵称一样，产生歧义的时候。

示例：

http：//api.twitter.com/friendships/create.xml?screen_name=101010；

（2）friendships/destroy：用来注销同指定 id 的用户的好友关系，当操作成功时，将返回被取消好友关系的用户，当失败时，将会返回失败信息。

访问地址：http：//api.twitter.com/friendships/destroy/id.format；

支持格式：xml；json；

参数列表：

id：必填参数，指取消关注的用户 UID 或推特昵称；

示例：

http：//api.twitter.com/friendships/destroy/12345.json or http：//api.twitter.com/friendships/destroy/bob.xml；

user_id：必填参数，指取消关注的用户 UID，主要是用在区分用户 UID 跟推特昵称一样，产生歧义的时候。

示例：

http：//api.twitter.com/friendships/destroy.xml?user_id=1401881；

screen_name：必填参数，指取消的推特昵称，主要是用在区分用户 UID 跟推特昵称一样，产生歧义的时候。

示例：

http：//api.twitter.com/friendships/destroy.xml?screen_name=101010；

（3）friendships/exists：用来检验两个用户的关系是否是朋友关系或者跟随与被跟随的关系。返回相互跟随的关系结果。例如：A 跟随了 B。B 没有跟随 A。

访问地址：http：//api.twitter.com/friendships/exists.format；

支持格式：xml；json；

参数列表：

user_a：必填参数，指判断的用户 UID；

user_b：必填参数，指判断的被关注人用户 UID；

（4）friendships/show：返回两个用户关系的详细情况；

访问地址：http：//api.twitter.com/friendships/show.format；

支持格式：xml；json；

参数列表：以下参数可不填写，如不填，则取当前用户；

source_id：源用户 UID；

示例：

http：//api.twitter.com/friendships/show.xml?source_id=10502；

source_screen_name；

target_id：指判断的目的用户 UID；

示例：

http：//api.twitter.com/friendships/show.xml?target_id=10503；

target_screen_name：指判断的目的推特昵称

获取用户列表方法

（1）friends/ids：用来获取指定的用户的朋友用户 ID，即自己跟随的人的 ID；

访问地址：http：//api.twitter.com/friends/ids.format；

支持格式：xml ; json ;

参数列表：

id : 选填参数，指获取好友的 UID 或推特昵称；

示例：

http : //api.twitter.com/friends/ids/12345.xml

user_id : 选填参数，指获取的 UID ;

示例：

http : //api.twitter.com/friends/ids.xml?user_id=1401881 ;

screen_name : 选填参数，指获取的推特昵称；

示例：

http : //api.twitter.com/friends/ids.xml?screen_name=101010 ;

cursor : 选填参数，单页只能包含 5000 个 ID，为了获取更多则 cursor 默认从 -1 开始，通过增加或减少 cursor 来获取更多的关注列表；

示例：

http : //api.twitter.com/friends/ids.xml?cursor=-1

count : 可选参数，每次返回的最大记录数（即页面大小），不大于 5000，默认返回 500。

示例：

http : //api.twitter.com/friends/ids.xml?count=200 ;

（2）followers/ids : 用来获取指定的用户被跟随的用户 ID。

访问地址：http : //api.twitter.com/followers/ids.format ;

支持格式：xml ; json ;

参数列表：

id : 选填参数，指获取好友的 UID 或推特昵称；

示例：

http：//api.twitter.com/followers/ids/12345.xml；

user_id：选填参数，指获取的 UID；

示例：

http：//api.twitter.com/followers/ids.xml?user_id=1401881；

screen_name：选填参数，指获取的推特昵称；

示例：

http：//api.twitter.com/followers/ids.xml?screen_name=101010；

cursor：选填参数，单页只能包含 5000 个 id，为了获取更多则 cursor 默认从 -1 开始，通过增加或减少 cursor 来获取更多的关注列表；

示例：

http：//api.twitter.com/followers/ids.xml?cursor=-1；

count：可选参数，每次返回的最大记录数（即页面大小），不大于 5000，默认返回 500；

示例：

http：//api.twitter.com/followers/ids.xml?count=200。

用户账号方法

（1）account/verify_credentials

如果用户身份验证成功则返回 http 状态为 200；如果是不则返回 401 的状态和错误信息。此方法用于判断用户身份是否合法。

访问地址：http：//api.twitter.com/account/verify_credentials.format；

支持格式：xml；json；

（2）account/update_profile：自定义推特页面参数，修改参数更新项。

访问地址：http：//api.twitter.com/account/update_profile.format；

支持格式：xml；json；

参数列表：必须有以下参数中的一个或多个，参数值为字符串。

name：昵称，可选参数，不超过 20 个汉字；

gender：性别，可选参数；

province：可选参数，参考省份城市编码表；

city：可选参数，参考省份城市编码表，1000 为不限；

description：可选参数，不超过 160 个汉字。

收藏相关方法：

（1）favorites：返回授权用户最新的 20 条收藏的状态信息。也可以通过 id 或者用户名来指定一个用户，查询他最新的 20 条收藏的状态信息。

访问地址：http：//api.twitter.com/favorites.format；

支持格式：xml；json；rss；atom；

参数列表：

page：可选参数，返回结果的页序号。注意：有分页限制。

示例：

http：//api.twitter.com/favorites/11075.xml?page=3；

（2）favorites/create：收藏一条状态信息 POST 提交；

访问地址：http：//api.twitter.com/favorites/create.format；

支持格式：xml；json；

参数列表：id 必须，授权用户要收藏的状态信息 id。

（3）favorites/destroy：删除授权用户收藏的一条状态信息；

访问地址：http：//api.twitter.com/favorites/destroy/id.format；

支持格式：xml；json；

参数列表：id 授权用户收藏的状态信息 id。

2. 页面解析技术

XML 页面解析技术

XML（Extensible Markup Language）作为一种跨平台的、强结构性的可扩展标记语言。它是 W3C 认可的一种文档数据格式标准，提供了一种描述结构性数据的格式，可以用于数据的交换和存储。XML 已经被广泛地用于系统集成和企业应用开发，还可以与其他协议相互配合使用，如 XML 可以和 HTTP 协议配合进行数据传输，将要传输的数据以特定的格式写入 XML 中，若要获取其中的数据信息，就需要对 XML 进行解析。目前，XML 文件的解析方法主要包含以下几种：

（1）SAX 解析。SAX（Simple API for XML）解析技术是一种面向文档的流式解析技术。它是将 XML 文件作为数据流的形式进行处理，主要采用“推”的方式进行解析。当采用 SAX 解析器解析 XML 文件时，需要向事件处理器发送请求来激发事件生成事件流，而事件解析器需要调用回调方法对事件给予响应，从而完成对 XML 文件的解析。

（2）XPP 解析。XPP（Xml Pull Parser）解析技术也是一种面向文档的流式解析技术。同 SAX 解析一样，是一种基于事件驱动的解析方式，不过它主要采用“拉”的方式进行解析。不同于 SAX 解析的是，XPP 不使用回调机制，而是根据用户发送的请求返回相应的事件，从而无须跟踪事件在文档中的位置就可以控制解析过程，返回 XML 文件的内容。

（3）DOM 解析。DOM（Document Object 模型）解析技术是一种面向文档的对象式解析技术。它是 W3C 推出的一种与平台和语言无关的官方标准，主要是为了提供一个可以通用于各种程序语言、应用程序和操作系统的编程接口。DOM 通过定义层次化对象模型来表示 XML 文件，它将每个 XML 文件都当作一棵节点树，树中的每个节点都是 XML 文件中的一个部分（元素、文本、属性等）。因此，DOM 解析技术需要先完整地遍历一遍 XML 文件，然后在内存中构建树形结构存储，从而通过遍历树的形式来存取 XML 文件中各个标签的内容来完成对 XML 文件的解析。

JSON 页面解析技术

JSON（JavaScript Object Notation）是一种轻量级的数据交换格式。它是基于 Java Script 的子集，JSON 文件是完全独立于语言和平台，同时又与 C 语言家族的习惯类似。与 XML 相比，JSON 虽然不具备明显的强结构性，没有使用规范的标签来标记有用的数据内容，相对来说较难整理，但是，JSON 体积小巧，结构简单，易于扩展，计算机更易进行分析处理。另外，由于没有说明性标签来标记内容数据，故 JSON 相对于 XML 在查询内容时返回的文件更小，进行数据传输时具有更高的效率。因此，JSON 是一种理想且实用的数据交换语言。JSON 结构有对象和数组两种数据结构：①对象。根据编程语言的不同，对象也可以理解为字典（dictionary）、记录（record）、有键列表（keyed list）等。对象可以用名称 / 值对的形式表示，一个对象可以由一个或者多个“名称 / 值对”构成，包含在“{}”中，数据结构采用键值对的形式 {key : value，key : value，…}。其中，值的类型可以是字符串类型（string），也可以是布尔类型（true、false），还可以是数值类型（int、float、long）等，对象中的名称和值都需要使用双引号括起来。②数组。数组可以看作值的有序列表集合。它可以表示一个或者多个元素，这些元素可以是对象，也可以是值，包含在“{ }”中，数据结构可以表示为 {“java”，“javascript”，“vb”，… }，使用索引的方式进行取值。值的类型也是如上所述的几种基本的数据类型。可以看出，JSON 极易通过计算机来进行分析处理。在对 JSON 文件进行解析时，需要从中解析出某一对象的某一个或者某些元素的值的内容，而正好名称与值之间是一一对应的，为数据解析提供了极大的便利。JSON 文件的解析相对来说比较简单，指对整个 JSON 文件进行遍历，当读取到需要对象的元素值时，就输出该元素的值，直到所有的对象的属性被全部遍历完为止。

3. 网络爬虫技术

网络爬虫是一个自动提取网页的程序，它为搜索引擎从万维网上下载网页，是搜索引擎的重要组成。传统爬虫从一个或若干初始网页的 URL 开始，获得初始网页上的 URL，在抓取网页的过程中，不断从当前页面上抽取新的 URL 放入队列，直到满足系统的一定停止条件。聚焦爬虫的工作流程较为复杂，需要根据一定的网页分析算法过滤与主题无关的链接，保留有用的链接并将其放入等待抓取的 URL 队列。然后，它将根据一定的搜索策略从队列中选择下一步要抓取的网页 URL，并重复上述过程，直到达到系统的某一条件时停止。另外，所有被爬虫抓取的网页将会被系统存储，进行一定的分析、过滤，并建立索引，以便之后查询和检索；对于聚焦爬虫来说，这一过程所得到的分析结果还可能对以后的抓取过程给出反馈和指导。相对于通用网络爬虫，聚焦爬虫还需要解决三个主要问题：对抓取目标的描述或定义；对网页或数据的分析与过滤；对 URL 的搜索策略（见图 6.2）。

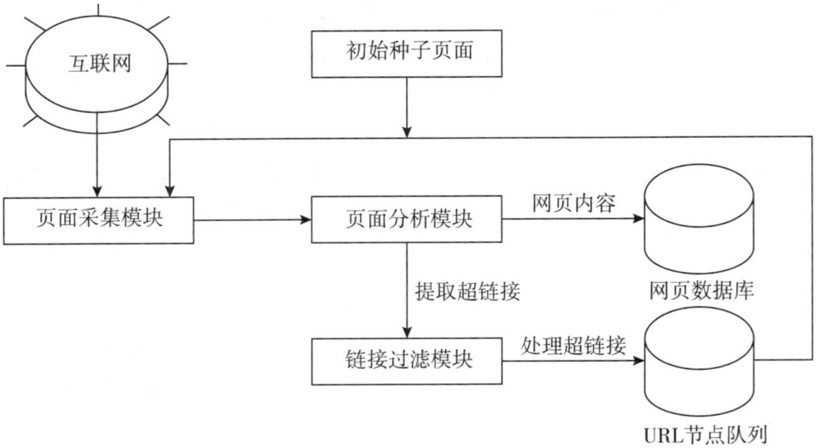

图 6.2　网络爬虫工作原理结构图

截止到 2007 年底，Internet 上网页数量超出 160 亿个。研究表明，接近 30% 的页面是重复的；动态页面的存在：客户端、服务器端脚本语言的应用使得指向相同 Web 信息的 URL 数量呈指数级增长。上述特征使得网络爬虫面临一定的困难，主要体现在 Web 信息的巨大容量使得爬虫在给定时间内只能下载少量网页。Lawrence 和 Giles 的研究表明，没有哪个搜索引擎能够索引超出 16% 的 Internet 上的 Web 页面，即使能够提取全部页面，也没有足够的空间来存储。

为提高爬行效率，爬虫需要在单位时间内尽可能多地获取高质量页面，这是它面临的难题之一。当前有五种表示页面质量高低的方式：页面与爬行主题之间的相似度（Similarity）、页面在 Web 图中的入度大小（Backlink）、指向它的所有页面平均权值之和（PageRank）、页面在 Web 图中的出度大小（Forwardlink）、页面的信息位置（Location）、并行性问题（Parallel）。为了提高爬行速度，网络通常会采取并行爬行的工作方式，随之引入了新的问题：重复性（并行运行的爬虫或爬行线程同时运行时增加了重复页面）、质量问题

（并行运行时，每个爬虫或爬行线程只能获取部分页面，导致页面质量下降）、通信带宽代价（并行运行时，各个爬虫或爬行线程之间需进行一些通信）。并行运行时，网络爬虫通常采用三种方式：独立方式（各个爬虫独立爬行页面，互不通信）、动态分配方式（由一个中央协调器动态协调分配 URL 给各个爬虫）、静态分配方式（URL 事先划分给各个爬虫）。

上述问题主要通过三种手段来解决

（1）限定访问链接。一个爬虫可能仅仅想找到 html 页面的种子而避免其他的文件类型。为了获得 html 的资源，一个爬虫可以首先做一个 http head 的请求，在使用 request 方法获取所有的资源之前，决定这个网络文件的类型。为了避免发送过多的 head 请求，爬虫可以交替地检查 url 并且仅仅对以 html、htm 和反斜杠结尾的文件发送资源请求。这种策略会导致无意中错过很多的 html 资源，一种相似的策略是将网络资源的扩展名同已知是 html 文件类型的一组扩展名（如 .html，. htm，. asp，. php，. aspx，\）进行比较。一些爬虫也会限制对含有不规范符号资源的获取请求，以避免蜘蛛爬站点时陷入循环下载 url 的困境。

（2）路径检索。一些爬虫会尽可能多地尝试下载一个特定站点的资源。科深（Cothey）引入了一种路径检索的爬虫，尝试抓取需要检索资源的所有 URL，发现路径检索对发现独立资源，或者一些通常爬虫检索不到的链接是非常有效的。一些路径检索的爬虫也被称为收割机软件，因为他们通常用于收割或者收集所有的内容，可能是从特定的页面或者主机收集相册的照片。

（3）聚焦抓取。爬虫所抓取页面的重要程度也可以表述成它与给定查询之间相似程度的函数。网络爬虫尝试下载相似页面，可以称为聚焦检索或者主题检索。关于主题检索和聚焦检索的概念，最早是由门泽（Menczer）和莱巴蒂（Chakrabarti）等人首先提出。聚焦检索的主要问题是网页爬虫的使用环境，需要在实际下载页面之前，获得给定页面和查询之间的相似度。迪利真蒂（Diligenti）等建议使用已经抓取页面的内容去推测查询和未访问页的相似度。聚焦查询的表现主要依赖于查询主题内容的丰富程度，通常还会由页面查询引擎提供的查询起点决定。

第二节　网络群体数据采集系统设计

1. 系统需求分析

本系统的目的是实现一个基于社交平台的数据采集系统，以推特平台作为社交平台的代表，持续、高效、稳定地采集推特的热点话题信息。所采集的信息需要包括：推特用户个人信息，热门话题内容，热门话题下的所有推特内容（包括主持人推荐推特和热门推特），推特的所有评论和转发内容。最终将采集到的数据存入 MySQL 数据库中，以对后续的社交平台舆情分析等工作提供良好的数据积累和支持。社交平台数据采集系统主要是为了获取社交平台中海量的数据，为后期的应用研究提供数据支撑。社交平台的新特性有以下几种。

功能性需求分析

社交平台数据采集系统主要是为了采集社交平台的用户信息和博

文信息，从而能够对后期进行信息传播、最大影响力传播等提供数据支撑。社交平台的数据相对来说涉及了用户的隐私，因此，拥有数据的机构、企业等为了避免用户信息泄露，一般情况下不提供用户的数据信息。所以，为了对社交平台进行深入地挖掘研究，社交平台数据采集系统就是为了在广度和深度的保证下尽可能多地获取社交平台的数据，从而能够准确地模拟社交平台的虚拟社会，保证后期研究的准确性。根据后期研究的需求，可以确定本系统要提供的功能如下：①数据采集系统提供了 OAuth 授权认证机制，用户通过 OAuth 授权认证获得访问令牌，随后获得了调用开放接口 API 的权限，同时也保证社交网站使用者的安全性；②用户使用开放的 API 接口获取名人用户数据，同时把名人用户作为种子节点来进行数据多维度的采集；③用户使用种子节点来获取用户关系信息，包括用户的粉丝列表数据和关注列表数据，并以 XML 或 JSON 文件的方式返回数据；④使用用户信息来获取用户发布的博文，并以 XML 或者 JSON 文件的方式返回数据；⑤对返回的 XML 或 JSON 数据进行解析，把解析得到的数据进行存储及预处理，便于后期对数据的分析研究。

非功能性需求分析

（1）简便性。社交平台数据采集系统主要是为后期的研究提供一个数据集，这些数据具有随机性，能够代表虚拟的社交社会。采用开放的 API 接口方式获取数据，返回的数据类型采用 XML 或 JSON 文件的形式，这种返回数据的方式得到的数据比较精确而且不再需要进行二次处理。因此，社交平台数据采集系统在数据处理上具有更好的简便性。

（2）稳定性。从社交平台的海量数据中获取数据时，虽然数据是实时变化的，但进行数据获取的过程要具有稳定性。而传统的网络爬虫方式获取数据时，数据的实时变化可能导致页面元素的变化，这就需要在解析的过程中不断地修改模板，从而造成数据获取的不稳定性，既浪费资源又影响效率。社交网路数据采集系统的稳定性主要体现在开放的 API 接口比较稳定，不会随意变动，在采用开放的 API 接口进行数据获取时稳定性就比较高。

（3）高效性。针对社交平台的各种研究都需要建立在真实数据集的基础之上，同时，研究所需集中数据量的要求巨大，因此，数据采集系统要具有高效性，在一个时间段内获取尽可能多的数据。而高效性一直是采集技术的性能瓶颈，同时也涉及存储技术和数据处理技术。例如：一台机器利用传统的爬虫技术一分钟大约获取 50 个网页的数据。这样的采集效率对于建立真实数据集所需的庞大数据量来说，效率还是比较低的，不利于对社交平台后期的研究。

（4）安全性。随着社交网站的快速发展，用户的隐私问题也是人们关注的重点问题，若网站不能保护用户的基本信息，这对用户来说是很大的安全隐患。由于社交网站用户隐私策略的设置，只有登录授权验证过的用户才能获取用户发布的信息。开放平台是互联网公司为了方便开发者进行二次开发提供给开发者的，开发者申请获得开发者权限之后，创建应用并授权认证，获得访问令牌才能获取数据，同时这些数据都是网站提供给研究者的，故相对来说，用户的隐私也有很好的保障。

2. 系统架构

社交平台模拟现实社会形成虚拟的社会网络，为了后期研究的需要，获取的用户数据要具有随机性，而非采集特殊用户数据。数据采集系统主要获取的数据有：用户信息、用户关系信息（包括用户粉丝和用户关注）、博文信息。本系统主要是通过开放平台提供的 API 接口不断地与服务器进行交往来获取社交平台数据。

总体架构

社交平台数据采集与分析系统总体设计是系统整体规划设计及总体指导框架，是相关子系统及其内部各要素之间有效组合运行的动力机制、建设机制和发展机制的模型化设定，以保证主程序及子系统功能统一规划、相互协调、结构一致、资源共享、标准规范。

总体架构设计有三层重要含义：

（1）整体和全局：总体设计的首要视角是要跳出局部环境的束缚和影响，站在全局互联和全网通用的整体高度和全局视野，分析决定系统功能统一管理的问题。

（2）业务：总体设计的重点是业务，以管理的核心业务流为主线，收集、整理与描述业务需求并按层次呈现，以数据形式保存，同时分析应用系统的业务可行性。从业务出发分析设计信息系统的内外部要素和相互关系，确保工作流程、信息系统、数据以及相应技术之间深度融合。

（3）效益：社交平台数据采集与分析系统的成果为其他系统提供原始数据，后续数据加工程序使数据变得有序、易于使用。

综合以上对社交平台数据采集与分析系统总体设计的要求和分析，结合具体的应用场景及现实需求，设计如下系统总体架构图（见图 6.3）。

数据采集主要通过开放的 API 接口采集用户关系数据和用户发表的博文数据，其中用户关系数据包括用户的粉丝列表和关注列表。在采集用户关系的过程中，把采集到的用户粉丝或关注用户的 openid 经 0 过去重过滤后加入采集队列中进行迭代采集，并且保证数据采集的

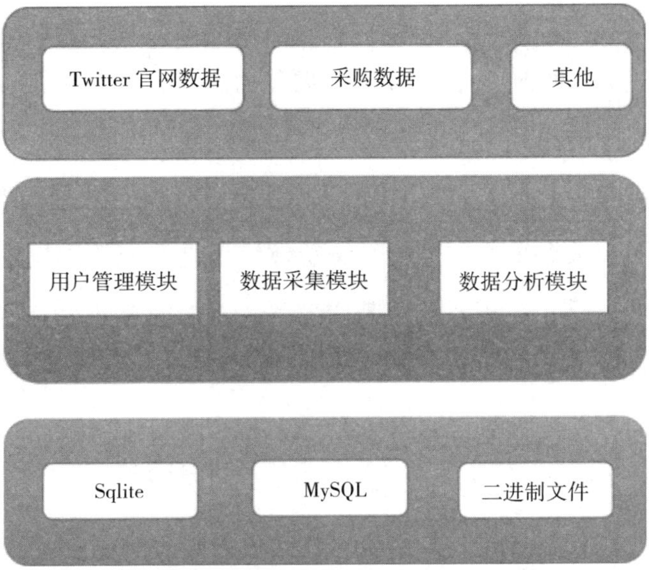

图 6.3　系统总体架构图

完整性；博文内容数据主要是通过读取用户粉丝，或者关注用户的 openid 通过时间线接口进行数据采集，同时对博文数据进行清理。数据库用于存储采集到的用户关系和博文数据。采用 Mongo DB、MySQL 等方式进行存储，便于后期对数据的研究分析。

数据架构

社交平台数据采集与分析系统数据架构，以业务流程分析为基础，描述分析系统应涵盖的信息资源及其规划分类，建立生产运营的概念数据模型和管理规则。数据架构是整个平台的应用与管理的基础，它基于业务功能架构进行设计，通过技术架构进行开发实现。通过科学有效地构建信息资源整合服务支撑层，结合信息资源相关标准，为数据整合与信息汇聚提供基础支撑性服务，进而实现数据信息的聚合，将信息数据资源聚合为各大信息库：两大来源数据抓取，现有数据集加工。采购数据集在 csv 中超过 2559 个字段，使用 MySQL 作为中间数据存储有限制，因而引入了轻量级数据库 Sqlite，解决了这一问题。

数据库设计

数据库设计（Database Design）是指对于一个给定的应用环境，构造最优的数据库模式，建立数据库及其应用系统，使之能够有效地存储数据，满足各种用户的应用需求（信息要求和处理要求）。在数据库领域内，常常把使用数据库的各类系统统称为数据库应用系统。数据库设计的内容包括：需求分析、概念结构设计、逻辑结构设计、物理结构设计、数据库的实施以及数据库的运行和维护。数据库设计是根据用户的需求，在某一具体的数据库管理系统上，设计数据库的结构和建立数据库的过程。数据库系统需要操作系统的支持。数据库设计是建立数据库及其应用系统的技术，指信息系统开发和建设中的核心技术。由于数据库应用系统的复杂性，为了支持相关程序运行，数据库设计就变得异常复杂，因此，最佳设计不可能一蹴而就，而只能是一种“反复探寻，逐步求精”的过程，也就是规划和结构化数据库中的数据对象以及这些数据对象之间关系的过程。

设计原则

（1）独特命名原则：为了减少在数据库设计过程中出现重复命名和规范命名现象。通过应用此原则能够减少数据冗杂，维护数据一致性，保持各关键词之间存在必然相对应联系。独特命名原则能够锻炼工作人员对大小写字母的熟练操作能力，有利于规范化后台代码工作的开展。

（2）双向使用原则：包括事务使用原则和索引功能原则。首先，双向使用原则是在逻辑工作单元模式基础上实现其表现形式的，不仅给非事务性单元操作工作提供基础保障，也保证其能够及时更新、获取数据资源。索引功能原则的有效运用，使其获取更多属性列数据信息，并且对其做到灵活排序。目前，软件市场常见的索引模式有：多行检索聚簇索引和单行检索非聚簇索引。

设计技术

（1）重视数据维护：过大的设计面积与过于复杂的数据是数据库设计中的常见问题，因此，设计师应对数据维护工作加以重视。为提升数据库的设计效率，设计师还应关注数据与实体之间的联系，以分散与之相关的数据信息，促进设计效率的提升。

（2）增加命名规范性：数据库程序与文件的命名非常重要，既要避免名称重复，还要保证数据处于平衡状态。即每个数据的关键词都应处于相对应的关系。对此，设计师在命名时应明了数据库程序与文件之间的关系，灵活运用大小写字母对其进行命名，降低用户查找信息与资源时的复杂度与困难度。

（3）充分考虑数据库优化与效率的问题：考虑到数据库的优化与效率，需针对不同结构的数据表的存储采用适宜的设计方式，如采用粗粒度的方式设计数据量较大的表。为使表查询功能更加简便快捷，可建立有效的索引。在设计中还应使用最少的表和最弱的关系来实现海量数据的存储。

（4）不断调整数据之间的关系：针对数据之间的关系进行不断调整与精简可有效减少设计与数据之间的连接，进而可为数据之间平衡状态的维持以及数据读取效率的提升提供保障。

（5）合理使用索引：数据库索引通常分为有簇索引和非簇索引，这两种索引均可提升数据查找效率。尽管数据索引效率得到提升了，但索引的应用往往又会带来插入、更新等性能减弱的问题。数据库性能衰弱现象往往会在填充较大因子数据时表现较为突出，因此在对索引较大的表执行插入、更新等操作时应尽量填写较小因子，为数据页留存空间。

系统数据库设计

数据主要包含了数据表、用户表、角色表、功能表、操作记录表、登录信息表。

（1）数据表：主要存放从推特抓取的相关数据。

（2）用户表：记录系统用户，主要有 id，用户名、姓名、性别、电话、邮箱、权限等字段，其中权限字段外键为权限表中的相应权限。

（3）角色表：存放权限相关信息，包含 id、权限名称、父权限 id。父权限的 id 设计巧妙地解决了权限继承问题，能够实现理论上权限继承。

（4）功能表：记录系统功能，包含 id、权限 id，用来约束权限内功能操作。

（5）操作记录表：记录功能操作历史，包含了用户 id、功能 id、操作时间，用来回溯和分析用户行为。

（6）登录信息表：包含了 token 值、更新时间、用户 id 字段，用来记录用户的一次登录，返回 token，指各个功能验证权限的唯一凭证。用户登录后，会生成类 GUID 串写入 token、更新时间并返回给用户，另外，在访问系统时更新表内 token 值，以防止其过期（见图 6.4）。

数据库表类库设计

（1）用户表 class user（Base）：

表的名字：__tablename__ = 'user'

表的结构：id = Column（Integer；primary_key=True）

name = Column（String（20））

username = Column（String（20））

pass 文字 = Column（String（20））# 明码存储

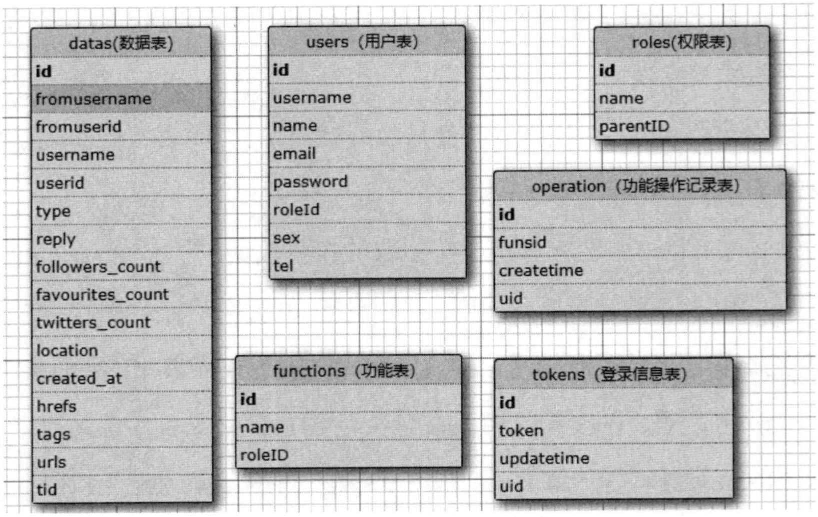

图 6.4　系统数据库数据表

（2）登录验证表 class login（Base）：

__tablename__ = ‘login’

id = Column（Integer；primary_key=True）

uid = Column（Integer；ForeignKey（‘user.id’））

token = Column（String（50））

updateTime = Column（ DateTime（ timezone=True ）；

nullable=False；default=datetime.datetime.now（））# 更新时间

（3）模型使用记录表 class 模型 Use（ Base ）：

__tablename__ = ‘模型 Use’

id = Column（Integer；primary_key=True）

type = Column（ Integer ）# 0 训练 1 使用

uid = Column（Integer；ForeignKey（‘user.id’））

updateTime = Column（ TIMESTAMP（True）；

nullable=False；default=datetime.datetime.now（））

3. 功能设计

采集系统

社交平台数据采集过程需要在网络环境下运行，因为需求的数据量比较大，故程序运行的时间也较长，则在采集过程中网络状况及资源服务器负载等原因都会导致程序的终止。如果程序因为某种原因意外终止时，没有及时记载采集的进度，那么采集过的数据就需要重新进行判断处理，导致系统的效率非常低。因此，如图 6.5 所示，通过消息队列对程序进行控制，将要处理的数据加入队列，处理过的数据

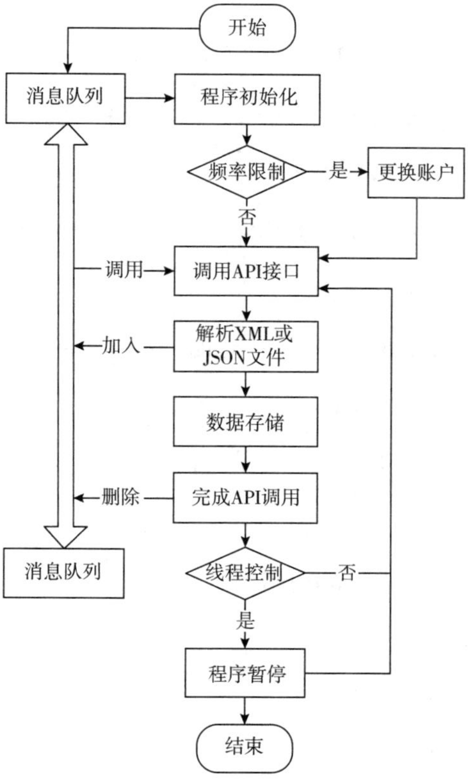

图 6.5　系统数据采集流程

就将其从队列中删除。通过线程控制接口调用次数，采用程序时延法，每隔一段时间，程序将休眠几分钟直到满足 API 接口请求调用的频率限制。社交平台数据采集过程需要在网络环境下运行，因为需求的数据量比较大，故程序运行的时间也较长，则在采集过程中网络状况及资源服务器负载等原因都会导致程序的终止。

（1）登录系统，用户名和密码正确进入系统，否则退出程序。用户登录后，会生成类 GUID 串写入 token、更新时间并返回给用户，另外，在访问系统时更新表内 token 值，以防止其过期。核心程序如下：

```
def authenticate（ ）:
try ：
username = request.headers.get（“username”）
pass 文字 = request.headers.get（“pass 文字”）
#
usrs = session.query（user）.filter（user.username==username）.all（ ）
if len（ usrs ）== 0 :
return utility.makeResult（1 ; ” user is not exsit”）
if usrs[0].pass 文字 != pass 文字:
return utility.makeResult（1 ; ” pass 文字 is incorrect”）
lg = login（ ）
lg.token = utility.newToken（ ）
lg.uid = usrs[0].id
session.add（ lg ）
session.commit（ ）
return ‘{ “status” : 0 ; ” description” : ” success”,” token” : ”’ +
```

```
lg.token + '" }' #
    except Exception as e :
    print ( e ) # 日志
    return utility.makeResult ( 1 ; " unexpected error" )
```

（2）验证用户是否有开启采集功能权限，有权限则继续，否则提示没有权限。

（3）开启采集，爬虫启动，采集指定类型数据。

（4）将采集的信息分类写入空间数据，并记录相关日志。

（5）程序随时等待退出指令，收到指令后退出，程序运行时，支持随时查看运行状态和进度（见图 6.6）。

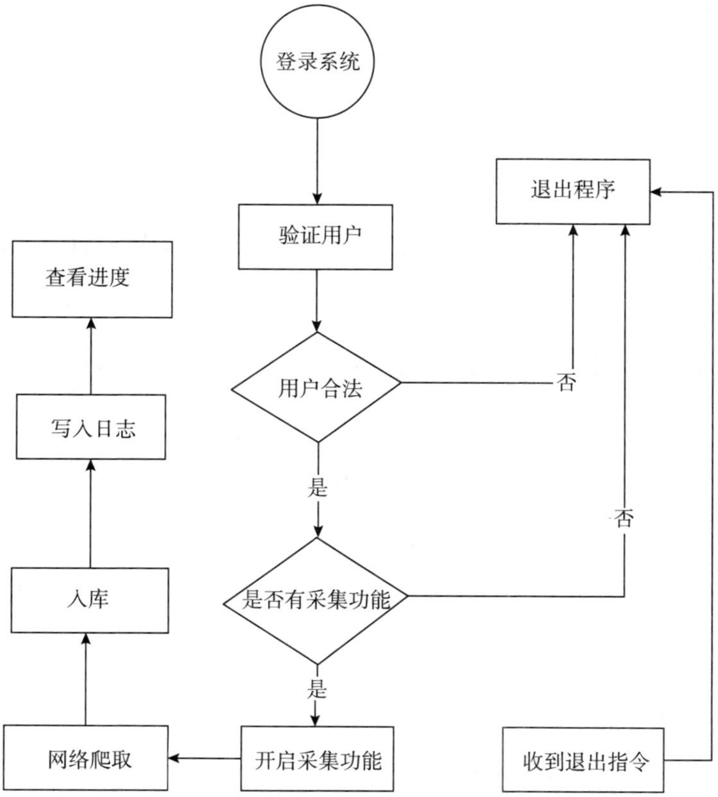

图 6.6　采集系统运行逻辑

分析系统

（1）整理出每条推特及其原始推特的用户名。

如果是转发（RT@），则需要转发推特用户名（可从属性 object 推特 link 中获得）以及转发后推特用户名（可从属性 id 中获得）；

如果是回复（@），则需要转发并回复推特用户名（可从属性 inreplyro link 中获得）以及回复后推特用户名（可从属性 id 中获得）；

如果是原始推特，则需要推特用户名（可从属性 id 中获得）；

（2）整理出每条推特及其原始推特的用户名。

如果是转发（RT@），则需要转发推特用户名（可从属性 object 推特 link 中获得）以及转发后推特用户名（可从属性 username 中获得）；

如果是回复（@），则需要转发并回复推特用户名（可从属性 inreplyro link 中获得）以及回复后推特用户名（可从属性 username 中获得）；

如果在文中提及（@），则需要转发并回复推特用户名（可从属性 inreplyrto link 中获得）以及回复后推特用户名（可从属性 username 中获得）；

如果是原始推特，则只需要推特用户名（可从属性 username 中获得）。

将所有推特按照原发推特及其相关推特（包括转发和回复）分类，并根据原帖的发布时间和用户名排序。

是否是从程序中断回复的，如果是跳转到第（4）步，否则，继续进行；

数据清洗，得到有效数据；

将 csv 文件载入 Sqlite 数据库；

进行数据分析，根据逻辑，得到关联信息，写入数据库；

生成 csv 文件。

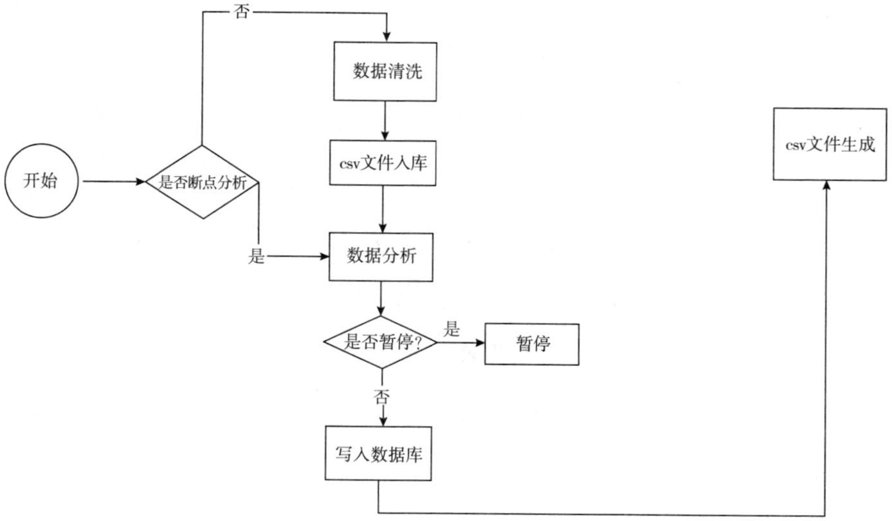

图 6.7　分析系统运行逻辑

4. 功能实现

数据预处理

社交平台中的数据具有复杂性、多样性，通过开放的 API 接口采集的数据格式虽然比较工整，但是不可避免地存在一些垃圾信息，例如僵尸用户信息等。同时，为了后期对采集的数据进行分析研究，采用数据修剪的方式对数据进行预处理，根据不同的研究需要选取不同字段的数据。具体的处理过程为：按行读取文本文件内容，把每行数据当作字符串形式，使用 readLine（ ）读取每行数据，当数据不为空，使用 stringObj.split（[separator，[limit]]）方法将字符串分割成子字符串形式，并把所需字段以字符串数组的形式进行存储，同时每个字段的数据不为空。例如：在采集用户粉丝列表数据时，采集的字段有：用户 openid、用户粉丝 openid、用户粉丝名、用户粉丝的昵称、是否认证用户、用户粉丝的粉丝数目、用户粉丝的关注数目、用户粉丝的标签。为了统计分析用户粉丝情况和关注情况，通过数据预处理，可以仅选取用户粉丝 openid、用户粉丝的粉丝数目和用户粉丝的关注数目三个字段的数据。为了构建用户之间的关系网，分别对采集的用户粉丝列表和关注列表数据预处理，粉丝用户选取用户 openid 和用户粉丝 openid 两个字段，关注用户选取用户 openid 和用户关注 openid 两个字段，从而构建用户关系拓扑网络图。

用户管理模块

用户管理模块提供对用户信息的管理，包括用户注册、用户登录、用户权限管理、用户信息修改以及用户等级修改。

（1）用户注册：根据用户表设计相应的注册页面。注册页面包括用户名、密码、邮箱、部门、电话等信息。当用户进行注册时，填写这些信息，用户名不能与已注册的用户名相同，填写完成后，提交注册请求，后台相应的 Action 会响应该动作，首先获取页面发来的参数，然后将这些参数通过 Session 对象写入数据库，最后向用户提示注册成功与否。

（2）用户登录：用户注册之后，就可以通过账户和密码登录至平台。当用户提交登陆请求，后台相应的 Action 会响应该动作，首先获取页面发来的用户名和密码，然后通过 Query 对象查询该用户是否存在且密码正确，最后根据结果给用户发送跳转页面。如果用户存在且密码正确，则可进入平台主页面；否则，提示登录错误信息。

（3）用户权限管理：将用户分为普通用户和管理员，他们具有不同的权限。此平台首次使用时，会内置一个超级管理员，有修改用户等级的权限。定义一个权限拦截器，它的功能是检验用户类型，对每一个需要管理权限的操作进行拦截，同时检验用户类型，判断该用户类型是否可执行该操作，即可达到权限管理的作用。如果某操作在当前用户等级对应的操作范围内，则可正常访问，否则跳转到提示页面，提示用户权限不足。

（4）用户信息修改：用户管理模块提供用户修改自己信息的功能。当进入信息修改界面，首先会获取 Session 中的当前用户信息，供用户在当前信息基础上进行信息修改。当用户填写完修改信息，并发送修改请求后，后台将响应用户的请求，首先得到所有用户修改参数，然后将修改的信息设置到该对象中，最后更新数据库，将更新结果发送给用户。

数据采集模块

用户关系数据的采集主要是为了收集用户粉丝列表数据和用户关注列表数据。而采用 API 接口获取数据，实际上采用了 HTTP 轮询协议（POLLING）的方式，通过编程实现 GET 请求方法来获取用户信息。

（1）根据关键词：illegal mining Ghana、galamsey 等自定义词汇进行最近数据搜索和实时采集。

（2）分析帖子信息，包括发帖人昵称、姓名、发帖时间、发帖地点。

（3）分析发帖人的粉丝数、关注数。

（4）形成 csv 文件。

Twitter 官方提供了第三方接口，可以采集前 15 天数据，以后就可以实时采集信息，系统使用了第三方库 Twitter Search 根据关键字实时采集 Twitter 数据，并入库。功能模块支持后台服务模式运行，防止程序误退出。另外，程序提供了日志写入功能，随时可以查看运行进度和异常日志。

数据分析模块

本模块的任务是分析已购数据集特征，利用 xlrw、pandas 等 Python 库写入 MySQL 数据库并输出 csv 文件。程序的难点在于数据集非常庞大，每条数据之间可能存在着关联，因而需要对数据库进行频繁的查询操作。因此，需要建立内存索引，以加快程序运行速度。另外需要记录操作过程，防止主机意外关闭或程序异常退出。

第七章
群体传播话语分析

第一节　群体传播中的话语

1. 话语及其认知功能

所谓“话语”是译自英文的“discourse”和法语的“discours”的舶来词。根据韦氏词典，英语词汇“discourse”出现于14世纪，而中文中的“话语”出现才不到一百年。实际上，“话语”一词在产生后的很长时间内并未受到重视，直到维特根斯坦（Wittgenstein）将注意力集中到话语的作用上找到了各种陈述的方法，从而提出语言的游戏就是话语的游戏。维特根斯坦之后的利科（Ricoeur）进一步提出，“话语”优于“语言”或“语言系统”，因为话语为语言的存在提供了基础，只有分享的、每时每刻都有所不同的话语行为才使信码得以实现[①]。也就是说，话语将语言体现的符号维度以及语言没有体现的实践维度结合了起来。利科的“话语”观与福柯的话语理论可谓

① Ricoeur P（1976）. Interpretation theory：Discourse and the surplus of meaning. TCU press.

异曲同工，福柯也曾明确指出“话语虽由符号组成，但话语的功能比用这些符号去指物更广泛”。正是福柯的推动，“话语”才成为流行语，风靡于几乎所有的人文社会科学领域。当今，各个领域的研究者从各自的角度赋予了“话语”以丰富的含义。有的研究者将话语定义为“句子组合的使用”①；也有研究者将话语看作“过程的语言”②；甚至还有研究者认为话语“不仅是一种讲话、阅读和写作的方式，同时也是行为、交往、思维方式和价值理念”。

基于“话语”的概念，哈里斯（Harris）于1952年首创“话语分析”一词时，采用的是一种“分布分析”的方法，即按照一定的标准把话语的内容切分成若干个基本成分后，只分析其形式而不管其意义。然而，这种话语分析方法未得到广泛应用，哈里斯随后与美国当代著名语言学家乔姆斯基一起研究转换生成语法理论，后者于1957年出版了著名的《句法结构》。乔姆斯基的转换生成语法把社会性的“话语”和个人化的“言语”区分开来，并认为后者是禁不起研究的。他的理论对用现代认知心理学的观点来研究语言，包括研究支配语言使用的原则、创造和理解句子的原则，起了积极的推动作用。

20世纪60年代末，美国数学家蒙太格（Montague）首次采用现代逻辑的方法研究英语语义（Semantics），并提出一套语义理论模式，即蒙太格语法（Montague Grammar，简称MG）。1969年，柯林斯（Collins）和奎连（Quillian）首次构造出“语义网络”的层级模型。层级网络模型的基本成分是概念节点，而与每个概念共同储存的还有概念的属性。概念和属性直接连接，并根据类属关系组成一个层级语义

① Widdowson H G（1980）. Models and fictions[J]. Applied Linguistics，1.

② Brown G，Yule G（1983）. Discourse analysis[M]. Cambridge University Press.

网络。网络的上级概念包含下级概念，上下级概念节点之间用带箭头的线连接。在这个模型中，个体如果激活一个概念，需要沿着连线的方向去寻找该概念的属性特征，距离近的耗费时间短，远的耗费时间较长。两个概念的距离越远，被激活的可能性就越小，并会耗费更多的时间。

20 世纪 70 年代是话语分析获得重大突破的时代。1975 年，柯林斯（Collins）和洛夫塔斯（Loftus）提出激活扩散模型，解决了层级模型难以描述语义隶属关系模糊的问题。激活扩散模型是在层级网络模型的基础上发展的，但两者存在三个重要区别：①概念与属性的地位差异。在激活扩散模型中，概念和属性具有同等的地位，概念和属性都是语义记忆结构的基本成分。语义层次网络模型的主要成分是概念，属性只是简单地附属于概念的节点。②概念与属性的联系差异。在激活扩散模型中，属性和概念之间的联系并非基于逻辑的、语义的关系，而只是基于个人的生活经验。③概念间语义距离的差异。在层级网络模型中，概念之间的距离由层级表示。但是在激活扩散模型中，概念的距离由之间连线的数量表示。20 世纪 80 年代以后，话语分析被修辞学、文学、人类学、语言学、哲学、社会学等各个领域的研究者广泛采用。在自然科学领域，话语分析中注重分析人们理解话语过程的记忆模式很快就被吸收到计算机语言学中以抽象话语加工模式，极大地推动了语义网络的计算机语言建模研究。

如前文所述，修辞学家和社会理论学家们早已认识到话语的功能不仅在于表达思想，还能维持甚至改变发言者和他们的听众之间的社会和谐水平。话语的认知功能超越其表象的交流功能与蕴藏其后的文化功能，深入人的认知过程与意义创建过程，即将词语与类别、图式、心理过程等知识的认知陈述联系起来，可以从更深层次揭示词汇对认知改变、组织逻辑的影响。理论学家将认知过程所创建的意义称为话语的符号。由于“符号”这个词的含义较为模糊，日常生活中“词汇”经常用于替代“符号”以表示“意义”。然而，两者存在较大差异。常见词汇是平常听到或看到的表达性的语言、交谈、句子、文章中的结构基石。与之相比，“符号”构建着社会认知性的基础结构，例如自然历史、经验、信仰、利益等范畴的知识。因此，“符号”通常被称为社会生活的“软组织”，起着联结社会的作用。从卡希尔（Cassirer）开始，语言学家们就认识到象征性语言的特殊性质与其普通含义有关。葛瑞博（Graber）认为，文章中词汇的“符号”作用使得相互之间通过紧密联系形成具有丰富含义的语义网络。其中，具有象征作用的词汇被称作“表意符号”，它的使用使文中的阐述与读者形成了共鸣。麦克基（McGee），进一步补充“表意符号”与特定语境的关联性[①]。在描述语言的认知功能时，社会学家凯利（Carley）提出了语义网络[②]的构建方法：首先，将文章中具有重要联结功能的“符号”称为关键概念。其次，镶嵌于特定语境中的关键概念相互联结所形成的网络即为更大规模的信息提供了语义表述。

（1）密度

关键概念获取意义和实现表述是通过与一定数量的概念联结而实

① McGee M C（1980）. The “ideograph”：A link between rhetoric and ideology[J]. Quarterly journal of speech，66（1）.

② Carley K M，Kaufer D S（1993）. Semantic connectivity：An approach for analyzing symbols in semantic networks[J]. Communication Theory，3（3）.

现的。因此，关键概念的密度为与之直接相连的概念数量。核心概念的密度越大，其含义就越广泛。密度的概念可以用交通路线作为类比进行解释。大都市，例如波士顿和纽约，有许多条道路直接进出。其他城市，例如科罗拉多，只有一条或两条道路与之相连。关键概念就如同大都市一样因其连接数而具有一定的重要性。

值得注意的是，方向并不是一个影响关键概念密度的因素。例如，交通路线图上的城际公路都是单向的。假设城市 A 有 10 条直接的路线通向其他城市，还有 11 条路线从其他城市通向该城市。城市 B 只有 1 条路线通向另一个城市，有 20 条路线通向该城市。城市 A 和 B 有相同的城际道路密度（21 条），但是两个城市的交通模式却是截然不同的，因为进入和离开城市 A 几乎同样容易，而城市 B 却如同像罗马一样，容易进入却很难离开。

（2）传导度

在语义网络中影响关键概念含义的第二种因素是连通路径的数量，即传导度。连通路径是既有进入又有出发的双向连接。连通路径的数量随着“进入连接”和“出发连接”数量的增加而增加。在语义网络中，具有高传导性的关键概念通过增加网络中介点而增加路径的方式，是无法采用密度进行衡量的。关键概念的传导率是将直接导向它的概念数量和它直接导出的概念数量相乘得到的。关键概念的传导率与其携带的信息数量有关，就如同电流通过电线一样。如果关键概念是一个纯发出点（有导出连接无导入连接）或纯接收点（有导入连接无导出连接），那么该概念的传导率为零。因此，在网络中，关键概念获取密度和传导性的速度存在着巨大差异。前者是基于连接相加而后者则是出入连接相乘。

（3）共识度

第三种影响关键概念在语义网络中含义的因素是获得多数人认可的进入或出发的概念联结或组合。认同关键概念相关联结的人数越多或者该联结出现的频率越高，对该概念组合的社会共识度就越高。继续先前的比喻，关键概念的共识度就如同城市间道路的宽度。也就是说，比起那些仅仅拥有土路的城市，拥有众多进入和离开它们的多车道高速公路的城市更重要。如果用道路进行类比，共识的程度等同于测量达到或超过一定阈值的多道路高速公路连接的城市的数量。

2. 群体话语及其互动性

群体交流是一种社会活动，其话语在互动中构建和维持，并且受到群体规范的指导。群体交流是一个集体的、互动的传播过程，成员在话语中共同探索他们个人和集体的假设和倾向，使群体从单循环学习转变为双循环甚至三循环学习。单循环学习指成员学习现有规范，以及偏离既定规范时的行为纠正。例如，假设群体已经明确或隐晦地建立行为规范，当成员发表了与你不同的意见时，其他成员可以直接表达自己观点并驳斥他人观点。这时，群体成员就会监控群体交流，如果成员对突出的问题发表反对意见，群体成员会就其意见进行争论。双循环学习则包括质疑规范是否有效，并提出替代方案。例如，群体成员可以对规范的效用提出质疑，并探索能更有效地指导群体交流的其他准则。三循环学习则包括研究什么因素影响了群体，从而将情境转化为特定的规范适用场景。在这个案例中，需要知道是什么导致了群体成员将反对对立观点的争论视为一种恰当的、首选的话语方式。因此，从单循环到双循环再到三循环学习，对话为个人和群体创造了一个探索和质疑潜在假设、价值观和规范的空间，这些假设、价值观和规范引导他们以特定的方式观察情况和执行特定的行动。

群体话语侧重于整体地看待事物并为学习经验创造空间，它主要包括四个方面：从各部分中看整体；查看各部分之间的联系；通过问询和分享进行了解和学习；在群体中创造共同的意义。具有上述特征的群体话语常常表现出特定的模式。首先，群体话语将成员从“非此即彼”的世界观转变为“两者皆有”。因为成员认识到，不同点和相似点之间的紧张关系为群体向前发展的提供了空间。其次，群体话语的核心是要“中止”人们的假设[①]。这里“中止”有双重含义：第一种含义是群体成员将其假设进行分享和讨论，即中止假设意味着要让所有成员了解这些假设。第二种含义是群体成员要暂停其根深蒂固的管观念，即中止假设要求成员去思考新的观点和想法，并有可能放弃自己以往的想法。第三种含义是群体话语涉及平衡的倡导和探究[②]，它将宣导作为分享个人观点的一种方式，以促进群体成员之间的学习，其目的不是强迫群体成员接受某种观点或说服他人相信这种观点的优越性，而是发表自己的观点以便建立共识。因此，在群体话语中，为了促进高质量的学习，也会进行宣传和探究，即“我陈述

① Isaacs, W, N.（1999）. Dialogue and the art of thinking together. New York：Currency.

② Ellinor, L., & Gerard, G.（1998）. Dialogue：Rediscover the transforming power of conversation. New York：John Wiley.

我的观点，我询问你的意见，我请你陈述你的观点，我再询问你的意见”[①]。

第二节　群体传播的语义网络分析

前面一节探讨了话语的语义及其认知功能，并说明了群体话语的互动特征及其呈现的模式，这些研究为后续的语义网络分析提供了方向。本节将介绍群体传播的话语分词及其分析方法。

1. 文本分词

目前国内外普遍使用的是基于本体的语义信息处理方法。所谓本体（Ontology），在哲学领域中用来系统描述世界上的客观存在物，后来引入语义网络的计算机建模中。1993 年，格鲁伯（Gruber）采用概念化的形式把本体定义为 <D，R> 结构，解释成“共享概念化的明确的形式化规范”，其中 D 是领域，R 是 D 中概念及其属性相关的关系集合。领域是对象的集合，而概念是对特定领域中的实例类别进行抽象描述，将类别之间的约束给出明确的定义。在建立基于本体逻辑关系的语义网络之前，语义信息处理的基础部分为文本分词，即将文本切分为以词为单位的序列。

---

① BMR Associates.（1997）. Guidelines for productive conversation. Dallas，TX：Author.

一般来说，词是单位最小并具有独立意义的语言成分。在文本分析的过程中，如果没有分词环节，就难以在词汇基础上对文本进行句法以及语义分析。英文文本中的单词之间存在空格，因此词汇之间存在固定的分隔符。文本分词时只需把单词的形态变化还原为原型即可。而中文与英文不同，虽然中文里的词汇基本上没有形态变化，但是程序难以识别词汇间的边界，因此需要特殊的面向中文的文本分词方法来处理。中文分词，就是在没有固定分隔标志的中文文本中建立词汇之间的边界，将中文文本转换为符合语言实际情况的词汇序列。目前，中文分词算法通常可以分为三种类型：基于字符串匹配的分词方法、基于统计的分词方法以及基于理解的分词方法。

（1）基于字符串匹配的分词方法将待切分的中文字段与分词字典中的词汇进行字符匹配，如果能够匹配成功，则将该词汇切分出来。故而，这种分词方法也常被称为基于字典的分词方法。基于字符串匹配的分词方法有三个要素：分词词典、扫描顺序以及匹配原则。其中，扫描顺序包括正向（自左至右）、逆向（自右至左）、双向三种方式；匹配原则包括最大（长）匹配、最小（短）匹配、最优匹配等。目前，此类算法中占主流地位的是正向最大匹配法、逆向最大匹配法以及最少切分法。

（2）基于统计的分词方法认为，词汇是字与字之间的一个稳定组合，如果相邻的字一起出现的频率越高，则它们组合成一个词的概率就越大。在基于统计的分词方法中，通常对这种相邻字的组合同时出现的频次进行统计，继而评估它们之间的紧密程度，如果达到预设的标准，则认为它们组成了一个词汇。由于基于统计的分词方法只需要统计相邻字组合的出现频度，不需要依赖分词词典，故而它又常被称作无字典分词方法。基于统计的分词方法常用的统计模型包括隐马尔科夫模型、最大熵模型以及 N 元文法模型等。

（3）基于理解的分词方法在对中文字段进行分词的过程中，同时还进行句法和语义分析，通过获取待切分字段中的句法、语义信息来解决歧义切分问题。这种方法让计算机模拟人类对中文字段的理解，故而也被称为基于人工智能的分词方法。基于理解的分词方法依赖于大量的语言知识，由于中文的特殊性，目前很难将汉语中的语言信息转换成计算机能够直接利用的形式。基于理解的分词方法主要有专家系统分词法以及神经网络分词法等。

目前主流的分词方法是中科院研制的基于隐性马尔科夫模型的 NLPIR 分词系统。通过 NLPIR 中文分词系统的分词处理后，文档会被离散成具有特定意思的独立词语，词语和词语之间用空格隔开，并且每个词语后面还有每个词语的相关词性标注，这是很多相似度算法进行的前提条件。

2. 语义网络分析

“词语像人类一样聚群”有两层含义：一是在语言运用的横向序列中，一些词总是与其他词共同使用，具有很高的共现频率；另外就是在纵向聚合关系中，一些特定的词语群总是被触发，表达相同或相似的主题。根据这一特征，可以计算某一文本或某一类文本的词语分布。采用传统人工话语分析方法研究群体话语常常受到文本数量、主观分析等因素的限制，因此基于语料库的语义网络分析方法被应用于该类研究。该方法要求对语料库中大规模语料数据展开涵盖“点—线—面”全过程的话语分析[①]，进行卡方主题词分析、log-log 搭配强度、聚类等语义网络分析。首先，以英国国家语料库（BNC）作为参照语料库，检索群体话语的主题词，描述其相对于参照语料库的显著程度，以此群体话语的核心诉求；其次，考察特定主要节点词的搭配词集合，通过描述具有较强搭配显著性的词语判断话语语境；最后，将目标语料库进行聚类从而获得主题词及其搭配词的聚合关系，从而分析群体话语的侧重面。

具体来说，群体话语的主题分析采用卡方检验，通过与参照语料库的词语分布进行对比，把文本中那些显著高频的词语提取出来，生成主题词表。依照该种方法提取的主题词不同于文本统计的高频词，其获取建立在与参照语料库对比的基础上，因此可以表现大规模文本的主旨话题。在“线”分析中，搭配强度是衡量主题词与其搭配词关系的重要参数，所谓搭配强度指的是相邻词同时出现强于分别出现的程度。目前文本处理领域主要算法包括：互信息、Z 值、T 值、log-log 值以及对数拟然比等用于检验方法。其中，互信息度、Z 值容易选择低频词、T 值和对数拟然比倾向于选择高频词，与之相比更容易选择实义词的 log-log 算法更适合于进行文本主题的搭配词强度计算。在话语实践中，话语含义依托于词与词的搭配上，通过相邻词的组合，完成意义的生产与分享，而不同搭配强度的相邻词不仅代表着目标语料库的话语特征，又折射传播主体对议题的某种态度，并与话语生产者的意识形态相关。因此，考察目标语料库中围绕特定词语的相邻词及其搭配强度，有助于厘清群体成员的话语策略。在“面”分析中，话语聚类是呈现主题词及其搭配词与其他主题词及其搭配词的关联紧密

---

① 梁茂成，李文中，许家金：《语料库应用教程》，外语教学与研究出版社2010年版，第216页。

程度。简单来说，聚类的目的在于找到相互之间联系紧密的多组主题词和搭配。通过话语聚类，文本分析可以全面展示目标语料库话语主题及其之间的关系。

第三节　群体传播的话语主题模型

话语主题模型是对群体传播内容进行分析的另一个主要方法。在该类模型中，LDA 模型（Latent Dirichlet Allocation）是较为常用的浅层语义分析模型，该模型属于无监督机器学习技术，可以用来识别大规模文档集或语料库中的潜在主题信息。该种方法的提出是基于一种文本规律，即相似主题的文章包含的关键词也类似，因此假设每个词都有其潜在类属的主题。下面对这个模型的主要逻辑进行介绍：首先是文档—主题—词汇层次的话语主题概率模型原理，包括二项分布与贝塔分布，泊松分布与伽马分布，以及共轭分布；其次是学习模型参数的马尔可夫链与吉布斯采样；最后是文档集或语料库处理过程。

1. 话语主题概率模型原理

（1）二项分布与贝塔分布

在各种概率分布中，均匀分布的作用十分突出，几乎所有重要的概率分布都可以从均匀分布 $Uniform(0,1)$ 中生成。所谓均匀分布 $Uniform(0,1)$ ，指在相同长度间隔的分布概率是均等可能的概率分布。其概率密度函随机变量为：

$$f(x)=1,0<x<1$$
$$f(x)=0,else$$

该密度函随机变量意味着随机变量 x 在区间发生的可能性均等。在该特殊的均匀分布的基础上，可以构造二项分布。

贝塔分布构造：

假设：$X_1,X_2,\cdots,X_n \overset{\text{iid}}{\sim} Uniform(0,1)$；把这 n 个随机变量排序后得到顺序统计量 $x_1,x_2\cdots,x_n$；问 X_k 的分布是什么？

通过以上构造，可以得到符合二项分布的随机变量 X_n。所谓二项分布，即重复 n 次独立的伯努利试验。在每次试验中只有两种可能的结果（成功 / 失败），每次成功的概率为 p，而且两种结果发生与否互相对立，并且相互独立，与其他各次试验结果无关，事件发生与否的概率在每一次独立试验中都保持不变，则这一系列试验总称为 n 重伯努利实验。 二项分布的概率密度函随机变量是：

$$P(x=k)=\binom{n}{k}p^k(1-p)^{n-k},k=0,1,2,...,n$$

依照二项分布随机变量的构造思路，可以尝试推导 X_k 的概率分布。

首先，计算一下 X_k 落在一个区间 $[x,x+\Delta x]$ 的概率，即概率值 $P\left(x\le X_k\le x+\Delta x\right)$。假设把 $[0,1]$ 区间分成三段 $[0,x),[x,x+\Delta x],(x+\Delta x,1]$，假设 n 个排序后的随机变量中只有 X_k 落在了区间 $[x,x+\Delta x]$ 内，则 $X_1...X_{k-1}$ 发生在 $[0,x)$ 中，而 $X_{k+1}...X_n$ 发生在 $(x,1]$ 区间，并将符合上述要求的称为事件 E。

$$E=\{X_k \in [x,x+\Delta x]\}$$

$$X_i \in [0,x) \quad (i=2,\cdots,k-1)$$

$$X_j \in (x+\Delta x,1] \quad (j=k+1,\cdots,n)$$

则有：

$$\begin{aligned} P(E) &= \prod_{i=1}^{n} P(X_i) \\ &= x^{k-1}(1-x-\Delta x)^{n-k}\Delta x \\ &= x^{k-1}(1-x)^{n-k}\Delta x + o(\Delta x) \end{aligned}$$

其中，$o(\Delta x)$ 表示 Δx 的高阶无穷小，即当时 $\Delta x \to 0$ 时 $o(\Delta x) \to 0$。由于 n 个随机变量中有一个落在 $[x,x+\Delta x]$ 区间的事件可以有 n 种情况，剩下 $n-1$ 个随机变量中有 $k-1$ 个落在 $[0,x)$ 的有 $\binom{n-1}{k-1}$ 种组合，所以和事件 E 等价的情况一共有 $n\binom{n-1}{k-1}$ 个。

其次，如果假设 n 个随机变量中有两个随机变量落在了区间 $[x,x+\Delta x]$，则有：

$$P(E') = x^{k-2}(1-x-\Delta x)^{n-k}(\Delta x)^2 = o(\Delta x)$$

由于事件 E' 的概率为 $o(\Delta x)$，因此只要发生在 $[x,x+\Delta x]$ 内的随机变量超过一个，则事件发生的概率为零。则有：

$$\begin{aligned} & P(x \le X_k \le x+\Delta x) \\ &= n\binom{n-1}{k-1} P(E) + o(\Delta x) \\ &= n\binom{n-1}{k-1} x^{k-1}(1-x)^{n-k}\Delta x + o(\Delta x) \end{aligned}$$

则 E 事件发生的随机变量 X 的概率密度函随机变量为：

$$f(x\ )=\lim_{\Delta x\to 0}\frac{P\left(x\le X_k\le x+\Delta x\right)}{\Delta x}$$

$$=\frac{n!}{(k-1)!(n-k)!}x^{k-1}(1-x)^{n-k}\quad x\in[0,1]$$

该概率密度函数即 Gamma 函数在整数集合上的表达形式。

最后，取随机变量序列 $X_1,X_2,\cdots,X_n\overset{\text{iid}}{\sim}Uniform(0,1)$ ，当 $X_i<p$ 时贝努利实验成功，则成功的概率为 p 。B 表示随机变量系列中取值小于 p 的数量所构成的随机变量，即 $B\sim B(n,p)$ 。

$$P(B\le k)=P\left(X_{k+1}>p\right)$$

在上面等式中，X_{k+1} 是排序后第 $k+1$ 的随机变量，等式左边表示贝努利实验成功次数最多为 k 次，右边表示排序 $k+1$ 的随机变量为失败的贝努利实验，并且失败的随机变量最少是 $n-k$ 次。由于 $X_{k+1}\sim\text{Beta}(t|\ k+1,n-k)$ 于是：

$$P(B\le k)=P\left(X_{k+1}>p\right)$$

$$=\frac{n!}{k!(n-k-1)!}\int_p^1 t^k(1-t)^{n-k-1}dt$$

$$=\int_p^1\text{Beta}(t|\ k+1,n-k)dt$$

上式中左边是二项分布的累积概率，右边实际上是 $\text{Beta}(t|\ k+1,n-k)$ 分布的概率积分。

（2）泊松分布与伽马分布

泊松分布刻画了事件在一段时间内发生次随机变量这一随机变量的分布。假设随机变量 X 所有可能取得值为 0，1，2，…，而取各个

值的概率为参随机变量为λ的$Poisson$分布，概率函随

$$Poisson(X=k\mid\lambda)=\frac{\lambda^k e^{-\lambda}}{k!},\quad k=0,1,2...$$

泊松定理证明二项分布$B(n,p)$在$np=\lambda,n\to\infty$条件下的极限分布为泊松分布，即：

$$\lim_{n\to\infty}C_n^k p_n^k(1-p_n)^{n-k}=\frac{\lambda^k e^{-\lambda}}{k!},\quad k=0,1,2...$$

上面等式的左边表示期望为np次的二项分布$B(n,p)$发生k次随机事件的概率，而右边表示发生期望为$\lambda=np$次的泊松分布$Poisson$发生k次随机事件的概率。由此可知，两者在表示随时事件发生次数的概率上意义相似。

与二项分布推导到贝塔分布类似，泊松分布与伽马分布也关系紧密。根据二项分布与贝塔分布之间的等式，运用泊松定理，即可推导出泊松分布与伽马分布的关系等式。如下述等式，在等式右侧做一个变换$t=\frac{x}{n}$，得到：

$$\begin{aligned}P(X\le k)&=\frac{n!}{k!(n-k-1)!}\int_p^1 t^k(1-t)^{n-k-1}dt\\&=\frac{n!}{k!(n-k-1)!}\int_{np}^n\left(\frac{x}{n}\right)^k\left(1-\frac{x}{n}\right)^{n-k-1}d\frac{x}{n}\\&=\frac{(n-1)!}{k!(n-k-1)!}\int_{np}^n\left(\frac{x}{n}\right)^k\left(1-\frac{x}{n}\right)^{n-k-1}dx\\&=\int_{np}^n\binom{n-1}{k}\left(\frac{x}{n}\right)^k\left(1-\frac{x}{n}\right)^{n-k-1}dx\\&=\int_{np}^n Binomial\left(Y=k\mid n-1,\frac{x}{n}\right)dx\end{aligned}$$

上式左侧是二项分布 $B(n,p)$ 的累积概率，右侧为二项分布 $B\left(n-1,\frac{x}{n}\right)$的积分。

$$Binomial\ (X \le k|\ n,p) = \int_{np}^{n} Binomial\left(Y = k|\ n-1,\frac{x}{n}\right)dx$$

对上面公式的两边 $np=\lambda, n\to\infty$ 取极限，则左边有 $B(n,p)$ 趋近于参数为 λ 的泊分布松，而右边 $B\left(n-1,\frac{x}{n}\right)$ 趋近于参数 x 为泊松分布。

$$Poisson(X \le k|\ \lambda) = \int_{\lambda}^{\infty} Poisson(Y = k|\ x)dx$$

把上式右边的泊松分布展开，得到：

$$Poisson(X \le k|\ \lambda) = \int_{\lambda}^{\infty} \frac{x^k e^{-x}}{k!}dx$$

然后对上面等式两边取极限 $\lambda\to 0$，由于左侧代表期望发生 λ 次事件的泊松分布随机变量中至少发生 k 个事件的概率，当 $\lambda\to 0$ 时由于没有事件发生，因此 $P(X\le k)\to 1$。

$$1 = \lim_{\lambda\to 0}\int_{\lambda}^{\infty}\frac{x^k e^{-x}}{k!}dx = \int_{0}^{\infty}\frac{x^k e^{-x}}{k!}dx$$

上面式子中 $f(x)=\frac{x^k e^{-x}}{k!}=\frac{x^k e^{-x}}{\Gamma(k+1)}$ 即伽马分布。如果把上式右边中的 $k!$ 移到左边，得到 $k!$ 的积分表示方法，即 $k! = \int_0^{\infty} x^k e^{-x}dx = \Gamma(k+1)$。如果取 $\alpha = k+1$，得到一个最为常用的伽马分布的密度函数：

$$Gamma(x\,|\,\alpha) = \frac{x^{\alpha-1}e^{-x}}{\Gamma(\alpha)}$$

将 $k! = \Gamma(k+1)$ 代入上一节贝塔函数中，则可 $f(x)$ 表达为：

$$f(x) == \frac{n!}{(k-1)!(n-k)!}x^{k-1}(1-x)^{n-k} = \frac{\Gamma(n+1)}{\Gamma(k)\Gamma(n-k+1)}x^{k-1}(1-x)^{n-k} \quad x\in[0,1]$$

在上式中取 $\alpha=k$ ，$\beta=n-k+1$ 得到贝塔分布的一般形式：

$$f(x)=\frac{\Gamma(\alpha+\beta)}{\Gamma(\alpha)\Gamma(\beta)}x^{\alpha-1}(1-x)^{\beta-1}$$

根据前面两节对于伽马和贝塔分布的推导可知，伽马分布表示当随机事件发生 k 次时期望次数为 x 的概率分布，而贝塔分布表示随机事件发生 α 次时事件发生期望概率为 x 的概率分布。

（3）共轭分布

所谓共轭，通俗来说“轭”的意思是束缚、控制，而共轭则是互相约束。在贝叶斯理论中，如果后验概率 $P(\theta|X)$ 和先验概率 $P(\theta)$ 满足同样的分布律，那么先验分布和后验分布被叫作共轭分布。例如，既有观测数据服从概率分布 $P(\theta)$ 时，当观测到新的 X 数据时，新参数值 θ 的新概率分布为 $P(X|\theta)$ 。

先验分布 $\pi(\theta)$ + 样本信息 $X \Rightarrow$ 后验分布 $\pi(\theta|X)$

也就是说，新观察到的样本信息将修正人们以前对随机事件概率分布的知识。先验分布是 P（θ），后验分布是 $P(\theta|X)$ ，先验分布跟后验分布同属于一个分布族，故称该分布族是 θ 的共轭先验分布族。

贝塔与二项分布的共轭构造：

假设：$X_1,X_2,\cdots,X_n \overset{\text{iid}}{\sim} Uniform(0,1)$ ，排序后的随机变量序列为 $X_1,X_2\cdots,X_n$ ，则 $p=X_k$ 已知；$Y_1,Y_2,\cdots,Y_m \overset{\text{iid}}{\sim}$ Uniform (0,1), Y_i 中有 m_1 个比 p 小，m_2 个比 p 大；求 $P\left(p|\ Y_1,Y_2,\cdots,Y_m\right)$ 的分布是什么。

根据贝叶斯理论，上述构造过程可以理解为：首先，由随机变量系列 $X_1,X_2\cdots,X_n$ 构造事件发生概率符合的分布为 $f(p)=\text{Beta}(p|\ k,n-k+1)$ ，称为 p 的先验分布；其次，随机变量序列 $Y_1,Y_2,\cdots,Y_m$ 拍戏后有

m_1 个比 p 小，m_2 个比 p 大，该事件相当于 m 次贝努利实验其中 m_1 成功，所以该事件服从二项分布 $B(m,p)$；最后，基于新的观测数据提供的 (m_1,m_2) 的知识后，p 的后验分布更新为：

$$f\left(p|\ m_1,m_2\right)=\text{Beta}\left(p|\ k+m_1,n-k+1+m_2\right)$$

以上贝叶斯理论的应用过程可表示为：

$$\text{Beta}(p|\ \alpha,\beta)+\text{Binomial}\left(m_1,m_2\right)=\text{Beta}\left(p|\ \alpha+m_1,\beta+m_2\right)$$

上述等式即说明了贝塔与二项分布的共轭关系：随机变量的先验分布和后验分布均为贝塔分布，非常明确地说明随机变量参数的现实含义及其从先验变换到后验过程中从新数据中补充的知识的逻辑。回到本节最初在共轭构造时提出的问题，以最简单的情况进行说明：初始事件的分布为贝塔分布 $\text{Beta}(p\,|\,1,1)$，该分布的事件可以描述为抛硬币：由于刚开始对硬币的均匀性未知，因此 $p\sim Uniform(0,1)$，随后抛 m 次后出现正面和反面的次数分别是 m_1,m_2，即新发生的事件符合二项分布的 $B\left(m_1,m_2\right)$，最后根据贝叶斯公式计算 p 的后验分布：

$$P\left(p|\ m_1,m_2\right)=\frac{P(p)\cdot B\left(m_1,m_2|\ p\right)}{P\left(m_1,m_2\right)}$$

$$=\frac{1\cdot B\left(m_1,m_2|\ p\right)}{\int_0^1 P\left(m_1,m_2|\ t\right)dt}$$

$$=\frac{\begin{pmatrix}m\\m_1\end{pmatrix}p^{m_1}(1-p)^{m_2}}{\int_0^1\begin{pmatrix}m\\m_1\end{pmatrix}t^{m_1}(1-t)^{m_2}\,dt}$$

$$=\frac{p^{m_1}(1-p)^{m_2}}{\int_0^1 t^{m_1}(1-t)^{m_2}\,dt}$$

多项式与迪利克雷分布共轭构造：

假设：$X_1, X_2, \cdots, X_n \overset{\text{iid}}{\sim} Uniform(0,1)$，排序后对应的顺序统计量 $X_{(1)}, X_{(2)} \cdots, X_{(n)}$，那么 $(X_{(k_1)}, X_{(k_1+k_2)})$ 的联合分布是什么？类似于贝塔分布的推导，三维迪利克雷分布的推导过程如下：

$$P\left(X_{k_1}\in\left(x_1,x_1+\Delta x\right),X_{k_1+k_2}\in\left(x_2,x_2+\Delta x\right)\right)$$

$$=n(n-1)\begin{pmatrix} n-2 \\ k_1-1,k_2-1\end{pmatrix}x_1^{k_1-1}x_2^{k_2-1}x_3^{n-k_1-k_2}(\Delta x)^2$$

$$=\frac{n!}{(k_1-1)!(k_2-1)!(n-k_1-k_2)!}x_1^{k_1-1}x_2^{k_2-1}x_3^{n-k_1-k_2}(\Delta x)^2$$

得到 $\left(X_{k_1}, X_{k_1+k_2}\right)$ 的联合分布，上式中 $x_1+x_2+x_3=1$。

$$f\left(x_1,x_2,x_3\right)=\frac{n!}{(k_1-1)!(k_2-1)!(n-k_1-k_2)!}x_1^{k_1-1}x_2^{k_2-1}x_3^{n-k_1-k_2}$$

$$=\frac{\Gamma(n+1)}{\Gamma(k_1)\Gamma(k_2)\Gamma(n-k_1-k_2+1)}x_1^{k_1-1}x_2^{k_2-1}x_3^{n-k_1-k_2}$$

上面表达式即三维形式的迪利克雷分布 $\mathrm{Dir}(x_1,x_2,x_3|\ k_1,k_2,n-k_1-k_2+1)$。令 $\alpha_1=k_1,\alpha_2=k_2,\alpha_3=n-k_1-k_2+1$，则分布为 $f(x_1,x_2,x_3)=\dfrac{\Gamma(\alpha_1+\alpha_2+\alpha_3)}{\Gamma(\alpha_1)\Gamma(\alpha_2)\Gamma(\alpha_3)}x_1^{\alpha_1-1}x_2^{\alpha_2-1}x_3^{\alpha_3-1}$。

以上推导可以扩展到更高维度，例如 $X_1, X_2 \cdots, X_k$。迪利克雷分布的一般形式如下：

$$Dir(\vec{p}|\ \vec{\alpha})=\frac{\Gamma\left(\sum_{k=1}^{K}\alpha_k\right)}{\prod_{k=1}^{K}\Gamma(\alpha_k)}\prod_{k=1}^{K}p_k^{\alpha_k-1}$$

令 $\Delta(\vec{a})$ 为迪利克雷分布的归一化系数，且由于该分布的积分为1，则：

$$\Delta(\vec{a})=\frac{\prod_{k=1}^{K}\Gamma(\alpha_k)}{\Gamma\left(\sum_{k=1}^{K}\alpha_k\right)}=\int_{\vec{p}}\prod_{k=1}^{K}p_k^{\alpha_k-1}d\vec{p}$$

此外，正如贝塔分布与迪利克雷分布结构上的相似，两者的期望推导过程也是相似的。即当 $p\sim\text{Beta}(t|\ \alpha,\beta)$，则：

$$E(p)=\int_0^1 t*\text{Beta}(t|\ \alpha,\beta)dt$$

$$=\int_0^1 t*\frac{\Gamma(\alpha+\beta)}{\Gamma(\alpha)\Gamma(\beta)}t^{\alpha-1}(1-t)^{\beta-1}dt$$

$$=\frac{\Gamma(\alpha+\beta)}{\Gamma(\alpha)\Gamma(\beta)}\int_0^1 t^{\alpha}(1-t)^{\beta-1}dt$$

上式右边的积分对应到概率分布 $\text{Beta}(t|\ \alpha+1,\beta)$，对于这个分布，有：

$$\int_0^1\frac{\Gamma(\alpha+\beta+1)}{\Gamma(\alpha+1)\Gamma(\beta)}t^{\alpha}(1-t)^{\beta-1}dt=1$$

把上式代入 $E(p)$ 的计算式，得到：

$$E(p)=\frac{\Gamma(\alpha+\beta)}{\Gamma(\alpha)\Gamma(\beta)}\cdot\frac{\Gamma(\alpha+1)\Gamma(\beta)}{\Gamma(\alpha+\beta+1)}$$

$$=\frac{\Gamma(\alpha+\beta)}{\Gamma(\alpha+\beta+1)}\frac{\Gamma(\alpha+1)}{\Gamma(\alpha)}$$

$$=\frac{\alpha}{\alpha+\beta}$$

迪利克雷分布也有类似的结论，如果 $\vec{p}\sim\text{Dir}(\vec{t}|\ \vec{\alpha})$，则其期望为：

$$E(\vec{p})=\left(\frac{\alpha_1}{\sum_{i=1}^{K}\alpha_i},\frac{\alpha_2}{\sum_{i=1}^{K}\alpha_i},\cdots,\frac{\alpha_K}{\sum_{i=1}^{K}\alpha_i}\right)$$

迪利克雷分布是贝塔分布在高维度上的推广，而该分布也与多项分布有类似的共轭关系。假设：$X_1,X_2,\cdots,X_n \overset{\text{iid}}{\sim} Uniform(0,1)$，排序后的随机变量为 $X_1,X_2\cdots,X_n$；令 $p_1=X_{k_1},p_2=X_{k_1+k_2},p_3=1-p_1-p_2$，记 $\vec{p}=(p_1,p_2,p_3)$； $Y_1,Y_2,\cdots,Y \overset{\text{iid}}{\sim} Uniform(0,1)$， Y_i 中落到 $[0,p_1)$，$[p_1,p_2),[p_2,1]$ 三个区间的个数分别为 m_1,m_2,m_3， $m=m_1+m_2+m_3$；

那么后验分布 $P(\vec{p}|\ Y_1,Y_2,\cdots,Y_m)$ 的分布是 $(\vec{m}=(m_1,m_2,m_3)$，$\vec{k}=(k_1,k_2,n-k_1-k_2+1))$。

基于贝叶斯理论，多项和迪利克雷分布共轭的推导过程为：首先，$\vec{p}=(p_1,p_2,p_3)$ 的先验分布为 $Dir(\vec{p}|\ \vec{k})$；其次，随机变量 Y_i 落到 $[0,p_1),[p_1,p_2),[p_2,1]$ 三个区间的个数分别为 m_1,m_2,m_3，因此 $\vec{m}=(m_1,m_2,m_3)$ 服从多项分布 $Mult(\vec{m}|\ \vec{p})$；最后，先验分布在获得新数据提供的知识后，$\vec{p}$ 的后验分布更新为 $\text{Dir}(\vec{p}|\ \vec{k}+\vec{m})$。

$$Dir(\vec{p}|\ \vec{k})+\text{Mult Count}(\vec{m})=Dir(\vec{p}|\ \vec{k}+\vec{m})$$

令 $\vec{\alpha}=\vec{k}$，将分布的参数从整数集合扩展到实数集合，迪利克雷—多项共轭的一般的表达形式为 $Dir(\vec{p}|\ \vec{\alpha})+\text{Mult Count}(\vec{m})=Dir(\vec{p}|\ \vec{\alpha}+\vec{m})$。

2. 语料库采样方法

托马斯·葛瑞芬等学者根据统计物理学的波次模型（Potts Model）提出蒙特卡洛马尔可夫（Monte Carlo Markov Chain，MCMC）随机模拟方法。该方法的逻辑在于：对于给定的概率分布 $p(x)$，构造转移矩阵

为 P 的马氏链，无论从任何初始状态 x_0 出发，都使其收敛到的平稳分布是 $p(x)$，就得到了样本。因此，理解 LDA 模型的语料库采样方法，需要了解马氏链及其性质。

（1）马氏链及其平稳分布

马尔可夫链条（马氏链）通俗说就是根据一个转移概率矩阵去转移的随机过程，即马尔可夫过程。该过程的数学定义为 $P\left(X_{t+1}=x \mid X_t, X_{t-1}, \cdots\right)=P\left(X_{t+1}=x \mid X_t\right)$，即状态转移的概率只依赖于前一个状态。例如，用 1，2，3 分别代表随机事件的三个状态，三个状态变化的转移概率组成的矩阵如下：

$$P=\begin{bmatrix} 0.9 & 0.075 & 0.025 \\ 0.15 & 0.8 & 0.05 \\ 0.25 & 0.25 & 0.5 \end{bmatrix}$$

假设随机事件的三个状态的初始概率分布为 $\pi_0=\left[\pi_0(1), \pi_0(2), \pi_0(3)\right]$，那么每次转移后的状态概率是 $\pi_1=\pi_0 P$，而第 n 次转换的状态概率将是 $\pi_n=\pi_{n-1} P=\pi_0 P^n$。

当 n 足够大的时候，上面 $\pi_0 P^n$ 矩阵的每一行都稳定地收敛到 $\pi=[0.286, 0.489, 0.225]$。上面过程例证了马氏链收敛定理，该定理为：假设一个非周期马氏链具有转移概率矩阵 P，且它的任何两个状态是连通的，那么 $\lim\limits_{n \to \infty} P_{ij}^n$ 存在且与 i 无关，记 $\lim\limits_{n \to \infty} P_{ij}^n=\pi(j)$，则：

$$\lim_{n \to \infty} P^n=\begin{bmatrix} \pi(1) & \pi(2) & \cdots & \pi(j) & \cdots \\ \pi(1) & \pi(2) & \cdots & \pi(j) & \cdots \\ \cdots & \cdots & \cdots & \cdots & \cdots \\ \pi(1) & \pi(2) & \cdots & \pi(j) & \cdots \\ \cdots & \cdots & \cdots & \cdots & \cdots \end{bmatrix};$$

$\pi(j)=\sum_{i=0}^{\infty}\pi(i)P_{ij}$，且 π 是方程 $\pi P=\pi$ 的唯一非负解。其中，π 称为马氏链的平稳分布，即 $\pi=[\pi(1),\pi(2),\cdots,\pi(j),\cdots]$，$\sum_{i=0}^{\infty}\pi_i=1$。该定理说明了三方面的结论：首先，该定理中马氏链的状态可以是无穷多个；其次，两个状态 i，j 是连通，指 i 可以通过有限的 n 步转移到达 $j\left(P_{ij}^n>0\right)$，即存在一个 n 使得矩阵 P^n 中的概率值大于零；最后，用 X_i 表示在马氏链上跳转第 i 步后所处的状态，如果 $\lim_{n\to\infty}P_{ij}^n=\pi(j)$ 存在，则：

$$P\left(X_{n+1}=j\right)=\sum_{i=0}^{\infty}P\left(X_n=i\right)P\left(X_{n+1}=j|\ X_n=i\right)=\sum_{i=0}^{\infty}P\left(X_n=i\right)P_{ij}$$

上式两边取极限就得到 $\pi(j)=\sum_{i=0}^{\infty}\pi(i)P_{ij}$。由马氏链收敛的定理，概率分布 $\pi_i(x)$ 将收敛到平稳分布 $\pi(x)$，因此 $X_n,X_{n+1},X_{n+2},\cdots\sim\pi(x)$ 都是同分布且相关联的随机变量。

由于马氏链的收敛性质主要由转移矩阵 P 决定，所以基于马氏链进行采样的关键在于构造转移矩阵 P，使得平稳分布收敛到分布 $p(x)$。因此，为了采样而构建的马氏链转移矩阵需满足细致平稳条件：如果非周期马氏链的转移矩阵 P 和分布 $\pi(x)$ 满足 $\pi(i)P_{ij}=\pi(j)P_{ji}$ for all i,j，则 $\pi(x)$ 是马氏链平稳分布，被称为细致平稳条件。

$$\sum_{i=1}^{\infty}\pi(i)P_{ij}=\sum_{i=1}^{\infty}\pi(j)P_{ji}=\pi(j)\sum_{i=1}^{\infty}P_{ji}=\pi(j)\Rightarrow\pi P=\pi$$

上面等式中，π 是方程 $\pi P=\pi$ 的解且是转移矩阵 P 的平稳分布。该条件能够保证其收敛的原理在于对于任何两个状态 i，j，从 i 转移出去到 j 的概率，恰好会从 j 转移回 i，因此由 P 得出的状态分布 $\pi(x)$ 是马氏链的平稳分布。

（2）吉布斯采样

由上述对马氏链及其性质的阐释可知，当状态分布为多维的概率分布时应该如何构建转移矩阵 Q。由物理学家吉布斯提出的吉布斯抽样算法给出了构建转移矩阵的方法。假设概率分布 $p(x,y)$，x 维度上的两个点为 $A(x_1,y_1),B(x_1,y_2)$，则：

$$p(x_1,y_1)p(y_2| x_1)=p(x_1)p(y_1| x_1)p(y_2\ \ x_1)$$

$$p(x_1,y_2)p(y_1| x_1)=p(x_1)p(y_2| x_1)p(y_1\ \ x_1)$$

得到：

$$p(x_1,y_1)p(y_2| x_1)=p(x_1,y_2)p(y_1| x_1)$$

即：

$$p(A)p(y_2| x_1)=p(B)p(y_1| x_1)$$

基于以上等式，在 $x=x_1$ 维度上设 $p(y| x_1)$ 作为任何两个点之间的转移概率，那么任何两个状态之间的转移满足细致平稳条件。同理，如果在 y 维度上任取两个状态 $A(x_1,y_1),C(x_2,y_1)$，也有如下等式：

$$p(A)p(x_2| y_1)=p(C)p(x_1| y_1)$$

根据上述马氏链平稳条件，构造任意状态之间的转移概率矩阵 Q：

$$Q(A\rightarrow B)=p(y_B| x_1)\qquad if\ x_A=x_B=x_1$$

$$Q(A\rightarrow C)=p(x_C| y_1)\qquad if\ y_A=y_C=y_1$$

$$Q(A\rightarrow D)=0\qquad else$$

具体采样过程为：首先，随机初始化状态 $p(X_0=x_0,Y_0=y_0)$，记 $t=0,1,2,\cdots$ 为状态转移的次数；其次，马氏链的转移轮换地沿着 x 和 y 维度进行循环采样 $y_{t+1}\sim p(y| x_t)$，$x_{t+1}\sim p(x| y_{t+1})$，得到样本 $(x_0,y_0),(x_0,y_1),(x_1,y_1),(x_1,y_2),(x_2,y_2),\cdots$；最后，马氏链收敛后得到

的状态分布就是$p(x,y)$的样本。

以上的过程推广到高维的情形就可以得到n维空间中$p\left(x_1,x_2,\cdots,x_n\right)$的转移矩阵：首先，假设当前状态为$\left(x_1,x_2,\cdots,x_n\right)$，马氏链转移的过程沿着$x_i$维度进行转移时，转移概率为条件概率$p(x_i|\ x_1,\cdots,x_{i-1},x_{i+1},\cdots,x_n)$；其次，没有沿着单个维度进行的跳转，转移概率设置为0；最后，上述过程收敛后的是概率分布$p\left(x_1,x_2,\cdots,x_n\right)$的样本。高维概率分布采样的区别是随机地进行维度轮换，这时转移矩阵Q中的状态转移概率中会包含维度选择的概率。

3. 基于主题模型的采样过程

在群体的日常交往中，成员在交流时常常先确定要讨论什么主题，然后组织相关性较强的话语进行互动，越是与主题相关的话语在交流中出现的频率越高。遵循上述逻辑，假设交流内容通常是由多个主题构成，并且每个主题由与该主题相关的话语来描述。也就是说，文档中蕴含着主题的概率分布，而主题关联着关键话语的概率分布。因此，群体传播过程中总是产生大量的话语，如果将每一次交流时的话语存储为一篇文档，那么群体传播过程中的所有交流就形成了该群体的语料库。

在该语料库中，可观测的随机变量即每篇文档词序列$d=(w_1,w_2,\cdots,w_n)$的概率分布，而进行话语主题建模的目的在于探讨语料库众多文档所构成词序列分布及其潜在主题分布。为了估计语料库中主题分布与词分布的参数，目前的主题模型包括两种思路，即假定所估计的主题与词分布参数确定或者不确定。在假定参数确定的主题模型中，将 K 个主题下的话语分布记为 $\vec{\varphi}_1,\cdots,\vec{\varphi}_k$，语料库中有 m 篇文档记为 $C=(d_1,d_2,\cdots,d_m)$，每篇文档中主题分布记为 $\vec{\theta}_1,\ldots,\vec{\theta}_m$，$N$个词语记为 $w_1,w_2\ldots,w_n$。根据主题与词分布的计算规则，文档之间及文档所包含的词之间是独立可交换的。因此，第 m 篇文档 d_m 中的每个词的生成概率为：

$$p(w_i|\ d_m)=\sum_{z=1}^{K}p(w|\ z)p(z\ \ d_m)=\sum_{z=1}^{K}\varphi_{zw}\theta_{mz}$$

所以整篇文档的生成概率为：

$$p(\vec{w}|\ d_m)=\prod_{i=1}^{N}\sum_{z=1}^{K}p(w_i|\ z)p(z\ \ d_m)=\prod_{i=1}^{N}\sum_{z=1}^{K}\varphi_{zw_i}\theta_{dz}$$

基于上述词与文档的生成概率，“文档—词项”的生成模型包括三个步骤：按照概率 $p(d_m)$ 选择一篇文档 d_m；选定文档 d_m 后，从主题分布中按照概率 $p(z_k|\ d_m)$ 选择一个隐含的主题类别 z_k；选定 z_k 后，从词分布中按照概率 $p(w_i|\ z_k)$ 选择一个词 w_i。

换句话说，该模型根据已知的文档—词项分布 $p(w_i|\ d_m)$，训练出文档—主题分布 $p(z_k|\ d_m)$ 概率和主题—词项分布 $p(w_i|\ z_k)$。然而该种模型假设未知的两种分布为确定值，即同一个文档遵循同样的主题分布，且同一个主题遵循同样的词分布。根据上述假设训练出来的模型虽然对训练数据有很好的表征能力，但是应用到新的训练数据时就容易出现错误。因此在 LDA 模型改进了未知分布参数固定的假设，以共轭的多项与迪利克雷分布为基础，构建话语主题模型。该模型将共轭分布应用于文档—主题分布以及主题—话语分布，本节首先阐述主题—话语简单模型。

（1）主题—话语简单模型

根据贝叶斯理论，未知主题—话语分布未确定，则语料产生的主题—话语先验分布 $p(\vec{p})$ 由迪利克雷分布决定，而话语分布的参数由经验数据决定：

$$Dir(\vec{p}|\ \vec{\alpha}) = \frac{1}{\Delta(\vec{\alpha})}\prod_{k=1}^{V} p_k^{\alpha_k - 1} \quad \vec{\alpha} = (\alpha_1, \cdots, \alpha_V)$$

$$p(\vec{n}) = Mult(\vec{n}|\ \vec{p}, N)$$

此处，$\Delta(\vec{\alpha})$ 就是归一化因子 $Dir(\vec{\alpha})$，即：

$$\Delta(\vec{\alpha}) = \int \prod_{k=1}^{V} p_k^{\alpha_k - 1} d\vec{p}\ .$$

根据多项与迪利克雷分布的共轭关系，即 $\mathrm{Dir}(\vec{p}|\ \vec{\alpha}) + \mathrm{Mult\ Count}(\vec{n}) = \mathrm{Dir}(\vec{p}|\ \vec{\alpha} + \vec{n})$，基于给定了参数的先验分布 $\mathrm{Dir}(\vec{p}|\ \vec{\alpha})$ 的时候，以及各个词出现频次为参数的多项分布 $\vec{n} \sim \mathrm{Mult}(\vec{n}|\ \vec{p}, N)$，可以推出后验分布为：

$$p(\vec{p}|\ \mathcal{W}, \vec{\alpha}) = \mathrm{Dir}(\vec{p}|\ \vec{n} + \vec{\alpha}) = \frac{1}{\Delta(\vec{n} + \vec{\alpha})}\prod_{k=1}^{V} p_k^{n_k + \alpha_k - 1} d\vec{p}$$

由于后验分布的参数已经更新，所以可以根据后验分布计算主题—词语分布期望值。

$$E(\vec{p}) = \left(\frac{n_1 + \alpha_1}{\sum_{i=1}^{V}(n_i + \alpha_i)}, \frac{n_2 + \alpha_2}{\sum_{i=1}^{V}(n_i + \alpha_i)}, \cdots, \frac{n_V + \alpha_V}{\sum_{i=1}^{V}(n_i + \alpha_i)} \right)$$

也就是说，依据下式对 p_i 进行估计。

$$\hat{p}_i = \frac{n_i + \alpha_i}{\sum_{i=1}^{V}\left(n_i + \alpha_i\right)} \tag{24}$$

由于 α_i 在迪利克雷分布中是词语属于特定主题的先验计数，上面估计式的含义是：每个主题—词语概率的估计值是其对应事件的先验计数和经验数据中的计数之和在整体计数中的比例。基于上述模型，可以计算出特定文档的产生概率为：

$$\begin{aligned} p(\mathcal{W}|\ \vec{\alpha}) &= \int p(\mathcal{W}|\ \vec{p})p(\vec{p}\ \ \vec{\alpha})d\vec{p} \\ &= \int \prod_{k=1}^{V} p_k^{n_k} \operatorname{Dir}(\vec{p}|\ \vec{\alpha})d\vec{p} \\ &= \int \prod_{k=1}^{V} p_k^{n_k} \frac{1}{\Delta(\vec{\alpha})} \prod_{k=1}^{V} p_k^{\alpha_k - 1} d\vec{p} \\ &= \frac{1}{\Delta(\vec{\alpha})} \int \prod_{k=1}^{V} p_k^{n_k + \alpha_k - 1} d\vec{p} \\ &= \frac{\Delta(\vec{n} + \vec{\alpha})}{\Delta(\vec{\alpha})} \end{aligned}$$

在上述对文档生成概率的计算中，将由参数为 $\vec{\alpha}$ 的先验主题—词语分布生成的对应于特定主题的所有词语分布进行积分，从而得到特定主题下产生文档的概率。

（2）文档—主题—词语模型

文档—主题—词语模型可以分解为两个概率过程：首先，$\vec{\alpha} \to \vec{\theta}_m \to \vec{z}_m$，这个过程表示在生成第 m 篇文档时，参数为 $\vec{\alpha}$ 的迪利克雷分布先生产文档—主题先验分布 $\vec{\theta}_m$，然后根据该分布生成该

篇文档的主题后验分布 $\vec{z}_m$，最后生成该篇文章的特定主题 k；其次，$\vec{\beta} \to \vec{\varphi}_k \to \overline{w_{m,n}} | \mathrm{k}$，这个过程表示在生成文档 m 的第 n 个词时，参数为 $\vec{\beta}$ 的迪利克雷分布先生产在特定主题 k 的主题—文字分布 $\vec{\varphi}_k$，然后根据该分布生成该篇文档主题 k 的词语后验分布，随后生成文字 $w_{m,n}$。在模型中，m 篇文档与 K 个主题会对应于 M +K 个独立的迪利克雷—多项共轭结构。

由上面阐述可知，文档—主题过程生成 m 篇文档中的所有词对应的主题分布 $\vec{z}_m$。该过程中，$\vec{\alpha} \to \vec{\theta}_m$ 对应于迪利克雷分布，$\vec{\theta}_m \to \vec{z}_m$ 对应于多项分布，所以 $\vec{z}_m$ 代表着经过经验数据改进后的迪利克雷后验分布 $\mathrm{Dir}\left(\vec{\theta}_m | \vec{n}_m + \vec{\alpha}\right)$。第 m 篇文档中第 k 个主题产生的词的个数记为 $\vec{n}_m = \left(n_m^{(1)}, \cdots, n_m^{(K)}\right)$，则文档 m 主题生成概率为：

$$p\left(\vec{z}_m | \vec{\alpha}\right) = \frac{\Delta\left(\vec{n}_m + \vec{\alpha}\right)}{\Delta(\vec{\alpha})}$$

由于语料中 m 篇文档的主题生成过程相互独立，可表示为 m 个相互独立的迪利克雷—多项共轭结构，从而可以得到整个语料中主题生成概率：

$$p(\vec{\mathbf{z}} | \vec{\alpha}) = \prod_{m=1}^{M} p\left(\vec{z}_m | \vec{\alpha}\right)$$

$$= \prod_{m=1}^{M} \frac{\Delta\left(\vec{n}_m + \vec{\alpha}\right)}{\Delta(\vec{\alpha})}$$

通过上述过程生成了文档中所有词的主题，接下来对每个词在给定主题的条件下生成文字。在语料中所有词的主题已经生成的条件下，任何两个文字的生成动作都是可交换的。把语料中的词进行交换，把具有相同主题的词放在一起。

$$\overrightarrow{\mathbf{w}}' = \left(\vec{w}_{(1)}, \cdots, \vec{w}_{(K)}\right)$$

$$\vec{\mathbf{z}}' = \left(\vec{z}_{(1)}, \cdots, \vec{z}_{(K)}\right)$$

其中，$\vec{w}_{(k)}$ 表示这些词都是由第 k 个主题生成的，$\vec{z}_{(k)}$ 对应于这些词的主题编号，所以 $\vec{z}_{(k)}$ 中的分量都是 k。主题—词语过程 $\vec{\beta} \to \vec{\varphi}_k \to w_{m,n} | \ k = z_{m,n}$，在 $k = z_{m,n}$ 的限制下，语料中任何两个由主题 k 生成的词都是可交换的，即便他们不在同一个文档中，所以此处不再考虑文档的概念，转而考虑由同一个主题生成的词。考虑如下过程 $\vec{\beta} \to \vec{\varphi}_k \to \vec{w}_{(k)}$，容易看出，此时 $\vec{\beta} \to \vec{\varphi}_k$ 对应于迪利克雷分布，$\vec{\varphi}_k \to \vec{w}_{(k)}$ 对应于多项分布，因此主题 k 的词汇后验分布为 $\mathrm{Dir}\left(\vec{\varphi}_k | \ \vec{n}_k + \vec{\beta}\right)$。第 k 个主题产生的词中文字 t 的个数记为 $\vec{n}_k = \left(n_k^{(1)}, \cdots, n_k^{(V)}\right), n_k^{(t)}$，则主题 k 中词语的生成概率为：

$$p\left(\vec{w}_{(k)} | \ \vec{\beta}\right) = \frac{\Delta\left(\vec{n}_k + \vec{\beta}\right)}{\Delta(\vec{\beta})} \ .$$

而语料中 K 个主题生成词语的过程相互独立，可表示为 K 个相互独立的迪利克雷—多项共轭结构，从而可以得到整个语料中词生成概率：

$$p(\overrightarrow{\mathbf{w}} | \vec{\mathbf{z}}, \vec{\beta}) = \prod_{k=1}^{K} p\left(\vec{w}_{(k)} | \ \vec{z}_{(k)}, \vec{\beta}\right)$$

$$= \prod_{k=1}^{K} \frac{\Delta\left(\vec{n}_k + \vec{\beta}\right)}{\Delta(\vec{\beta})}$$

那么语料库中词及其主题的生产概率为：

$$p(\overrightarrow{\mathbf{w}}, \vec{\mathbf{z}} | \ \vec{\alpha}, \vec{\beta}) = p(\overrightarrow{\mathbf{w}} | \vec{\mathbf{z}}, \vec{\beta}) p(\vec{\mathbf{z}} \ \ \vec{\alpha})$$

$$= \prod_{k=1}^{K} \frac{\Delta\left(\vec{n}_k + \vec{\beta}\right)}{\Delta(\vec{\beta})} \prod_{m=1}^{M} \frac{\Delta\left(\vec{n}_m + \vec{\alpha}\right)}{\Delta(\vec{\alpha})}$$

（3）吉布斯采样过程

由于 $\vec{\mathbf{w}}$ 是观测到的已知数据，而 $\vec{\mathbf{z}}$ 是隐含的变量，因此需要采样的是分布 $p(\vec{\mathbf{z}}|\vec{\mathrm{w}})$。语料库二维下标 $i=(m,n)$ 对应于第 m 篇文档的第 n 个词，用 $\neg i$ 表示去除下标为 i 的词，标记为 i 的词语对应的主题记为 z_i。吉布斯抽样方法是基于迪利克雷—多项共轭进行的，则标记 i 所对应词语的条件分布为 $p\left(z_i=k|\vec{\mathbf{z}}_{\neg i},\vec{\mathbf{w}}\right)$，由贝叶斯法则，容易得到：

$$p\left(z_i=k|\vec{\mathbf{z}}_{\neg i},\vec{\mathbf{w}}\right)\propto p\left(z_i=k,w_i=t|\vec{\mathbf{z}}_{\neg i},\vec{\mathbf{w}}_{\neg i}\right)$$

由于 $z_i=k,w_i=t$ 只涉及第 m 篇文档和第 k 个主题，所以上式的条件概率计算仅仅运用两个迪利克雷—多项共轭结构，即 $\vec{\alpha}\to\vec{\theta}_m\to\vec{z}_m$ 和 $\vec{\beta}\to\vec{\varphi}_k\to\vec{w}_{(k)}$，其他的 $M+K-2$ 个迪利克雷—多项共轭结构和 $z_i=k,w_i=t$ 是独立的。由于在语料库中去掉标记为 i 个词语所对应的 $\left(z_{-i},w_{-i}\right)$，没有改变的 $M+K$ 个迪利克雷—多项共轭结构，只是该词汇及其主题的计数会减少。因此 $\vec{\theta}_m,\vec{\varphi}_k$ 的后验分布仍遵循迪利克雷分布：

$$p\left(\vec{\theta}_m|\vec{\mathbf{z}}_{\neg i},\vec{\mathbf{w}}_{\neg i}\right)=\mathrm{Dir}\left(\vec{\theta}_m|\ \vec{n}_{m,\neg i}+\vec{\alpha}\right)$$

$$p\left(\vec{\varphi}_k|\vec{\mathbf{z}}_{\neg i},\vec{\mathbf{w}}_{\neg i}\right)=\mathrm{Dir}\left(\vec{\varphi}_k|\ \vec{n}_{k\neg i}+\vec{\beta}\right)$$

运用上述两个分布可以推导出如下的吉布斯抽样①：

$$p\left(z_i=k|\vec{\mathbf{z}}_{\neg i},\vec{\mathbf{w}}\right)=\frac{p(\vec{z},\vec{w})}{p(\overrightarrow{z_{-i}},\vec{w})}$$

---

① D. Blei, A. Ng, and M. Jordan. Latent Dirichlet allocation. Journal of Machine Learning Research, 3: 993 - 1022, 2003.

$$=\frac{p(\overrightarrow{w}|\overrightarrow{z})}{p(\overrightarrow{w}|\overrightarrow{z_{-i}})p(w_i)}\bullet\frac{p(z)}{p(z_{-i})}$$

$$\propto\frac{p(\overrightarrow{w}|\overrightarrow{z})}{p(\overrightarrow{w}|\overrightarrow{z_{-i}})}\bullet\frac{p(z)}{p(z_{-i})}$$

$$=\frac{p(\overrightarrow{w}|\overrightarrow{z},\overrightarrow{\beta})}{p(\overrightarrow{w}|\overrightarrow{z_{-i}},\overrightarrow{\beta})}\bullet\frac{p(z|\overrightarrow{\alpha})}{p(z_{-i}|\overrightarrow{\alpha})}$$

$$=\frac{\Delta(\overrightarrow{n_k}+\overrightarrow{\beta})}{\Delta(\overrightarrow{n_{k,-i}}+\overrightarrow{\beta})}\bullet\frac{\Delta(\overrightarrow{n_m}+\overrightarrow{\alpha})}{\Delta(\overrightarrow{n_{m,-i}}+\overrightarrow{\alpha})}$$

$$=E\left(\theta_{mk}\right)\cdot E\left(\varphi_{kt}\right)$$

$$=\hat{\theta}_{mk}\cdot\hat{\varphi}_{kt}$$

推导过程中的概率物理意义说明：$z_i=k,w_i=t$ 的概率只和两个迪利克雷后验分布关联，因此最终得到的 $\hat{\theta}_{mk},\hat{\varphi}_{kt}$ 就是对应的两个迪利克雷后验分布的参数估计。根据前面介绍的迪利克雷参数估计的公式：

$$\hat{\theta}_{mk}=\frac{n_{m,\neg i}^{(k)}+\alpha_k}{\sum_{k=1}^{K}\left(n_{m,\neg i}^{(t)}+\alpha_k\right)}$$

$$\hat{\varphi}_{kt}=\frac{n_{k,\neg i}^{(t)}+\beta_t}{\sum_{t=1}^{V}\left(n_{k,\neg i}^{(t)}+\beta_t\right)}$$

最终得到了 LDA 模型的吉布斯采样公式：

$$p\left(z_i=k|\vec{\mathbf{z}}_{\neg i},\vec{\mathbf{w}}\right)\propto\frac{n_{m,\neg i}^{(k)}+\alpha_k}{\sum_{k=1}^{K}\left(n_{m,\neg i}^{(t)}+\alpha_k\right)}\cdot\frac{n_{k,\neg i}^{(t)}+\beta_t}{\sum_{t=1}^{V}\left(n_{k,\neg i}^{(t)}+\beta_t\right)}$$

上述吉布斯抽样公式说明，通过在K维文档—主题—词语路径上进行采样，基于语料训练文档—主题与主题—词语后验分布，并应用训练得到的$\vec{\theta}_{new}$对新的文档进行主题分析。训练的过程包括四个主要步骤：首先，进行随机初始化，即对语料中每篇文档中的每个词w，随机的赋予一个主题z；其次，重新遍历语料库，根据吉布斯采样公式重新采样每个词w的主题，并在语料库中进行更新；再次，重复以上语料库的重新采样过程直到吉布斯采样收敛；最后，收敛的语料库主题—文字频率矩阵$\vec{\varphi}_1,\cdots,\vec{\varphi}_K$，即$K$个主题—文字分布。此外，语料库中的文档—主题分布$\vec{\theta}_1,\cdots,\vec{\theta}_M$的计算，需要在吉布斯采样收敛之后，统计每篇文档中主题的频率分布，就可以计算$p(z_i|\mathrm{d}_m)$。

在对群体传播内容进行话语分析时，除了语义网络分析以外，目前比较常用的方法是构建话语主题模型。如前面小节介绍，语义网络分析主要是对现有文本结构直接进行计算，而话语主题模型是根据已有文本推测其他文本特征。此外，前者采用“点—线—面”框架，而后者遵循“词—主题—文档”的逻辑。话语主题模型在处理大数据级别文本时具有较为突出效率优势，但是由于该方法处理文本时并不考虑词语在文本中的顺序，并且在最后结果中提炼的话语主题及其相关话语是以概率的形式呈现，因此在语义及语境判断上需要其他方法进行辅助，以实现对群体话语的深入分析。

第八章 群体传播关系分析

第一节　群体传播的关系网络分析

1. 群体传播中的社会关系网络

（1）社会关系与自组织

社会学领域对于社会关系的关注最早可以追溯到19世纪的奥古斯特·孔德（Auguste Comte）以及20世纪初期乔治·西美尔（George Simmel）的研究，他们都提出社会中复杂的关系模式应该成为社会学研究的重点，而不是仅仅聚焦于社会个体。其中，孔德认为人群发展为社会的前提条件是人与人之间的相互影响，即将对方的选择作为自己做出选择的依据。西美尔认为研究人们如何聚集起来成为社会群体是社会学领域的重要议题。关于该议题，马克思（Karl Marx）也有重要论断，他强调人作为一个整体，不仅包含自身的属性，还包括与之有互动的关系。到了20世纪后半叶，复杂科学带来的是一场思维方式的变革，在该理论视角的影响下，社会学学者格兰诺维特进一步深化了对社会关系的探讨：社会个体既不会不受他人影响，完全理性地进行决策，也不会完全依赖他人、社会、政治等社会关系影响做决定，因此社会关系会影响个体的经济决策[①]；社会关系研究实际上是介于个体与社会之间的中层研究，因此该议题的研究应该包括社会关系，例如信任关系与权力关系、人群，例如个人人脉、俱乐部还有协会等以及这些关系与小群体所形成的复杂网络结构。

该时期，格兰诺维特等学者对复杂系统视角的社会关系理论研究的重大贡献在于建立了社会网络的概念体系，为进一步将自组织等复杂理论引入群体研究，从而研究群体自组织的涌现以及自适应的演化过程。所谓涌现，指个体及个体间关系可以形成复杂网络，通过复杂网络结构与人们行为的共同演化产生超出个体加总的内容，这就是涌现。同样，人的连接也会产生涌现，群体行动绝对不是一群个体自我行动的加总，而大多数群体行动是自组织的，自组织是人际关系的组合，涌现于良好的社会网络结构之中。其中，更稳定的群体行为就会产生规范与创新，其中创新在复杂网络中的传播与正负反馈则会带来系统转型，这些正是格兰诺维特所研究的涌现现象。复杂科学在进入社科领域之后，在其思想框架之下社会网络分析的日益繁荣。社会网络分析的主要研究内容之一就是个体之间的互动关系，包括竞争、联合、统治、分工和隔离等。这些关系形式结合社会具体条件会产生不同的社会状态，离开互动的实质内容，就可抽象出其一致形式，例如采用几何学中的点、线、面来描述社会关系及其

---

① Granovetter M（1985）. Economic action and social structure：The problem of embeddedness. American Journal of Sociology，91（3），481-510.

网络等概念。上述早期的社会关系研究为社会网络理论提供了最初的给养。

（2）社会网络分析的起源

随着图论及相关计算机软硬件技术的发展，社会网络研究成为可能。社会网络分析是在20世纪60年代美国社会学家哈里森·怀特（Harrison White）通过推导图形理论而得到的一种用于测量网络结构的数学分析方法。与网络分析相关的传播学研究可追溯到20世纪中期。该时期，心理学家勒温（Lewin）从结构性分析的视角所提出的群体动力学将群体看作内部互联的整体，即如果其中任何一个部分变化，必将引起其他部分的变化[①]。在勒温思想的影响下，勒温的学生巴弗拉斯（Bavelas）运用这种结构性视角对星型、轮型、链型等不同网络结构的传播规律进行了考察，并正式提出网络结构的中心度指标。拉扎斯菲尔德（Lazarsfeld）对于网络分析的贡献除了将其研究“建立在网络数据的基础上”并且“利用基于矩阵重置的图表来展示数据”[②]，还包括将结构视角运用到二级传播理论的研究中，从而提出从意见领袖到被影响者是通过人际网络来实现。20世纪70年代，受拉扎斯菲尔德“两级传播”理论的启发，罗杰斯（Rogers）从结构角度对知识创新进行解读，并撰写文章《传播与发展—统治范式的终结》，该文将社会网络看作未来传播研究的方向之一[③]。

---

① 申荷永：《充满张力的生活空间：勒温的动力心理学》，湖北教育出版社2001年版，第63页、第64页。

② [美] 林顿·弗里曼著，张文宏，刘军，王卫东译：《社会网络分析发展史：一项科学社会学的研究》，中国人民大学出版社2008年版，第88页。

③ E.M.Rogers（1976）. Communication and development：The passing of the dominant paradigm，Communication Research，3（2），213–240.

随着传播学与管理学等学科的融合，网络分析相关研究开始关注组织内外非正式社会关系网络是如何创造与传播信息和知识的。管理学家魁克哈特（Krackhardt）提出“强关系优势理论”，就非正式关系即个体的社会关系网络，对其在组织中的行为（如离职意愿、工作满意度、团队协作意愿等方面）的影响[①]。社会学教授格兰诺维特（Granovetter）提出的“弱关系优势理论”，从互动的频率、感情力量、亲密程度和互惠交换四个维度将联结分为强弱联结两种，并指出强联结和弱联结在知识传播过程中发挥着不同的作用：强关系是在性别、年龄、教育程度、职业身份、收入水平等社会经济特征相似的个体之间建立的，并且相似性较高的个体构成的群体内部所涵盖的知识往往是类似的，因而通过强关系获得的资源常是冗余资源；与之相比，弱关系则是在社会经济特征不同的个体之间发展起来的，并且包含弱关系的群体跨越了各类知识主体，因而可以发挥信息桥的作用在非直接联结的主体之间传播知识。运用弱关系的概念，他在研究中讨论了关系网络对于应聘者在劳动力市场中进行工作信息搜寻中的作用。[②]社会学家布迪厄（Bourdieu）于1985年运用社会网络分析的方法系统地提出社会资本的概念，认为社会资本是一种通过对关系网络的占有而获得的资源集合体，并将该概念应用到组织战略管理领域。1992年，社会学家博特（Burt）提出的结构洞理论是在将社会资本应用于企业内外部关系的基础上提出来的，该理论聚焦企业关系网络中的某些个体之间存在直接联系，而与部分其他个体无直接联系或关系中断的现象，

---

① Krackhardt D，Hanson J R. 16 Informal Networks：The Company Behind the Chart. Creative Management，2001. 202–237.

② M. Granovetter（1973）. The Strength of Weak Ties. American Journals of Sociology，（78）.1360–1380.

将该现象称为网络中的结构洞，并提出处于结构洞中的企业在其关系网络具有控制优势。

21 世纪初，随着社交媒体蓬勃发展，新媒体平台为传播领域研究者提供了获取社会网络数据的便利渠道，社会网络分析成为传播学研究中十分重要的分支。该分支相关研究聚焦于传播机制、效果、创新等广泛的研究方向，很多研究者将基于各类社会网络的传播模型作为研究主体，探讨各类网络结构在传播过程中发挥的作用。荣格（Jung）通过对比个体交往与群体交往下的信息传播过程，探讨了群体交往下的信息传播机制[①]。Jiang Yan 在其研究中发现推特的网络结构与博客相比在整体上更加分散、局部网络效应更加明显，并且各个阶段的传播速度区别较大，因此推特的网络结构呈现出异配性，并具有更强的小世界特性、更高的聚集系数和较低的传播临界值[②]。除了对社交网络传播机制的研究以外，该领域的传播效果研究主要集中在对信息传播各个阶段的传播速度以及传播范围的研究上。杨格（Young）在其研究中指出：社交网络中的传播初始阶段指传播范围到达一定规模即传播阈值之前的阶段；传播增长阶段指传播速度迅速提升的阶段，在此阶段参与传播的节点数量会迅速增长；传播稳定阶段指经过增长阶段后，参与传播的节点数量趋于稳定的后期阶段[③]。还有部分研究者从集中程度与联结程度的角度探索网络结构对创新扩散的影响。Hanool Choi 在其研究中根据小世界模型算法构建仿真网络，探讨网络的两种指标即

① Jung G., & B. Lee (2011). An Analysis of Network Competition with Changes of Network Topology through "Open API".

② Jiang Yang, S.C (2010). Comparing Information Diffusion Structure in Weblogs and Microblogs. In Fourth International AAAI Conference on Weblogs and Social Media. North America. 2010.

③ Kitsak M. et al (2010). Identification of Influential Spreader in Complex Networks. Nature Physics. 6 (11), 888-893.

聚集程度与“桥”特性对创新扩散的影响，研究发现：在初始阶段，“桥”节点特性的减少或者聚集程度的增加会减少网络中的平均距离从而增加扩散速度，但是在增长阶段“桥”节点数量的增加有利于创新在更大范围的扩散①。

2. 网络节点的特征参数与角色

中心性是评估网络中节点位置的测量指标，该参数常用于度量节点在网络中的影响力。中心性指标通常用于连接方向不重要的无标度网络中，当节点间的联结方向扮演着重要角色时，也可利用该概念计算节点的出度与入度中心性。

（1）网络节点的特征参数

度中心性是指与该节点直接相连的边的数目。该参数取值越大，表明该节点与其他节点的直接交往的能力越强。在无向网络中，度中心性大的节点通常会和多个群体相连，或者长期隶属于一个联系紧密、关系稳定的群体。在有向网络中，节点的度具有方向性，具有方向的联结采用出度和入度进行度量。其中，出度是指该节点指向其他节点的边的数量。出度中心性在推特中体现为节点的粉丝数或者转发、提及或者转发行为的数量，因此出度值较大的节点多为关系中主动性更强的主体，是关系的发起者，体现了节点的活跃程度；而入度值中心性是指从其他节点指向该节点的边的数量，在推特中体现为节点的朋

① Choi, H., S. Kim and J. Lee (2010). Role of Network Structure and Network Effects in Diffusion of Innovations. Industrial Marketing Management. 39 (1), 170-177.

友数或者信息接收行为的数量，因此入度值较大的节点受到更多节点的关注，往往成为信息扩散的来源。

网络中节点间最短路径经过某个节点的数量称为该节点的中介中心性。该参数的目的在于度量节点出现在其他节点间最短路径上的频率。因此，该参数在某种程度上代表了特定节点对其他节点之间关系的一种控制能力。中介中心性建立在计算最短路径的基础上，因此在信息传播过程中它反映了网络传输的信息量，也就是说该类节点往往承载了所连接群体之间的所有信息。具有较大中介中心性的节点通常与众多群体相连，并且这些节点拥有多条节点间的最短路径，因此它们对网络的联通性具有重要作用。中介中心性概念在社会网络分析中非常重要。例如，在结构洞理论中，判断某节点是否为桥节点的参数即为中介度中心性。换句话说，如果有某个节点将两个分离的子图相连接，这个节点就是两个子图的桥节点。对于靠桥节点连接的两个分离的子图而言，中介度取值较高的桥节点，掌握了子图间的信息流，因此可以通过操控这两个群体的交往而获得中间利益。

接近度中心性是以节点间距离为基础来衡量节点在网络中的中心程度。该指标一般用于度量联通网络中的节点，当节点与网络中其他节点的平均最短路径长度值越小，该节点的中心性取值越大。接近中心性建立在最短路径的基础上，因而比节点度指标更能反映节点在网络结构中的位置。因此，节点的接近中心性越高，它离网络中其他节点的距离越小，信息传播进行得越顺利。此外，以往研究发现该指标与度中心性指标相关度很高，即度中心性取值高的节点往往在网络中的接近度中心性取值也很高。与度量个体在传播过程中承载信息量的中介中心性相比，它更侧重于测量节点在传播过程中对传播效率与便利性的影响。

特征值中心性的作用在于度量节点在网络中的重要性，该指标将单个节点的中心性看成是所有其他节点中心性的加权线性组合，以此得到的线性方程组最大特征值所对应的特征向量就代表该节点的重要性。节点的特征值中心性强调的是可到达性，即考察与目标节点已建立连接节点的特征值对该节点特征值的影响。与高特征值节点相关联对某节点的中心性特征值的贡献要大于与低特征值节点相关联的贡献。也就是说，特征值中心性的定义认定不是所有的连接都是等价的，当与目标节点所连接的节点特征值高时，该节点的特征值中心性也较高。

（2）网络节点的角色

社交网络节点的角色分析，指的是结合节点行为的统计规律以及所处的网络结构，判断节点在网络中的角色与功能。由于根据传播网络中节点角色的划分可以对具有类似社会网络特征的节点进行信息设计及路径策划，因而该类分析在社交网络营销以及网络舆论引导等领域都具有较强的实践性。阿克社（Akshay Java）在研究推特的群体结构与用户传播动机时，用节点入度和出度分别定义权威性与居中性，并根据二者值的大小将节点的传播角色划分为信息源、朋友和搜寻者[①]。其中，信息源指的是以信息发布为主要传播动机的用户，朋友

---

① Java A，Song X，Finin T，et al（2007）. Why We Twitter：Understanding Microblogging Sage and Communities. In Proceedings of the 9th WebKDD and 1st SNA-KDD 2007 workshop on Web mining and social network analysis. ACM.

和搜寻者则是以跟随者或是信息接收者的心态进行传播。根据三种传播角色的划分标准，该研究可以识别出线上营销活动需要达到的网络群体中信息发布动机较高的重要节点。邱（D.H.Qiu）在其研究中根据用户的行为特点，以节点的出度以及其所在的网络结构为标准，将网络中节点划分为群体核心、群体成员、中间人和边缘人共四种角色[①]，分别代表群体中度值较高的节点、群体中度值较小的节点、连接多个群体的节点以及群体中的边缘节点。其中，群体核心节点的行为较为稳定并在社交网络的传播活动中表现活跃。相比之下，其他节点由于在网络动态演化过程中受到与之相连个体的行为影响，会逐渐转换网络角色并带来较大的行为波动。斯瑞普（Jerry Scripps）在研究网络结构中的节点角色时，利用节点连接的群体数量作为衡量节点对网络中其他节点影响力的衡量指标，并根据节点的度和节点连接的群体数将网络中的角色划分为大使、明星、桥和孤立者四类[②]。该种划分方法更加强调节点的连接属性，因此将比关注相邻节点更有效地研究信息的传播路径与效果。最后，目前学界常用的节点角度划分标准由爱尔曼（Edelman）提出，他将网络用户角色划分为三种：话题发起者、话题扩散者、话题整合者。其中，话题发起者在传播路径中负责提供原创性内容，该类用户一般拥有良好的信用，因而发起的话题通常具有较高的转发率。话题扩散者在传播路径中往往处于网络中心位置，具有较高度中心性，同其他用户联系密切。汇聚话题扩散者的网络被称为

---

① Qiu D H，Li H，Li Y（2011）. Identify node role and track node evolution in temporal networks [C]//Soft Computing and Pattern Recognition（SoCPaR），2011 International Conference of. IEEE.

② Scripps J，Tan P N，Esfahanian A H（2007）. Node roles and community structure in networks[C]//Proceedings of the 9th WebKDD and 1st SNA-KDD workshop on Web mining and social network analysis. ACM.

密集型网络，具有规模较小、密度高，用户间兴趣一致且信任程度较高等特征。话题整合者的职责在于将外部与内部网络群体的信息进行整合，具有较高中介中心性并引导话语方向。该类用户一般成为密集网络之间的联络桥梁。

3. 网络结构的特征参数及模型

网络可以被大自然中所有的复杂系统所定义，其中网络的构成包括节点集合与节点之间的关系集合[1]。网络中关系集合的不同意味着网络在整体特征上的差异，这些差异包括网络的结构和规模等方面。其中，网络结构的一种表达方式是通过矩阵来表示。关联矩阵与邻接矩阵是矩阵中的两个常用表示方法。网络节点与边联系时通常需要关联矩阵来表示，而邻接矩阵表示法则常用来描述网络中两个节点间的联系。在矩阵表示方法的辅助下，复杂网络的结构特点可以用节点度分布、平均路径长度和聚类系数[2]、社区结构等基本特征参数进行描述。

与网络节点相关指标中最重要的指标是度。节点 i 的度 k_i 就是与这个节点连接的任意节点的数目。直观地看，在网络中重要节点的度会更大；而在网络中度越小的节点重要性也就越小。在节点度概念的基础上，评估整体网络的类似指标是网络的平均度 $<k>$，平均度 $<k>$ 是指该网络内所有的节点 i 的度 k_i 加和取均值。此外，与整体网络相关的另一个指标为节点度分布，该分布可表示为概率分

---

① Dorogovtsev S N，Mendes J F F（2002）. Evolution of Networks. Advances in physics，51（4），1079–1187.

② Newman M E J（2003）. The Structure and Function of Complex Networks. SIAM review，45（2），167–256.

布函数 $P(k)$，即分布函数值定义为网络中任意节点的度值为 k 的概率。另一个表示节点度分布的方法是累计度分布，这种函数是通过节点度概念的累积绘制出的度分布状态。由于函数值是概率值加和形成，因此相对于节点度分布来说，累积度分布会是一个更加平滑的曲线。

平均路径长度 L 是表达网络全局特性的主要参数之一，该参数用于度量节点之间的紧密程度。在网络中从其中一个节点出发到达其他节点的过程中所经过的距离叫作节点之间的路径长度。在无权网络中平均路径长度代表一个节点到达另一个节点所经过的边的总数目。其中，最短路径长度是从节点到节点 j 所需要经历的边的和的最小值，即为 $l_{i,j}$。

所谓网络的聚类特征，在现实生活中的写照为朋友圈子中一个人的多个朋友相互之间也是朋友。一般情况下，若 k_i 代表网络中的节点 i 的度，也就是说有 k_i 个节点与节点 i 相连，则这些邻居节点之间大约存在 $k_i(k_i-1)/2$ 条边，假设 e_i 是这 k_i 个邻居间实际存在的连接数，则它们的比值被称为节点的聚类系数。这个网络中存在的一切节点的聚类系数的平均值称为该网络的聚类系数 C。

通过对复杂网络的性质及数字特征的了解，人们提出复杂网络的第四个重要参数，即社区结构。复杂网络的社区结构是指网络中由多个局部密集的网络组成。由于现实网络不仅具有小世界特性和无标度特征，往往还表现出社区性，因而这种社区结构的出现对复杂网络的发展有着重要的作用。社区结构比较常用的定义为网络中的顶点可以分成若干个社区，社区内的节点关系是很紧凑的，而社区间的节点连接稀疏。因为稀疏和稠密没有明确的判断标准，所以研究者们给出一个定量化的定义，即给定一个图 $G=(V,E)$，V 表示图的节点集合，E 表示图的边，图中节点 i 的度用 k_i 表示，假设有图 G 的子图 S，对于子图 S 中的节点 i，在其连向的 k_i 个节点中，有 $k_i^{in}(S)$ 个节点属于子图 S，$k_i^{o}(S)$ 个节点不属于子图 S。在这里得到两个定义来描述网络中的社区结构一个是强社区，其中把强社区定义为：在子图外部顶点连接的度都小于与子图内部顶点连接的度，即表达式为 $k_i^{in}(S)>k_i^{o}(S)$。另一个是弱社区，其弱社区定义为子图内所有顶点与子图外部顶点连接的度之和小于子图中所有顶点与子图内部顶点度之和，表示为 $\sum_i k_i^{in}(S)>\sum_i k_i^{o}(S)$。对于网络中的强社区的定义强调的是单个节点，其连向社区内部的边数大于社区外的边数；而弱社区只要求整个社区内的连接边数大于社区外的连接边即可，因此弱社区更适于大规模网络的分析与研究。

复杂网络的统计特征还包括网络结构的“健壮性”，该概念是除了上述基本统计特征之外的一种表述网络抵抗能力的特征参数。所谓健壮性，表示在随机删除或增加网络中的节点时，不会造成网络自身结构的毁坏，则网络结构越强壮。然而，当网络受到有目的的威胁时，如依次删除网络中度较大的节点，实际网络会越来越脆弱，强的健壮性会非常迅速瓦解成非常小的联通子网络。

网络的度、平均路径长度和聚类系数是表达复杂网络特点的基本静态特征，也是呈现网络结构的本质的特征参数，大多数研究者为了验证模型的有效性会提出各类网络演化模型来模拟并分析这三个参数变化的规律，以准确地判断模型是否有效。随着研究者对复杂网络研究的细化，BA 无标度网络、多社区网络等模型中提出了更多展现复杂网络动态特点的特征参数。

（1）BA无标度网络

在现实社会中，复杂网络的小世界特性是普遍存在的，就像平时生活的社交网络中经常出现的情况：每个人与周围的人熟识并进行日常交流，就代表着复杂网络中集群性特点；此外，个人又可以通过各种的渠道认识距离更远的人，则体现了复杂网络中远距离连接的可能性；更突出的情景是某个人发现他的朋友相互之间也熟识。虽然小世界网络模拟了这些最普遍出现的现实场景，然而除了小世界的特性外，复杂网络还应该体现真实世界中的一个非常重要的特征，即网络所包含的度较高的节点。根据前文中对节点度的定义可知，度较高的节点意味着该类节点相对其他节点拥有更多联结。更直观地说，虽然复杂网络在局部网络结构上会存在差别，然而根据网络中所有节点的度值大小排列形成的度分布曲线展现出各类复杂网络的度分布曲线的不均匀性。

针对度分布的不均匀特点，巴拉巴西（Barabasi）和艾伯特（Albert）研究表明真实世界中大部分复杂网络的节点度分布是服从幂律分布的，因而该研究在幂律分布的基础上提出了具有“增长”和“优先连接”机制的 BA 无标度网络模型[①]。该模型结构通过构造网络的规模增长及优先联结机制，对网络中部分节点拥有高度值的现象进行了模拟，同时又呈现出节点度服从幂律分布的无标度特征，即网络中不存在一个特征节点在度值上可以代表其他大部分的节点。所谓优先连接指的是新加入网络的节点会更倾向于先放弃度小的节点，而与

① Barabási A L，Albert R，Jeong H（1999）. Mean-field Theory for Scale-free Random Networks. Physica A：Statistical Mechanics and its Applications，272（1），173-187.

度大的节点进行连接。增长特性是指随着新节点的加入，网络规模会逐渐增长。根据以上的两个特征机制，该模型通过以下方式进行 BA 无标度网络的构建。首先，在网络增长过程中构造一个规模为 N 的初始网络，每当新加入一个节点后，要和存在于网络中的 M 个节点相连（其中 $M \leqslant N$）。其次，在优先连接过程中，根据以下的概率来建立新加入网络中的节点和网络中存在节点 i 的连接：

$$P_i = \frac{k_i}{\sum_j k_j}$$

上式中，k_i 和 k_j 表示为节点 i 和节点 j 的度。i 是新节点，j 是原始节点。

（2）多社区网络

李（Li）和迈尼（Maini）[①] 提出了基于社区内外节点度优先连接机制，并可以呈现社区内外节点连接紧密程度差异的演化模型。构造该模型的关键在于将每个节点的度从社区内的度和社区外的度两个方面进行考虑。社区内节点的度表示这个节点和它在同个社区中另外的节点之间存在连接的边数，而社区外的度则表示该节点在与不同社区的节点之间存在连接的边数。该种复杂网络的演化过程包括三个方面：一是在网络初始化阶段，假设一个初始的网络，网络中含有社区结构，社区结构的数目为 M，表示该网络中有 M 个社区，这个 M 个社区中的每个社区都有 m_0 个全耦合的节点构成，并且这 M 个社区间两两相连，通过 $M(M-1)/2$ 条边；二是在增长阶段，每一步随机地

① Li C，Maini P K（2005）. An Evolving Network Model with Community Structure. Journal of Physics A：Mathematical and General，38（45），9741.

选择一个社区加入一个节点，这个节点与它所在社区内的 m 个节点相连，而以概率 p 与其他（$M-1$）个社区内的 n 个节点相连；三是在网络增长阶段的优先连接机制，包括：根据社区内外的度优先选择与社区里的边连接还是与两个社区之间边连接。其中，社区内优先连接机制：当一个新的节点 n 从它所在的社区 i 内选择一个节点相连时，它选择社区 i 内节点 j 的概率 $P(s_{ij})$ 与节点 t 的社区内的度 s_{ij} 成正比，即 $P(s_{ij})=\frac{s_{ij}}{\sum_k s_{ij}}$。社区外优先连接机制：当新的节点 n 从它所在的社区 i 外部选择其中的节点相连时，会选择社区 k 内节点 t 概率 $P(l_{kt})$ 与节点 t 的社区外的度 l_{kt} 成正比，即 $P(l_{kt})=\frac{l_{kt}}{\sum_{m,n}(s_{mn})}$。与随机网络相比，基于该模型构造的复杂网络具有很强的社区结构性、较小的平均最短路径和相对较大的聚集系数，并且网络节点度服从幂律分布。

第二节　群体关系传播的民族志研究

民族志来源于自然主义范式，该范式是一种不同于传统社会科学研究却又与之相容的人类行为研究体系。这种范式的假设包括：承认多种建构的真实[①]；接受研究人员在研究设计和数据分析中固有的偏见或价值观；认为特定情况和时间条件下人类行为的情境性不可重复。

① Lincoln，Y. S，& Guba，E. G.（1985）. Naturalistic inquiry. CA：Sage.

以这些假设作为出发点，采用自然主义范式来探讨群体传播研究方法：在群体自然环境中原位观察；专注于群体传播过程而不是群体决策制定；研究自然群体而不是实验室中的无历史群体；使用定性法，例如参与者观察、深度访谈和文本分析。自然主义研究人员的目的是使用这些和其他自然主义方法来生成“稠密描述”[①]，一种公平对待自然群体传播过程等人类复杂行为的描述方式。民族志方法旨在为研究人员提供采集数据的路径，以构建对所研究现象的描述性叙述。运用该方法的研究者想要提供多样化的解释，这种解释通过强调多样性来认真对待参与者的观点。民族志方法，如参与式观察，允许研究人员通过实践和参与来了解研究对象。作为一种自然主义方法，民族志方法假定所有行为都存在于情境之中，包括群体传播实践在内。民族志研究者通过与群体长时间的相处来熟悉该群体及其传播情境，让他们可以识别出自然情况下发生的重要群体传播过程。如果没有研究者以成员身份参与其中，并进行长期大量的田野调查，就无法得出令人信服的结论。

除了通过参与式观察获得的观察笔记之外，民族志研究者还依靠访谈记录收集数据。民族志访谈的范围从自发的现场访谈到结构松散的计划访谈，这些访谈依靠指南而不是调查研究中经常使用的标准化问卷。因为民族志研究中的访谈对象是有目的地选择受访者，而不是像调查和实验研究中那样随机选择受访者，所以参与者之间的访谈可能相似，也可能不尽相同。此外，民族志访谈往往是归纳式访谈，主要提出开放性问题，而调查访谈往往是演绎性访谈，使用相对封闭性

---

① Geertz, C. (1973). The interpretation of cultures: Selected essays. New York: Basic Books.

的问题。民族志研究为群体传播研究做出贡献有：第一，验证了实验室环境下群体传播研究的结论[①]。第二，通过定量法测量群体传播行为后，民族学观察可以提供语境丰富的群体传播行为“稠密描述”[②]来实现三角测量[③]，从而保证相关群体传播观察的可靠性和有效性。第三，通过开展与传播理论相关的实例化分析，阐明随着时间的推移群体成员互动对相关群体结果的影响[④]，民族志研究有助于了解群体范围和边界及其传播理论。目前，运用民族志方法的研究者主要在四个方面建立了群体传播理论：组织文化理论；传播符号理论，包括本地化符号、特殊符号和声音符号理论[⑤]；群体成员的个人与集体张力理论；社区的创建和维持理论。

首先是组织文化理论。该理论旨在发现和阐明组织内部成员用来“制定和揭示共享意义”以及“创建和规范社区意识”的文化传播系统[⑥]。组织文化的传播系统是组织文化的一部分，是组织成员共享的符号，并为组织赋予了意义[⑦]。该理论依据民族志方法建立了一个描述性

① Smith, M. J. (1988). Contemporary communication research methods. Belmont, CA: Wadsworth.

② Geertz, C. (1973). The interpretation of cultures: Selected essays. New York: Basic Books.

③ Carbaugh, D. (1988b). Cultural terms and tensions in the speech at a television station. Western Journal of Speech Communication, 52, 216–237.

④ Howard, L. A., & Geist, B (1995). Ideological positioning in organizational change: The dialectic of control in a merging organization. Communication Monographs, 62, 110–131.

⑤ Philipsen, G. (1997). A theory of speech codes. In G. Philipsen & T. Albrecht (Eds.), Developing communication theories (pp. 119–156). Albany: State University of New York Press.

⑥ Carbaugh, D. (1986). Some thoughts on organizing as cultural communication. In L. Thayer (Ed.), Organizational communication: Emerging perspectives (pp. 85–101). Norwood, NJ: Ablex.

⑦ Carbaugh, D. (1986). Some thoughts on organizing as cultural communication. In L. Thayer (Ed.), Organizational communication: Emerging perspectives (pp. 85–101). Norwood, NJ: Ablex.

框架进行语境、共享意义和文化符号等传播要素的归纳分析，而不是使用预先规定的编码方案。研究的最终结果结合了传播的语境、形式和意义来总结特定组织群体在特定语境中的结构和过程以及其结果[①]。其次是群体话语理论。该理论解释群体成员如何使用话语符号“主题化，构建或重组以及管理”人与人之间的联系[②]。这项研究的创新之处在于将多样性作为描述群体话语符号的重要概念，基于该概念自然群体中的复杂交流过程得以展现。对群体话语多样性的研究不仅可以有助于调查群体传播符号的共性，也有助于研究其争议性。应用民族志方法开展的群体传播理论研究提出的第三条路线与成员在个体和群体身份上的张力有关。该类研究通过对群体文化传播、共享身份的建立、角色确认和协商进行研究，了解群体成员如何通过交流来处理个体与群体身份之间不可避免的紧张感[③]。具体来说，该理论主张分析群体仪式、神话、社会戏剧和其他交流形式，来研究成员对这种张力关系的反应，并大量地描述了不同群体的成员用于管理其个性同时保持集体感的传播形式[④]。此外，由于群体过程和结果辩证相关，对这种关系进行民族志研究，有利于探究自然群体的复杂性，尤其是参与者对个体和集体的辩证张力的传播实践。最后，群体共享性理论。许多运用民族志的群体研究都关注群体环境中传播的共享性或者共享意义。当研

---

① Rudd，G.（1995）. The symbolic construction of organizational identities and community in a regional symphony. Communication Studies，46，201–222.

② Philipsen，G.（1997）. A theory of speech codes. In G. Philipsen & T. Albrecht（Eds.），Developing communication theories（pp. 119–156）. Albany：State University of New York Press.

③ Philipsen，G.（1987）. The prospect for cultural communication. In D. Kincaid（Ed.），Communication theory from Eastern and Western perspectives（pp. 245–254）. New York：Academic Press.

④ Dollar，N. J.，（1999）.“Show talk” and communal identity：An analysis of Deadheads' ways of speaking. Journal of the Northwestern Communication Association，27，101–120.

究者提出群体成员共享的是传播系统或角色系统时，他认为成员是否使用传播系统并不意味着对这个系统及其表达的意义达成共识。也就是说，共享并不一定需要达成共识。共享性是指，群体成员理解所在的传播系统清楚易懂，而不是他们就传播系统的所有方面或使用方式达成共识[①]。因此，群体共享性不排除差异，这是传统的群体传播研究中缺乏的关键论点。

① Carbaugh, D.（1988a）. Comments on "culture" in communication inquiry. Communication Reports, 1, 38-41.

实践篇

第九章
网络传播：知识类微博的圈粉策略

在网络环境下，知识的传播具有实时性、多样性与互动性等特征，弥补了其在其他媒体中传播存在的内容易逝性、形式单一性等方面的局限。然而，新媒体中传受关系的变化也使得知识类微博在话语引导及粉丝培育方面面临挑战。应对挑战，本文针对该类微博的网络传播分别提出了基于价值与事实层面的内容策划策略以及贴合受众特性的路径规划策略，并以中央电视台播出的原创科学实验节目“加油向未来”的官方微博为例，说明在微博策划及粉丝培育两方面的具体建议。

第一节　网络环境下知识类微博的传播特征

1. 传播内容的实时性与多样性

知识类微博最显著的特点是其较高的知识含量。该类节目在电视上播出时虽然能够通过画面与声音生动地呈现科学现象原貌，但是由于电视播放时段的固定性以及播放顺序的不可逆，导致该媒体在知识传播上的局限。观众往往难以理解与吸收电视中瞬时闪过的科学知识，还容易感到枯燥。此外，节目为了提升趣味性，常常将制作重点放在环节设计以及悬念铺设上，难以对知识点展开全面阐述。与电视相比，微博作为新媒体的代表，其用户可以随时随地发布文字、图片、视频和短链接等形式的内容。因而，知识类微博通过新媒体进行传播，不仅可以实现节目信息的多样化实时发布，还有利于对电视画面中易逝的科学知识进行再次传播与大范围扩散。

以中央电视台原创科教节目“加油向未来”为例，根据对其官方微博开通两个月以来发布微博的类型、时间与形式进行统计，发现该节目在运用微博进行传播时的内容特征：微博内容大致可划分为知识、明星、节目、转发以及互动共五个主题类型。首先节目与知识主题的微博比例最高，各占 35%；其次，在发布时间方面，明星类与互动类微博多在节目播出前发布，节目与知识类微博大多在节目播出期间与之后发布；最后，在形式方面，五种主题的微博均包含大量图片，而明星、节目与知识类微博经常附加视频，只有知识类微博经常使用链接。上述数据说明，微博弥补了电视节目在内容易逝性、形式单一性等方面的局限，显示出其在知识传播过程中的实时性与多样性特征。

2. 传播渠道的互动性

在新媒体环境下，科教节目在传播渠道上的重要特征是其与受众的直接互动。互动性是新媒体的普遍特征，而微博是传播与对话的结合体。微博用户公开发布内容，关注者通过转发或评论的方式公开发起对话。在交流过程中，微博发布者收获关注并聚拢人气，粉丝则在互动中获得信息并汇集成稳定群体。因而，微博的互动特征既促进了科教节目中知识在网络中的深度传播，又提升了节目粉丝群体的稳固性。“加油向未来”的官方微博设定了多种方式与粉丝直接互动，迅速扩大影响范围。例如，该节目在官方微博上发起“招募明星组队”活动，并设计了三种参与方式，巧妙引导互动：通过关注节目官方微博，提升粉丝数量；发布涵盖“科学一起嗨”标签的微博，提升节目主题讨论热度；转发或评论明星微博，借势提升关注度。其次，节目官方微博在每期节目结束后，都会发起“投票选出你最喜欢的实验”活动，获取受众对实验类型的偏好信息，以便及时对节目进行调整。

第二节　知识类微博在网络传播中面临的挑战

科普类节目传达的知识虽然有利于公众在日常生活中做出正确决策，但是对于大多数受众来说，该类节目的吸引力远不及娱乐节目。为了扩大收视群体，知识类微博开始尝试加入娱乐元素，以调和枯燥乏味的科学知识。然而，由于新媒体中传者与受众、受众与受众之间关系的转变，使得科教节目在整合娱乐元素之后将面临在话语引导及粉丝培育方面的挑战。在“加油向未来”的节目类与明星类微博中，“刘谦参与哈欠实验”和“TFBOYS 节目预告”两个微博的转发量最高，颇具代表性。本文通过对两者转发评论中高频关键词与传播路径的分析，以说明科教节目微博在话语导向及粉丝培育方面的状况。

1. 受众话语引导的不足

新媒体传播环境中，受众拥有传播及扩散信息的主动权，具有类似偏好的受众容易聚拢起来，导致传者与受者地位日趋平等，双方都拥有了决定话语走向的能力。因而，如果科教类节目的微博与节目或者其中的知识点相关性不高，则难以引导用户的转发评论走向。节目类微博“刘谦参与哈欠试验”邀请用户验证节目中的实验结果，并将过程拍成视频发布到微博上参与话题互动。根据对该条微博的转发评论进行高频关键词分析（见图 9.1），发现用户回复中除了包含节目关键词如“主持人”“郎朗（郎桑）”，还意外多次出现了如“袜子”“狐狸”等与节目相关性较低的词汇。与之类似，在明星类微博“TFBOYS 节目预告”的转发评论中，关键词基本与明星高度关联，例如“凯源”“王源”“易烊千”等明星名字，“聪明”“骄傲”等对明星的评价以及“小王子”“哥哥”“宝宝”等粉丝对明星的昵称。因而，科普类节目微博在借助明星效应或者趣味时间获得大量关注与评论的同时，也将面临转发评论与节目或知识相关性较低，难以引导受众话语的挑战。

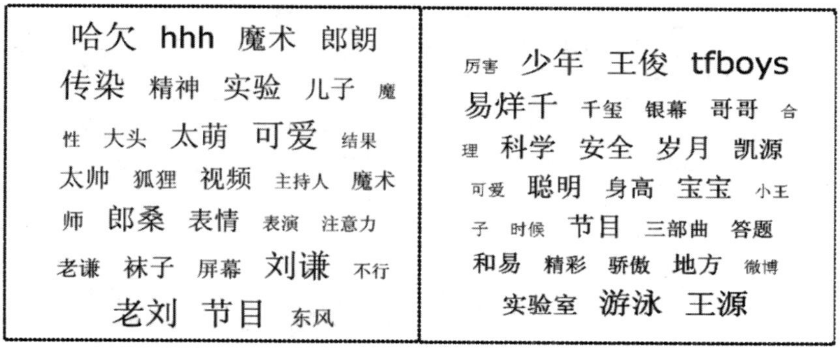

图 9.1　微博“刘谦参加哈欠实验”和“TFBOYS 节目预告”高频关键词集合

2. 粉丝群体培育上的短板

科教节目在新媒体中传播，除了增添娱乐元素之外，邀请娱乐领域意见领袖加入也是节目培育粉丝的常用手段。所谓意见领袖，指的是在每一个舆论事件的传播过程中，其话语能够影响其相关公众决策的少数群体。[①] 借助意见领袖的影响力，科教类节目能够接触各种领域的微博用户，发掘潜在粉丝。但是，如果来自其他群体的粉丝在与节目微博或者就设定话题进行互动的过程中，相互之间未能形成联系，则难以汇集成节目自身的粉丝群体。在微博“刘谦参与哈欠实验”与“TFBOYS 节目预告”的传播路径中，转发用户之间联系较少，未能形成以节目为传播核心的固定粉丝群体（见图 9.2）。两类微博中，虽然前者在转发和评论量上都不及后者，但是其传播路径中出现了社会、音乐与艺术等领域的意见领袖，是进一步培育节目粉丝群体的基础。

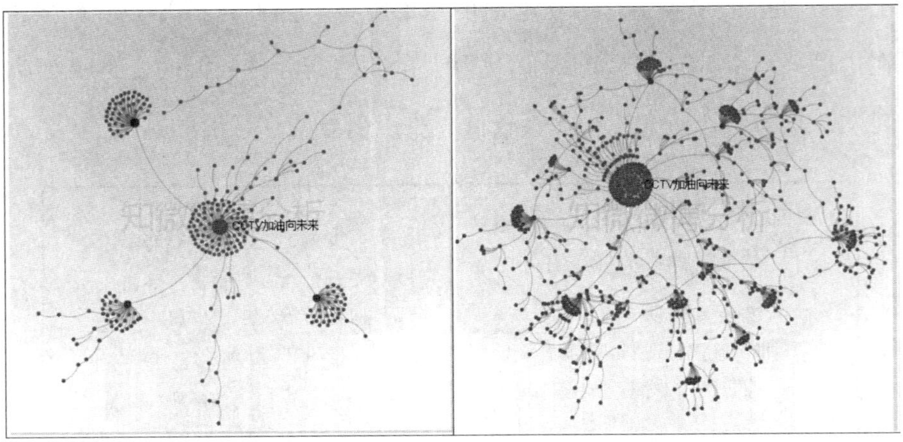

图 9.2　微博“刘谦参加哈欠实验”和“TFBOYS 节目预告”传播路径图

---

① 韩运荣，高顺杰：“微博舆论中的意见领袖素描——一种社会网络分析的视角”，《新闻与传播研究》，2012年第3期，第61–69页。

通过对比微博“刘谦参与哈欠实验”与“TFBOYS节目预告”的传播路径，可以发现两者的整体形态均呈现发散型，即多数节点之间没有联系。其中，微博“TFBOYS节目预告”的传播路径中形成较少数量的用户联结实际上是来源于明星粉丝群体的原有联系。另外，进一步分析两个微博的转发用户可以发现，微博“刘谦参与哈欠实验”的传播路径中的用户群体具有较高异质性。在该微博的二级转发用户中，除了娱乐领域意见领袖以外，还出现了社会、音乐、魔术、足球领域的意见领袖。也就是说，在明星粉丝群体以外已出现了关注该节目微博的潜在粉丝。相比之下，微博“TFBOYS节目预告”的二次转发用户性质基本类似，除了播出该节目的中央电视台一套频道微博以外，基本都是“TFBOYS”的粉丝群体，未能实现挖掘潜在粉丝的初衷。

第三节　知识类微博的网络传播策略

1. 统一价值与事实，设计主题与内容

节目微博设置标签的目的除了聚集话题相关的微博之外，还在于传递其价值定位及外延事实。“加油向未来”官方微博设置的“科学一起嗨”和节目同名标签是所发微博中普遍出现的关键词，体现了该节目所倡导的“公众理解科学”的价值定位。但从事实层面来讲，节目标签在展现外延含义，拓展细分话题方面略有欠缺。为了形成统一的价值定位与丰富的外延事实，节目可根据微博类型设置子标签，聚类

明星参与实验的趣闻微博以及推广日常科学知识的专业微博。

为了形成价值取向统一、事实含义丰富的节目标签与话题体系，节目还需在对微博内容进行策划时根据主题采用不同的策略，以实现对新媒体中受众话语的引导。例如，在“刘谦参与哈欠实验”以及“TFBOYS 节目预告”等主要面向业余用户的微博中，如果转发评论与节目及知识的相关度不高，则难以实现引导受众话语的目的。为了实现通过趣味事件与名人效应提升话语导向力的目的，建议在策划该类微博时，设置专门环节以吸引受众参与知识相关的互动与评论。例如，针对实验原理或细节的有奖竞猜，从而形成受众对知识点与趣味事件的自然联想。与之相比，针对专业用户的微博内容，建议在回顾节目的实验过程中，不仅呈现刻板印象与科学认知的差异性，还需对两者进行整合，以满足专业受众的知识需求，寻求节目与受众之间的价值契合。例如，在微博“锤子砸玻璃实验”中，除了对实验结果进行阐述，还可加入与固有认知的比较，通过澄清真相彰显节目价值取向，从而实现影响专业受众的目的。

2. 根据受众特性，培育粉丝群体

科教节目在新媒体环境中培育粉丝群体，可以首先借助科学和娱乐等领域意见领袖的影响力，构建由专业或业余粉丝群体组成的密集型传播网络。在密集型传播网络中，用户之间的联系不仅仅局限于话题发起者向周边受众发送信息，而是指用户之间存在广泛联系，从而形成规模稳定、兴趣一致的粉丝群体。其次，引入话题整合者，联结各类粉丝群体，整合信息以引导各个群体的话语方向。以微博“刘谦参与哈欠实验”与“TFBOYS节目预告”为例，在娱乐类微博的传播路径中，明星官方微博将成为首批话题扩散者。当部分明星粉丝持续关注节目时，微博内容的设计可以以促进粉丝间互动为主，例如粉丝组团参与知识竞猜，从而逐步形成联系密切、规模稳定的业余粉丝群。与之相比，专业微博的粉丝群体建立除了借助相应领域的意见领袖影响力以吸引受众转变为粉丝以外，该类群体培育的重点在于引入话题整合者。因为该类用户一旦产生对特定话题的关注往往会主动参与对话与传播，所以粉丝间容易产生密切联系。然而，在群体内部传播的范围太过局限，不利于知识的扩散与节目宣传。因而，引入话题整合者，对专业群体中的知识与业余粉丝群体中趣味话题进行整合，再发送给各自群体中的意见领袖，一方面扩大知识传播的范围，另一方面增强对业余粉丝群体中的话语导向力。

第十章
社交网络：全球媒体的传播效果提升策略

国际社交网络日益成为全球公众聚集的公共场域，英国广播公司（BBC）等西方媒体较早触网且已形成先发优势，我国主流媒体中国国际电视台（CGTN）亦开启融媒体发展之路。面对社交网络中老牌全球媒体的竞争，我国媒体亟须摸清新媒体环境中的传播规律，提升国际传播效果。因此，本案例将从传播广度、深度和参与度三个维度来衡量比较 CGTN 与 BBC 官方推特账户在社交网络中的传播效果，为我国全球媒体提升国际传播力、影响力和引导力提出建议。

基于互联网和数字技术的新媒体带来传播范式革命，改变着当下的全球政治、社会百态和传播秩序。[①] 以社交网络为代表的新媒体为用户打造的联通式平台，让麦克卢汉所述的“全球村”成为现实，世界各国公众在网络中共享、讨论国际事务，重塑全球公共场域与舆论生态。在当下新兴媒介高度发达的传播环境中，新闻价值更多地取决于社交网络用户的关注度与评价，而非在传统媒体中的刊播位置。[②] 因此，世界各国媒体纷纷加强基于推特、Facebook 等社交网络的国际传播体

① [美]丹尼尔·贝尔著，高铦、王宏图、魏章玲译：《后工业社会百态的来临——对社会百态预测的一项探索》，新华出版社1997年版，第211页。

② 刘肖，董子铭：“失衡与制衡：国际传播运行格局的理论透视”，《四川大学学报（哲学社会科学版）》，2017年第3期，第75–83页。

系建设，争夺新媒体时代的全球传播话语权。

打造“联接中外、交流世界”的外宣旗舰媒体。在此政策背景下，CGTN 年底正式开播，并同时在各类社交网络中建立账户。以推特为例，截至 2017 年 10 月，CGTN 的微博官方账户已经拥有 487 万粉丝。虽然 CGTN 的用户群体已初具规模，但是与 BBC 世界服务推特账户的 2170 万粉丝群体相比，还具有相当差距。因此，本文通过比较分析社交网络中 BBC 和 CGTN 传播内容与用户群体的特征，为提升我国全球媒体的国际传播效果提供建议。

第一节　社交网络中全球媒体的国际传播效果评估框架

对全球媒体在社交网络中的国际传播效果进行评估，应该充分考虑其国际网络受众在议题构建方面的能动性，或者说受众群体参与议题构建的传播和交往行为。该类传播效果的评估应从广度、深度和参与度[①]三个维度对全球媒体的新闻体系及其受众群体进行全方位考察，其中，新闻体系指的是由来自全球七大洲和类属首脑活动、政局动态、国际经济、灾难和事故、文件事件、环境卫生和社会百态[②]共七个类别的新闻组成的内容体系。

① 罗雪：“浅论我国媒体的国际传播效果评估体系构建”，《当代电视》，2016年第10期，第80-82页。

② 沈晓静：“‘新闻联播’的话语建构对新闻价值的影响”，《南京大学学报》，2011年第6期，第41-47页。

首先，传播广度衡量全球媒体国际受众的规模和构成，是评估其国际传播力的指标。所谓传播力，是指传播者和受众成功地对信息进行编码和解码的能力[①]，也就是说全球媒体在跨国传播中所吸引国际受众的范围。本文根据国际受众所属的新闻类别和地理洲别来评估全球媒体的传播广度。其次，国际传播深度衡量全球媒体国际受众的涉入程度及受众群体内部的传播网络结构，是评估媒体国际影响力的指标。所谓影响力，一般指媒体通过新闻传播引起受众产生反应的能力。在社交网络中，全球媒体受众的涉入程度可以根据其反应类型划分为议题扩散者、整合者和参与者[②]：扩散者在网络中广泛扩散议题；整合者在局部网络中密集传播议题；参与者在小范围内回应议题。最后，传播参与度衡量全球媒体国际受众与媒体的交往程度，是评估媒体国际引导力的指标。所谓引导力，是指新闻传播引导受众持续关注的能力。在社交网络中，受众的持续关注度指的是其自发围绕着媒体内容进行交往的程度，因此该项指标依据全球媒体新闻帖的回复与转发比例对参与度进行衡量。

依据上述评估框架，本文选取 2017 年末发生主导性国际事件的 7 月，收集 CGTN 与 BBC 推特账户所发新闻帖及引发的所有转发和回复共计 40 余万帖，并对社交网络中媒体发布各类新闻议题的用户群体的地理分布、关系结构以及传播行为进行分析，以比较 CGTN 和 BBC 在传播广度、深度和参与度上的差别。

---

① [美]格莱翰·威廉姆森：《传播能力》，https：//www.sltinfo.com/communication-capacity/，2004。

② [美]乔纳森·哈格里夫斯："影响力分布：社交媒体影响力的量化"，《爱德曼白皮书》，https：//technobabble2dot0.files. word press.com，2008。

第二节　社交网络中全球媒体的国际传播效果比较

1. CGTN 和 BBC 全球社交媒体账户的传播广度比较

首先，CGTN 和 BBC 在推特上发布的新闻中，数量最多的均是社会百态和政局动态，其次，是国际经济和灾难事故，而不同之处在于前者发布的国际经济类新闻所占比例远高于后者。另外，对 CGTN 和 BBC 发布的新闻根据洲别进一步分类时，发现两者新闻的洲别比例差别较大（见图 10.1）。总体上，BBC 在发布各类别新闻时，欧洲所占比例最大，然后是北美洲和亚洲，以及非洲和拉丁美洲。与之相比，CGTN 在发布各类别新闻时，亚洲新闻所占比例远高于北美洲和欧洲，且来源国家除了中国外，仅包括巴基斯坦、朝鲜、菲律宾、伊朗、伊拉克、以色列等国家。值得注意的是，BBC 在发布特定类别新闻时，各大洲的新闻比例出现变化：政局动态类新闻中比例最高的是亚洲，并且关注的国家非常广泛，包括中国、日本、越南、印度、阿富汗等国家和地区；国际经济类和社会百态类新闻中比例最高的是北美洲，其次是欧洲和亚洲，其中，国际经济类新闻涉及的议题包括北美洲的微软、特斯拉、机器人等，欧洲的西门子、生物制药等以及亚洲的电子商务等。再次，除

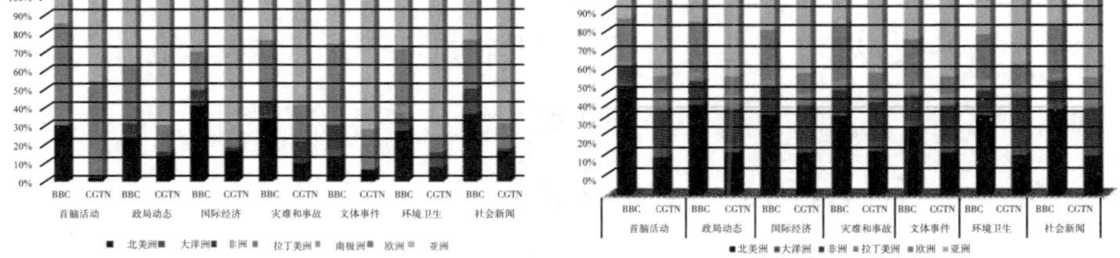

图 10.1　CGTN 和 BBC 的新闻类别（左）和用户洲别（右）比例图

了国际经济类别中CGTN新闻所占比例高于BBC，而BBC却吸引了与CGTN相同比例的国际受众以外，CGTN和BBC不同新闻类别的比例及其所吸引的国际受众的规模基本类似。最后，对CGTN和BBC新闻议题所吸引的国际受众根据洲别再进行分类时，发现两者受众的洲别比例同样存在较大差别。整体上，BBC各类新闻吸引的国际受众中，来自北美洲的大概40%至50%，来自欧洲的25%左右，少部分来自亚洲和非洲。与之相比，CGTN各类新闻吸引的国际受众中，来自亚洲的将近半数，北美洲和非洲达到20%左右，欧洲大概10%，并且亚洲受众的来源国家相对有限。值得注意的是，BBC偏好欧洲以外区域议题的新闻类别同样吸引了大量他国受众：政局动态类新闻虽然关注了大量的亚洲议题，但是44%的受众仍然来自北美洲；国际经济类新闻虽然数量较少，但是由于关注了北美洲国家热门议题而使得其跨国受众规模得到提升。

2. CGTN和BBC全球社交媒体的传播深度比较

在前文分析BBC国际经济与政治动态类新闻时，得知两类新闻虽然均关注欧洲以外地区的议题，但是仍然吸引大量他国受众的关注。深究其原因，发现BBC对新闻价值的重视使得各类别新闻获得其受众群体的深度传播。例如，国际经济类新闻帖“微软画板退市”吸引各国受众的关注，该帖被转发2万余次，回复次数将近两千次，涉及来自北美洲、欧洲、亚洲、非洲和大洋洲多个国家的受众，并且该议题的整合者、扩散者和参与者在各自受众种类中分别占53%、61%和56%。为了呈现核心群体受众之间的传播网络，本文对BBC受众进行筛选，去除掉只参与

1 ~ 2 次议题传播的边缘受众后，图 10.2（左）显示了该类新闻的受众涉入的类型与深度：10% 的话题整合者、10% 的话题扩散者以及 80% 的话题参与者分别构成 22%、14% 和 64% 的群体内部传播网络。与国际经济类新闻的传播网络类似，在政治动态类新闻的国际受众中，16% 的话题整合者、17% 的话题扩散者以及 66% 的话题参与者分别构成 37%、17%、46% 的传播网络。并且，该类新闻中虽然较多关注亚洲新闻，但所吸引的三种受众中北美洲和欧洲仍占多数：在话题整合者中各占 57% 和 26%，在话题扩散者中各占 48% 和 26%，在话题参与者中各占 50% 和 27%。

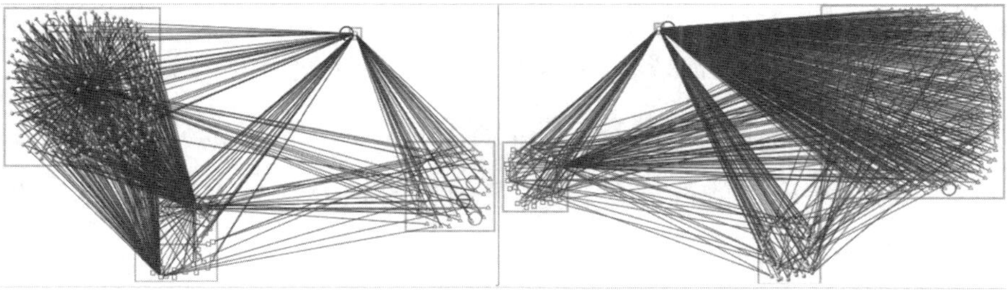

图 10.2　CGTN（左）和 BBC（右）受众群体内部传播结构图

与 BBC 的国际受众群体相比，CGTN 各类别新闻的受众群体均呈现类似差异，下面仍以国际经济类新闻和政治动态类新闻进行分析。如图 10.2（右）所示，CGTN 国际经济类新闻的核心用户间的传播网络结构为：68% 的话题整合者、18% 的话题扩散者以及 14% 的话题参与者分别构成了 40%、36%、24% 的群体内部传播网络。其中，引发较多关注的新闻帖“Apple 中国移除 VPN 手机应用”的受众主要来自亚洲，少部分来自北美洲、欧洲和拉丁美洲，并且该议题的三种受众在各自种类规模中分别占 14%、9% 和 5%。在 CGTN 政治动态类新闻的国际受众群体中也发现类似的结构，70% 的话题整合者、17% 的话题扩散者以及 12% 的话题参与者分别构成 36%、25%、38% 的传播网络。并且，该类新闻中主要关注亚洲新闻，所吸引的三种受众中亚洲占大多数：在话题整合者中占 44%，在话题扩散者中占 51%，在话题参与者中占 61%。

3. CGTN 和 BBC 全球社交媒体的传播参与度比较

通过对 CGTN 和 BBC 推特账户发布新闻所引发的回复帖和转发帖的参与度比例进行排序，挑选出两者前 100 条比例最高的新闻（见图 10.3）。为了凸显传播参与度较高新闻的特征，下面再次筛选 CGTN 和 BBC 参与度曲线交汇点前的 50 条新闻进行分析。CGTN 和 BBC 高参与度新闻的国际受众的洲别比例与传播广度和深度中的情况一致：BBC 的该部分受众主要来自北美洲和欧洲，而 CGTN 的该部分受众主要来自亚洲和北美洲。值得注意的是，CGTN 和 BBC 所发布的首脑活动和社会百态类新闻的比例及平均回复数量最高：BBC 发布的两类新闻所占的比例分别为 32% 和 30%，而对应的平均回复数量达到 77 条和 88 条；与之相比，CGTN 两类新闻所占的比例分别为 20% 和 42%，而对应的平均回复数量仅有 5 条和 8 条。

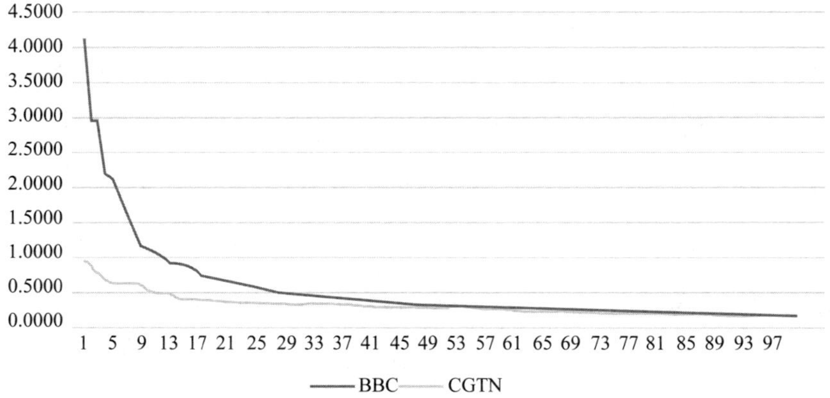

图 10.3 CGTN 与 BBC 新闻帖回复与转发比例线性图

探究 BBC 两类新闻参与度较高的原因，发现可以归因于新闻类别及议题内容的特征。对于首脑活动类新闻来说，BBC 发布的该类议题大多从人物逸事的角度来报道政治活动，例如“美法总统超长握手”“爱尔兰总理穿‘枫叶袜’与加拿大总理会面”等，一方面体现该类新闻聚焦政治首脑的特征，另一方面选择具有个人化色彩的角度进行报道以贴合社交网络受众进行虚拟交往的行为模式。与之相比，CGTN 的首脑活动类新闻，例如“G20 峰会首脑合影”等，则非常类似于传统媒体中的常规政治人物报道。就社会百态类新闻而言，BBC 往往选取各国具有代表性的趣味事件进行报道，如“津巴布韦明星狮子被猎杀”等，吸引了大量跨国受众参与讨论。与之相比，CGTN 该类新闻，如“中国喀斯特地貌区域首通高铁”以及他国议题“中央公园喝咖啡”等，存在太强调中国视角或者不具备国别代表性等问题。

第三节　社交网络中我国媒体的国际传播效果提升策略

1. 扩大新闻聚焦范围

根据前文在传播广度上对 CGTN 和 BBC 的比较，可以发现两者发布新闻时虽然在类别方面的偏好大致相同，但是 CGTN 在各类别新闻中明显偏好亚洲部分国家新闻，而 BBC 除了在政治动态、国际经济和社会百态类新闻中偏好亚洲或者北美洲议题以外大多偏好欧洲议题，并且各州别新闻的比例差距相对较小，也广泛关注各区域多数国家。两大媒体不同的新闻布局使其传播广度出现差异：CGTN受众构成与其新闻洲别比例类似，大多数来自亚洲部分国家，而BBC各类别新闻虽然在洲别偏好上各不相同，但是都吸引了大量的跨国受众。上述比较说明，全球媒体在社交网络中提升国际传播力，扩大媒体的新闻聚焦范围是重要基础。CGTN作为来自发展中国家的全球媒体，面向世界各国受众进行国际传播，可以尝试定位于侧重关注发展中国家议题，并以此为出发点增加各大洲该类国家的新闻，使其聚焦范围在洲别分布上更为平衡，从而吸引更广泛的国际受众。

2. 培育全球性核心受众群体

前文选取国际经济和政治动态类新闻，对CGTN和BBC在社交网络上的传播深度进行比较后发现：CGTN新闻比较注重地域因素，因而核心受众大多来自亚洲，少部分来自美洲、非洲和欧洲，并且以涉入程度较高的议题整合者和扩散者为主，话题参与者为辅；BBC比较注重新闻价值，因而其核心受众主要来自北美洲和欧洲，其次来自亚洲和非洲，并且以议题参与者为主，整合者和扩散者为辅。也就是说，CGTN的受众呈现区域性紧密联系的群体特征，而BBC的受众组成核心紧密、边沿疏松的全球性群体。根据上述分析，全球媒体打造国际影响力需要形成对议题具有深度传播能力的全球性核心受众群体。CGTN对亚洲议题的明显偏好，不仅限制了其受众范围，也使得其核心受众群体传播结构呈现局部密集网络的特征。因此，我国媒体可以探索对发展中国家民众有价值的选题准则，逐渐培育具有深度传播能力的全球受众群体。

3. 增强新闻议题社交特征

根据前文对首脑活动和社会百态类新闻内容特征的分析，可知BBC基于新闻类别特点发展具有社交特征的议题，从而吸引了多于CGTN同类新闻数倍的受众交往。例如，BBC首脑活动类新闻关注政治人物的趣闻逸事而非常规行为，而社会百态类新闻侧重国别代表性而非局限于国内热点。从上述比较可知，全球媒体在社交网络中凝聚国际引导力，吸引更多受众自发参与对议题的讨论，则必须增强所发布新闻帖的社交特征。CGTN发布新闻帖时，往往将传统媒体的报道角度直接应用于社交网络，导致受众参与议题讨论的积极性不足。因此，我国媒体可以结合新闻类别特点，如文体事件和环境卫生类新闻对特定领域的侧重，挖掘这些领域中既符合国际视野又具有本地特色的议题，为我国媒体在社交网络中的国际传播赋予个性色彩，吸引国际受众积极讨论、持续关注，从而凝聚国际引导力。

结　语

在当今智能媒介功能愈加强大的时代，其“影响”已经切实地渗透进人们与环境接触的各个层面。智能媒介细致把握社会群体需求，设计算法以规范和引导用户的内容消费、生产和传播，促进用户群体形成并培育群体文化。智媒平台期待通过算法维持秩序，但是在规范群体行为的过程中常常出现颇为棘手的悖论和难以触及的盲点。例如，依据热度推荐内容的平台在鼓励用户生产优质内容的同时也限制了内容推荐的多样性，而依据匹配度推荐内容的社区在引导用户开拓关系时，又容易产生“劣币驱逐良币”的风险。同时，平台努力营造的社区文化中经常有不和谐现象出现，例如以理性风格著称的公共议题问答社区往往产生大量的插科打诨。并且，当下许多新媒体平台在群体文化尚未成熟的情况下，进行商业议程的推广和消费群体的收割，其在社区规则和角色设定上的欠缺导致常常出现内容和规则不协调的现象，因此难以在商业和社会价值上实现平衡。

面对虚拟世界中网络群体遇到的诸多问题，不妨回到对群体传播内在逻辑的探讨，从而厘清研究现实问题的理论框架和方法。首先，在宏观层面群体发展各阶段成员的传播实践具有不同的特征，例如在接触阶段群体成员的传播实践主要以减少群体不确定性为目的，而在同化阶段则着重形成群体认同感。当人们为了社交、娱乐、信息等动机聚集在网络平台时，群体发展需要经历传播实践发生变化然后并形成网络社区“调性”的过程。其次，在微观层面成员能够在群体中稳定下来的关键在于他能否在遵循规范、扮演角色的同时实现个体目标，因此网络群体在设定成员角色时需注意灵活性和导向性，使得成员目标与群体目标达成一致。

综上所述，本书探讨的群体传播理论框架、方法和案例旨在厘清网络群体的传播演化与角色发展及其与群体效能的关系。同时需要说明的是，群体传播研究的持续发展依赖于许多因素，特别是认知哲学、社会心理学、决策科学以及信息技术等支持学科的理论进展，但是只要把握传播的本质是为了增进人与人之间的理解、社会的维持和整合以及理想“共同体”的构建，更多新视角将随着社会与媒介的深度整合而不断涌现。最后，本书的完成有赖于项目组成员硕士研究生谢柠怿、姜惠和黄丽梅的贡献，他们分别负责第一章第二节，第二章以及第八章第一节，其丰富的虚拟生活经验和新颖的群体传播视角为本书的撰写提供了有益的素材与参考。

参考文献

[1] 【美】E.M. 罗杰斯 . 殷晓蓉译，传播学史——一种传记式的方法 . 上海：上海译文出版社，2005.

[2] 【美】乔治·赫伯特·米德 . 霍桂桓译，心灵、自我和社会，南京：译林出版社，2012.

[3] 【美】丹尼斯·麦奎尔 . 崔保国、李琨译，麦奎尔大众传播理论，北京：清华大学出版社，2010 第 386 页 .

[4] 艾尔·巴比、邱泽奇译，社会研究方法（第 11 版），北京：华夏出版社，2009.

[5] 【美】林顿·弗里曼 . 张文宏、刘军、王卫东译，社会网络分析发展史：一项科学社会学的研究，中国人民大学出版社，2008.

[6] 【美】帕拉哈拉德伊夫·多茨 . 跨国公司的使命—寻求当地化与全球一体化之均衡，北京：华夏出版社，2001.

[7] 【德】滕尼斯 . 林荣远译 . 共同体与社会 . 北京：商务印刷馆，1999.

[8] 【德】哈贝马斯著，郭官义、李黎译 . 认识与兴趣，上海：学林出版社，1999.

[9] 【匈牙利】阿格妮丝·赫勒. 衣俊卿译，日常生活，重庆：重庆出版社，1990.

[10] 段京肃 . 大众传播学：媒介与人和社会的关系，北京大学出版社，2011.

[11] 韩运荣，喻国明 . 关于意见领袖的“素描”,《新闻知识》，2005（6）.
[12] 胡翼青 . 传播实证研究：从中层理论到货币哲学,《新闻与传播研究》，2010（3）.
[13] 昝廷全，应思思 . 传播有效性原理的粗传递模型,《中国传媒大学学报（自然科学版）》，2010（12）.
[14] 中央编译局 . 马克思恩格斯全集（第二十卷），北京：人民出版社 1995.
[15] 胡河宁 . 组织传播研究的学术路径,《学术研究》，2007（1）：121-125.
[16] 童清艳 . 信息时代媒介受众的认知结构分析,《新闻与传播研究》,2000（4）.
[17] 胡百精 . 互联网、公关危机和社会认同,《山东社会科学》，2016（4）.
[18] 胡百精 . 公共传播研究的基本问题与传播学范式创新,《国际新闻界》，2016（3）.
[19] 胡百精 . 公共关系的话语形态与社会责任,《国际新闻界》，2009（11）.
[20] 隋岩 . 群体传播时代：信息生产方式的变革与影响,《中国社会科学》，2018（11）.
[21] 任剑涛 . 公关与公共性：一个概念辨析,《马克思主义与现实》，2011（6）.
[22] 刘仲林 . 认识论的新课题——意会知识——波兰尼学说评介,《天津师范大学学报》，1983（5）.
[23] 安贝托·艾柯 . 王宇根译，诠释与过度诠释，北京：三联书店，1997.
[24] 张江 . 强制阐释论,《文学评论》，2014（6）.
[25] 蔡显童，邱雅铃 . 虚拟社区行为研究：中介效果与干扰效果之探讨,《管理评论》，2011，30（4）：97-117.
[26] 张维迎 . 博弈论与信息经济学，上海：上海人民出版社，1996.
[27] 胡翼青 . 重塑传播研究范式：何以可能与何以可为,《现代传播》（中国传媒大学学报），2016（1）：51-56.

[28] 黄彪文，殷美香 . 在个体与集体间流动：论虚拟社群的参与动机与交往基础,《国际新闻界》，2014（9）：6–19.

[29] 刘少杰 . 网络化时代的社会结构变迁,《学术月刊》，2012（10）.

[30] 黄照贵，颜郁人 . 以关系承诺观点探讨虚拟社区不同参与程度成员之行为，《信息管理学报》，2009 ：57–81.

[31] 先国，杨晶，刘雪敬 . 时间压力和参照群体对消费者网络团购意愿的影响，《中国软科学》，2012（4）：117–124.

[32] 申凡，钟云 . 网络粉丝群体心理研究,《南京邮电大学学报（社会科学版）》，2009，11（4）：27–31.

[33] 叶浩生 . 第二次认知革命与社会建构论的产生,《心理科学进展》,2003（11）.

[34] 隋岩，曹飞 . 论群体传播中的第三人效果,《新闻大学》，2012（5）：16–21.

[35] 申丹 . 叙事结构与认知过程——认知叙事学评析,《外语与外语教学》，2004（9）.

[36] 申丹 . 语境、规约与话语——评卡恩斯的修辞性叙事学,《外语与外语教学》，2003（1）.

[37] 王林 . 影响推特社交网络集群行为执行意向的机制研究,《情报杂志》，2014（12）：133–140.

[38] 郭玉锦，王欢 . 网络社区中的社会联系,《中国软科学》，2002（11）：119–120.

[39] 毛荐其 . 技术创新进化原理、个过程与模式，北京：经济管理出版社，2006.

[40] 彭兰 . 群氓的智慧还是群体性迷失——互联网群体互动效果的两面观察，《当代传播》，2014（02）：4–7.

[41] 杜以芬 ."元叙事"的危机与知识合法性的局限——浅谈利奥塔对后现代知识的社会学批判,《理论学刊》，2006（10）.

[42] [美] 皮埃尔·布尔迪厄，华康德等 . 实践与反思——反思社会学导引，中央编泽出版杜，2004.

[43] 赵万里 . 科学的社会建构，天津：天津人民出版社，2002.

[44] 胡百精 . 公共关系的“元理由”与对话范式，《国际新闻界》，2007（12）.

[45] 邬焜 . 信息哲学问题论辩，西安：西安交通大学出版社 2008.

[46] 李庆宗 . 理性与价值的整合：可持续发展观的哲学透视，《经济师》,2001(1).

[47] 徐玲 . 价值取向本质之探究，《探索》，2000（2）.

[48] 埃米尔·涂尔干 . 渠东译，社会分工论，北京：新知三联书店，2000.

[49] 胡晓燕 . 论叙事语篇中的信息结构及焦点结构，《合肥师范学院学报》，2011（9）.

[50] 董天策 . 要重视公关与新闻的联系——兼论“公关新闻”，《理论争鸣》，1998（2）.

[51] 张爱民 . 毛泽东决策的全局观探析，《河南社会科学》，2012（4）.

[52] 徐涛 . 哈贝马斯主体间性与群体意识形态之间的关系研究，华中师范大学博士论文，2014.

[53] 袁祖社 .“公共精神”：培育当代民族精神的核心理论维度，《北京师范大学学报》，2006（1）.

[54] 申荷永 . 充满张力的生活空间：勒温的动力心理学，武汉：湖北教育出版社 2001.

[55] 渠改萍 . 符号互动理论述评，《太原学院学报》(社会科学版), 2010, 11（3）: 96–98.

[56] Dachler，R（1984）. Some explanatory boundaries of or–ganismic analogics for the understanding of social systems.In H. Ulrich &G. J. B. Probst（Eds. ），Self–organization and management of social systems：Insights，promises，doubts，

and questions (pp. 132–147) . Berlin : Springer–Verlag.

[57] Morgan, G. (1986) . Images of organization, NewburyPark, CA : Sage.

[58] Wilson, E. O. (1998) . Consilience : The unity of knowledge. New York : Alfred A. Knopf

[59] Buckley, W. (1967) . Sociology and modern systems theory. Englewood Cliffs, NJ : Prentice Hall.

[60] Parsons, T. (1951) . The social system. Glencoe, IL : FreePress.

[61] Rosenblueth, A., Wiener, N., &Bigclow, J. (1943) . Behavior, purposc, and telcology. Philosophy of Sci–ence, 10. 18–24.

[62] Scheidel, T. M. (1986) . Divergent and convergent thinking in group decision–making. In R. Y. Hirokawa&M. S. Poole (Eds.), Communication and group decision–making (pp. 114–146) . Beverly Hills, CA : Sage.

[63] Scheidel, T. M. (1986) . Divergent and convergent thinking in group decision–making. In R. Y. Hirokawa&M. S. Poole (Eds.), Communication and group decision–making (pp. 114–146) . Beverly Hills, CA : Sage.

[64] Guzzo, R. A. (1986) . Group decision making and group effectiveness in organizations. In P. S. Goodman&Associates (Eds.), Designing effective work groups (pp. 34–71) . San Francisco : Jossey–Bass.

[65] Ellis, D. G. , Werbel, W. S. , &Fisher, B. A. (1978) . Toward a systcmic organization of groups. Small Group Behavior, 9, 451–469.

[66] Hawes, L. C. (1973) . Elements of a model of communication process. Quarterly Journal of Speech, 59, 11–29.

[67] Hewes, D. E. (1996) . Small group communication maynot influence decision making : An amplification of socio–egocentric theory. In R. Y. Hirokawa&M. S.

Poole (Eds.), Communication and group decision making (2nd ed. , pp. 179–212) . Thousand Oaks, CA : Sage.

[68] Gouran D. S., &Baird, J. E. , Jr. (1972) . An analysis of distributional. and sequential structure in problem–solving and informal group discussions. Speech Monographs, 39, 16–22.

[69] Mabry, E. A., &Barnes, R. E. (1980) . The dynamics of smnall group communication. Englewood Cliffs, NJ : Prentice–Hall.

[70] Ashby, W. R. (1956) . An ihtroduction to cybernetics. London : Chapman and Hall.

[71] Haslett, B. , &Ogilvie, J. R. (1992) . Feedback processes in task groups. In R. S. Cathcart&L. A. Samovar (Eds.), Small group communication : A reader (6th ed. , pp. 342–356) . Dubuque, IA : William C. Brown.

[72] Poole, M. S. (1985) . Task and interaction sequences : A theory of coherence in group decision–making interaction. In R. L. Street&J. N. Cappella (Eds.), Sequence and pattern in communicative bebavior (pp. 206–224) . London : Edward Arnold.

[73] Jarboe, S. (1996) . Procedures for enhancing group decision making. In R. Y. Hirokawa&M. S. Poole (Eds.), Communication and group decision making (2nd ed. , pp. 345–383) . Thousand Oaks, CA : Sagc.

[74] Salazar, A. J. (1996) . Ambiguity and communication effects on small group dccision–making performance. Human Communication Research, 23, 155–192.

[75] Hewes, D. E. (1996) . Small group communication maynot influence decision making : An amplification of socio–egocentric theory. In R. Y. Hirokawa&M. S. Poole (Eds.), Communication and group decision making (2nd ed. , pp. 179–

212）. Thousand Oaks，CA：Sage.

[76] Hirokawa，R. Y，Erbert，L.，&Hurst，A.（1996）. Communication and group decision-making effectiveness. In R. Y. Hirokawa&M. S. Poole（Eds.），Communication and group decision making（2nd ed.，pp. 269-300）. Thousand Oaks，CA：Sage.

[77] Bormann，E. G.（1990）. Small group communication：Theory and practice（3rd ed.）. New York：HarperCollins.

[78] Bormann，E. G.（1996）. Symbolic convergence theory andcommunication in group decision making. In R. Y.

[79] Hirokawa&M. S. Poole（Eds.），Communication andgroup decision making（2nd ed.，pp. 81-113）. ThousandOaks，CA：Sage.

[80] Bales，R. F.（1970）. Interaction process analysis：A method for the study of small groups. Cambridge，MA：Addison-Wesley.

[81] Bormann，E. G.，Pratt，J.，&Putnam，L. L.（1978）. Power，authority，and sex：Male response to female leadership. Communication Monographs，45，119-155.

[82] Jurma，W. E.（1979）. Effects of leader structuring style and task-orientation characteristics of group members. Communication Monographs，46，282-285.

[83] Cragan，J. F，&Wright，D. W.（1990）. Small group communication of the 1980s：A synthesis and critique of the field. Communication Studies，41，212-236.

[84] Wall，V. D.，&Nolan，L. L.（1987）. Small group conflict：A look at equity，satisfaction，and styles of conflict management. Small Group Behavior，18，188-211.

[85] Boster, F. J., &Hale, J. L. (1989) . Response scale ambiguity as a moderator of choice shift. Communication Research, 16, 532–551.

[86] Stohl, C., &Jennings, K. (1988) . Volunteerism and voice in quality circles. Western Journal of Speech Communication, 52, 238–251.

[87] Giddens, A. (1979) . Central problems in social theory : Action, structure, and contradiction in social analysis. London : Macmillan.

[88] Hirokawa, R. Y. (1980) . A comparative analysis of communication patterns within effective and ineffectivedecision–making groups. Communication Monographs, 47, 312–321.

[89] Gouran, D. S. (1988) . Group decision making : An approach to integrative research. In C. H. Tardy (Ed.), A handbook for the study of human communication : Methods and instruments for observing, measuring, and assessing communication processes (pp.247–267) . Norwood, NJ : Ablex.

[90] Poole, M. S. (1981) . Decision development in small groups I : A comparison of two models. Communication Monographs, 48, 1–24.

[91] Bormann, E. G. (1996) . Symbolic convergence theory and communication in group decision making. In R. Y. Hirokawa& M. S. Poole (Eds.), Communication and group decision making (2nd ed., pp. 81–113) . Thousand Oaks, CA : Sage.

[92] Gouran, D. S. (1986) . Inferential errors, interaction, and group decision–making. In R. Y Hirokawa &M. S. Poole (Eds.), Communication and group decision–making (pp.93–111) . Beverly Hills, CA : Sage.

[93] Gouran, D. S. (1983) . Communicative influences on inferential judgments in decision–making groups : A descriptive analysis. In D. Zarefsky, M. O. Sillars, & J. Rhodes (Eds.), Communication in transition : Proceedings of the Third

Summer Conference on Argumentation (pp.667–684) . Annandale, VA : Speech Communication Association.

[94] Hewes, D. E. (1986) . A socio–egocentric model of group decision–making. In R. Y. Hirokawa &M. S. Poole (Eds.), Communication and group decision–making (pp.265–291) . Beverly Hills, CA : Sage.

[95] Hoffman, L. R., &Kleinman, G. B. (1994) . Individual and group in group problem solving : The valence model redressed. Human Communication Research, 21, 36–59.

[96] Scheerhorn, D., Geist, P., &Teboul, JC. B. (1994) . Beyond decision making in decision–making groups : Implications for the study of group communication. In L. R. Frey (Ed.), Group communication in context : Studies of natural groups (pp.247–262) . Hillsdale, NJ : Lawrence Erlbaum.

[97] Beach, L. R. (1997) . The psychology of decision making : People in organizations. Thousand Oaks, CA : Sage.

[98] Canary, D. J., Brossmann, J. E., Brossmann, B. G., &Weger, H., Jr. (1995) . Toward a theory of minimally rational argument : Analyses of episode–specific effects of argument structures. Communication Monographs, 62, 182–212.

[99] Zey, M. (Ed.) . (1992) . Decision making : Alternatives to rational choice models. Newbury Park, CA : Sage.

[100] Salazar, A. J., Hirokawa, R. Y., Propp, K. M., Julian, K. M., &Leathami, G. B. (1994) . In search of true causes : Examination of the effect of group potential and group interaction on decision performance. Human Communication Research, 20, 529–559.